高等职业教育财经类"十三五"系列规划教材·市场营销专业

市场调查原理与实务
——项目教程

主　编　文腊梅　邓永亮
副主编　刘　瑛　吴梦华
　　　　李　雄

电子工业出版社
Publishing House of Electronics Industry
北京·BEIJING

内容简介

全书按市场调查活动流程的三阶段，形成了 9 个学习型任务，即调查准备阶段（任务 1 掌握市场调查基本原理、任务 2 制订市场调查方案）；调查组织实施阶段（任务 3 选择市场调查的方式、任务 4 确定市场调查的方法、任务 5 设计市场调查问卷、任务 6 组织实施市场调查）；调查结果处理阶段（任务 7 整理与分析市场调查资料、任务 8 预测市场发展趋势、任务 9 编写市场调查报告）。

本书是一本基于市场调查工作过程的项目教材，不仅适合于高职院校作为市场调查课程的教学用书，也可用作为调查机构的培训资料。

未经许可，不得以任何方式复制或抄袭本书之部分或全部内容。
版权所有，侵权必究。

图书在版编目（CIP）数据

市场调查原理与实务：项目教程 / 文腊梅，邓永亮主编. —北京：电子工业出版社，2016.8
ISBN 978-7-121-29438-9

Ⅰ. ①市… Ⅱ. ①文… ②邓… Ⅲ. ①市场调查－高等学校－教材 Ⅳ. ①F713.52

中国版本图书馆 CIP 数据核字（2016）第 167980 号

策划编辑：张云怡
责任编辑：郝黎明
印　　刷：三河市兴达印务有限公司
装　　订：三河市兴达印务有限公司
出版发行：电子工业出版社
　　　　　北京市海淀区万寿路 173 信箱　邮编　100036
开　　本：787×1 092　1/16　印张：17　字数：435.2 千字
版　　次：2016 年 8 月第 1 版
印　　次：2016 年 8 月第 1 次印刷
印　　数：3 000 册　定价：39.00 元

凡所购买电子工业出版社图书有缺损问题，请向购买书店调换。若书店售缺，请与本社发行部联系，联系及邮购电话：(010) 88254888，88258888。
质量投诉请发邮件至 zlts@phei.com.cn，盗版侵权举报请发邮件至 dbqq@phei.com.cn。
本书咨询联系方式：(010) 88254573，zyy@phei.com.cn。

前言

　　本书是一本基于市场调查工作过程的项目教材，不仅适合于高职院校作为市场调查课程的专门教学，也可用作为调查机构的培训资料。本书2009年以《市场调查实务》为名出版，发行总量达到了近万册。

　　从2008年开始，教材编写团队成员就开始对高职市场营销专业课程体系进行研究，逐渐形成了"5+1"核心能力培养课程体系，其中"5+1"是指市场营销实务、消费者行为分析实务、商务谈判实务、市场调查实务和营销策划实务共5门专业核心课程，以及1门创业实务专业拓展课程。经过多年的教学改革与实践，教材编写人员积累了丰富的教学资源，为教材编写奠定了基础，先后出版了《市场调查实务》《市场营销实务》《市场营销原理与实务——任务导向教程》《商务谈判实务——项目教程》4部教材，2009年《市场调查实务》获得高职工商管理教指委精品课程。这些教材均是教学团队"十二五"期间课程教学改革研究的成果，在教学实践中不断改进与完善，受到了业界同行的肯定。

　　鉴于市场调查理论与实践的不断发展，结合近年来专业教学实践中发现的问题和课程教学改革取得的成果，本书在工商管理教指委精品课程资源建设的基础上，通过深入市场调查研究，分析市场调查过程中典型工作任务所必备的知识、能力和素质要求，选取教学内容；解析实际市场调查活动流程，根据职业能力形成的内在逻辑，重构教材体系。按市场调查活动流程的三个阶段，形成了9个学习型任务，即调查准备阶段（任务1　掌握市场调查的基本原理，任务2　制订市场调查方案）；调查组织实施阶段（任务3　选择市场调查的方式，任务4　确定市场调查方法，任务5　设计市场调查问卷，任务6　组织实施市场调查）；调查结果处理阶段（任务7　整理与分析市场调查资料，任务8　预测市场发展趋势，任务9　编写市场调查报告）。本书主要有以下几方面的特点。

　　首先，在教学体系上，体现了理论与实践紧密结合的特点。本书是按"一条主线两个层面"构成基本框架，即以完成一项实际的市场调查任务为主线，从解析企业调研需求、确定调查目标，直至编写调查报告为线索组织安排教学内容；从理论指导和实际操作两个层面构建教学体系，理论指导部分的内容是根据实训项目的需要来取舍，而实训项目的任务则是依据企业真实的调查项目要求来设置，理论指导与实训项目既彼此独立，又相互衔接，融为一体，充分体现了理论与实践紧密结合的特点。

　　其次，在教学内容上，体现了实用性与指导性的特点。本书以完成市场调查活动的典型工作任务为参照，选取教学内容。深化实际调查工作中必须掌握的关键知识，弱化或舍弃一些抽象的概念与定义。实训项目中需要什么知识，则理论指导部分就提供什么内容，强调理论的实用性和对实践的指导性。教材中根据现场操作的实际需要，增加许多实用的细节知识。比如，任务2中，增加了企业常见的经营问题分析、解析企业的调研需求；任务3中，增加了抽样方案设计、建立合适的抽样框、样本配额分配与控制；任务5中，增加了实际的调查问卷结构设计、问卷的编码；任务6中，增加了访问员培训过程设计、入户访问技巧训练、市场调查操作手册、街头拦截访问的操作指导；任务7中，增加了问卷审核的实际操作程序、编码手册等。

再次，在编写方法上，体现了通俗易懂与真实性的特点。本书充分考虑到面对的教育对象的知识能力结构，强调通俗生动的表现形式。大量采取案例和图表、范本来描述抽象的理论知识。每项任务都设有"案例导入"，核心理论辅以"案例启示"，理论结束部分有"市场调查新视界"和"案例分析"。通过大量案例引起读者的注意和兴趣，引导他们轻松、牢固地掌握市场调查的基本知识与基本原理。每个实训项目的任务安排都采用表格形式，有任务准备、任务执行明细、任务成果和评价标准，具体明确。实训项目之后增设了二维码，通过扫描二维码可以获得教师指导和学生实训成果等教学资源。

教材中的许多案例来自编者亲自参与过的实际调研项目，或者由调研公司提供的实际资料整理而成，具有较强的真实性，易于接受。

最后，在实训项目设计上，体现了可操作性与整体性的特点。本书共有9个学习型任务，对应设计了9个实训项目，每个实训项目都由实训目的、实训条件、实训任务、实训评价四部分组成，具有很强的操作性。而这9个实训项目又是围绕完成一项企业真实的市场调查任务而展开的，每个实训项目之间是前后连贯、承上启下的关系，形成一个有机的整体，体现了实训过程的整体性。而且，这些项目都经过了编者组织多届学生进行实际操作，并获得成功经验，具有较强的可行性。

本书附录A提供了实训项目的整体规划，为教材使用者提供了较好的参考与学习指导，为教学提供了重要参考与借鉴。

本书由长沙民政职业技术学院文腊梅负责框架确定、样章编写、内容编排、最终审核和总纂。具体编写分工为：长沙民政职业技术学院文腊梅编写任务1和任务2，长沙民政职业技术学院邓永亮负责教材所有实训项目的编写，湖南安全技术职业学院刘瑛编写任务8与任务9的部分内容，湖南娄底职业技术学院吴梦华编写任务3和任务4，湖南科技职业技术学院李雄编写任务6，湖南邵阳职业技术学院刘智文编写任务7，长沙民政职业技术学院纪锐森编写任务9的部分内容，湖南网络工程职业学院的蔡离离编写任务5的部分内容。

本书在编写过程中，得到了湖南新美德市场调研公司的大力支持，公司总经理田丰先生为本书提供了宝贵的素材和修改意见，本书的出版得到了电子工业出版社张云怡老师的大力支持和帮助，在此表示由衷的感谢！

由于受作者水平和能力的局限，书中尚有许多不足之处，恳请读者不吝赐教。

文腊梅 2016年1月
于长沙 香樟园

湖南省卓越高等职业院校建设项目成果

目 录

任务1 掌握市场调查的基本原理 …… (1)
  一、市场调查的概念和作用 …… (2)
    （一）市场调查的概念 …… (2)
    （二）市场调查的作用 …… (3)
  二、市场调查的种类与内容 …… (6)
    （一）市场调查的种类 …… (6)
    （二）市场调查的内容 …… (9)
  三、市场调查的基本原则 …… (10)
  四、市场调查的组织机构与人员 …… (13)
    （一）市场调查机构的类型 …… (13)
    （二）市场调查人员的构成 …… (15)
  【实操训练1】 组建市场调查团队 …… (19)

任务2 制订市场调查方案 …… (22)
  一、市场调查活动的程序 …… (23)
    （一）市场调查的准备阶段 …… (23)
    （二）市场调查的实施阶段 …… (24)
    （三）市场调查的结果处理阶段 …… (25)
  二、市场调查课题的确定 …… (26)
    （一）市场调查课题的含义 …… (26)
    （二）市场调查课题的选择标准 …… (27)
    （三）确定市场调查课题的程序 …… (28)
  三、设计市场调查方案 …… (32)
    （一）确定调查目标 …… (33)
    （二）确定调查对象与单位 …… (33)
    （三）确定调查内容与项目 …… (33)
    （四）选择调查方式与方法 …… (34)
    （五）安排调查进度与人员 …… (35)
    （六）预算调查费用 …… (35)
  【实操训练2】 编写市场调查方案 …… (41)

任务3 选择市场调查的方式 …… (46)
  一、全面市场调查方式 …… (47)
    （一）全面市场调查的特点 …… (47)
    （二）全面市场调查的方式 …… (48)
    （三）全面市场调查的原则 …… (48)
    （四）全面市场调查的实施步骤 …… (49)
    （五）全面市场调查的应用 …… (50)
  二、抽样市场调查方式 …… (51)
    （一）抽样市场调查的基本概念 …… (51)
    （二）抽样市场调查的特点 …… (52)
  三、抽样的基本方法 …… (52)
    （一）随机抽样 …… (53)
    （二）非随机抽样 …… (58)
  四、抽样误差及样本容量确定 …… (60)
    （一）抽样误差的确定 …… (60)
    （二）样本容量的确定 …… (61)
  五、抽样设计的程序 …… (62)
    （一）界定总体和抽样单位 …… (63)
    （二）选择合适的抽样框 …… (63)
    （三）选择抽样的方法 …… (67)
    （四）确定样本的容量 …… (67)
    （五）制定抽取样本的操作程序 …… (68)
  【实操训练3】 实施抽样实践 …… (75)

任务4　确定市场调查的方法……………（77）
　一、文案调查法………………………（78）
　　（一）文案调查法的概念…………（78）
　　（二）文案调查的功能……………（78）
　　（三）文案调查的渠道和方法……（79）
　二、实地调查法………………………（84）
　　（一）访问调查法…………………（84）
　　（二）观察调查法…………………（87）
　　（三）实验调查法…………………（90）
　三、网络调查法………………………（93）
　　（一）网络调查的方法……………（93）
　　（二）网络调查的优势与缺陷……（95）
　　（三）解决网上调查问题的主要
　　　　　手段…………………………（96）
　　【实操训练4】　收集二手资料……（99）

任务5　设计市场调查问卷………………（101）
　一、调查问卷的结构…………………（103）
　　（一）调查问卷的含义……………（103）
　　（二）调查问卷的基本结构………（103）
　二、调查问卷设计的步骤……………（106）
　　（一）准备阶段……………………（107）
　　（二）初步设计阶段………………（108）
　　（三）试答修改阶段………………（109）
　　（四）制作问卷阶段………………（109）
　三、问题与答案的设计………………（110）
　　（一）问题的设计…………………（110）
　　（二）答案的设计…………………（113）
　四、综合评估和制作问卷……………（118）
　　（一）检查问卷中的问题是否
　　　　　必要…………………………（118）
　　（二）检查问卷的长度是否
　　　　　合适…………………………（118）
　　（三）检查邮寄或留置问卷外观是
　　　　　否美观………………………（118）
　　（四）检查问卷版面安排是否
　　　　　规范…………………………（119）
　　（五）检查问卷测试结果是否
　　　　　正常…………………………（119）

　　（六）印刷装订问卷………………（119）
　【实操训练5】　设计调查
　　问卷……………………………………（128）

任务6　组织实施市场调查………………（131）
　一、访问员队伍的组建………………（132）
　　（一）建立访问员队伍的标准……（132）
　　（二）访问员的基本要求…………（133）
　　（三）招聘访问员的程序…………（133）
　二、访问员的培训……………………（136）
　　（一）培训准备……………………（136）
　　（二）培训内容与方法……………（137）
　　（三）基础培训的操作……………（137）
　　（四）访问技能培训………………（139）
　　（五）访问技巧培训………………（145）
　　（六）项目培训……………………（148）
　三、督导的基本素质与职责…………（149）
　　（一）督导的基本素质……………（149）
　　（二）督导的职责…………………（151）
　四、调查项目执行手册………………（152）
　　（一）访问员手册…………………（152）
　　（二）督导手册……………………（156）
　　（三）调查项目执行手册…………（156）
　五、拦截访问指导……………………（160）
　　（一）操作流程……………………（160）
　　（二）访问前期准备………………（161）
　【实操训练6】　街头拦截
　　访问……………………………………（167）

任务7　整理与分析市场调查资料………（169）
　一、市场调查资料整理的含义与
　　程序…………………………………（170）
　　（一）市场调查资料整理的
　　　　　含义…………………………（170）
　　（二）市场调查资料整理的
　　　　　程序…………………………（170）
　二、调查资料的审核…………………（171）
　　（一）调查资料的审核内容………（171）
　　（二）调查资料审核的一般
　　　　　程序…………………………（172）

目　录

　　（三）调查资料审核的一般
　　　　方法 …………………………（174）
　　（四）审核为无效问卷的
　　　　类型 …………………………（175）
三、调查资料的编码与录入 ………（176）
　　（一）编码方法 ………………（176）
　　（二）录入注意事项 …………（179）
四、调查资料的统计与分析 ………（180）
　　（一）拟定分析计划 …………（180）
　　（二）单变量描述统计分析 …（181）
　　（三）多变量描述统计分析 …（183）
　　（四）综合指标分析法 ………（187）
　　（五）动态分析法 ……………（188）
　　（六）制图分析 ………………（188）
【实操训练7】　整理与分析
　　　　市场调查资料 ………………（196）

任务8　预测市场发展趋势 ………（198）
一、市场预测概述 …………………（199）
　　（一）市场预测的内容 ………（200）
　　（二）市场预测的基本原理与
　　　　原则 …………………………（203）
　　（三）市场预测的程序 ………（205）
二、定性预测方法 …………………（207）
　　（一）个人经验判断预测法 …（207）
　　（二）集体经验判断预测法 …（210）
　　（三）专家预测法 ……………（211）
三、定量预测方法 …………………（215）
　　（一）时间序列预测法概述 …（215）
　　（二）简单平均数预测法 ……（216）

　　（三）指数平滑法 ……………（221）
　　（四）季节指数预测法 ………（224）
　　（五）直线趋势法 ……………（226）
【实操训练8】　运用头脑风暴
　　　　法进行定性预测 ……………（232）

任务9　编写市场调查报告 ………（234）
一、市场调查报告的意义与特点 …（235）
　　（一）市场调查报告的意义 …（235）
　　（二）市场调查报告的特点 …（236）
二、市场调查报告的基本结构 ……（237）
　　（一）封面 ……………………（237）
　　（二）目录 ……………………（238）
　　（三）摘要 ……………………（239）
　　（四）正文 ……………………（240）
　　（五）附件 ……………………（241）
三、市场调查报告的写作技巧 ……（242）
　　（一）叙述的技巧 ……………（242）
　　（二）议论的技巧 ……………（243）
　　（三）说明的技巧 ……………（243）
　　（四）语言表达的技巧 ………（244）
四、撰写市场调查报告的注意事项 …（245）
五、市场调查报告的口头汇报 ……（248）
　　（一）口头汇报的准备 ………（248）
　　（二）口头汇报的技巧 ………（250）
【实操训练9】　撰写市场调查
　　　　报告 …………………………（258）

附录A　市场调查实务课程实训整体
　　规划 …………………………（261）
参考文献 …………………………（264）

任务 1

掌握市场调查的基本原理

任务目标

知识目标

1. 理解市场调查的概念与作用；
2. 了解市场调查的种类和内容；
3. 掌握市场调查的基本原则；
4. 了解市场调查的组织机构模式。

能力目标

1. 能够正确运用市场调查原理分析案例；
2. 能够按市场调查要求组建市场调查团队。

案例导入：宝洁公司为什么以洗发产品首先进驻中国市场

1988 年 8 月 18 日，宝洁公司与广州肥皂厂、香港和记黄埔（中国）有限公司（李嘉诚为董事局主席）及广州经济技术开发区建设进出口贸易公司在中国组建成立了第一家合资企业——广州宝洁有限公司。合资合同刚签订，宝洁公司便想尽快在中国投产第一个品牌——海飞丝。为了尽快把海飞丝生产出来，一些肥皂厂的师傅与宝洁的专家就住在车间里。不到一个月的时间，新的生产系统和质量系统便已完成。试生产成功后，海飞丝开始正式投产。1988 年 10 月 27 日，第一批海飞丝洗发水走下了生产线。

当时经常看到的情景是，在广州肥皂厂的门口，日化品经销商们提着包守着，里面是一沓沓钞票，他们来争抢第一批产品——海飞丝洗发水。在商店柜台前，人们排着长队，来抢购近乎奢侈品的海飞丝洗发水——当时一名普通工人一个月的薪水约 100 元，而一瓶 300ml 的海飞丝洗发水就卖 19 元多。

为什么宝洁公司在中国投产的第一个产品选中的是一种美发护发的洗涤用品呢？这与宝洁的市场调研有关。早在合资前两年，即 1986 年，宝洁公司就派出了毕业于剑桥大学中文系、讲着一口流利中文的市场研究人员吴凯（Berenike Ullmann）女士到中国来调研洗衣粉的落地方案。吴凯在广州用了一个夏天的时间，采用座谈会、上门访问、试用等各种方法对市场进行调查研究。吴凯发现，尽管宝洁品牌表现得比当地厂商所生产的产品要好很多，中国消费者用了以后也觉得不错，但其对洗衣粉功效的要求很低。以衣物洁白、色彩鲜艳或优异洗净力为重点来推销宝洁的品牌，似乎不太乐观。那么，中国的消费者对什么更感兴趣呢？做完洗衣粉的市场调研后，吴凯随即进入洗发水市场进行调研。她发现，当时中国市场上只有质量普通的洗发水，男性几乎都用香皂，甚至有人用洗衣粉洗发，消费者对洗发水产品的需求比洗衣粉更多。吴凯回去以后带来了宝洁公司的洗发产品给中国的消费者试用，并把海飞丝和飘柔分成两组进行不同的研究。结果显示消费者特别喜欢这两个产品，并且能够描述产品使用后头发的感觉——柔软、干净、清香、舒服。尊重消费者自己的意见，是宝洁公司一贯的市场秘诀。基于这样的调研结果，宝洁决定把落地策略改为售价比洗衣粉要贵得多的美发护肤产品。

对于美发护肤品在中国的成功，宝洁公司在华第二任总裁潘纳友先生（希腊人）认为，中国人喜欢面子，谈论面子，面子问题在人们的日常生活中非常重要。人们之所以习惯于谈论面子，是因为他们非常关注自己的面部和皮肤保养，非常在意自己的外在形象。所以他认为用美发护肤品来打开中国市场很对，因为消费者为自己的"面子"舍得花更多的钱，来让自己更好看。

海飞丝上市12个月，就在广东各大城市取得了15%的市场占有率，达到了预定目标。宝洁公司每年都会进行广泛而深入地市场调研，及时发现消费者需求的改变和竞争对手的变化，不断开发新产品来满足消费者的需要，这也是宝洁长期占领中国日化用品市场领导者地位的秘籍。

（资料来源：百度，与中国一起成长——宝洁公司在华20年，整理改编 http://www.wxphp.com/wxd_0tl3m7kkki3h0qq03o5z_3.html）

思考：
1. 宝洁选择洗发水首先进驻中国市场的依据是什么？
2. 市场调查在企业经营决策中起什么样的作用？

理论指导

一、市场调查的概念和作用

（一）市场调查的概念

市场调查（Market Research），又称市场营销调研，其概念可以从两个方面来阐释，即市场调查所起的作用和市场调查的过程。

从市场调查所起的作用看，市场调查是营销人员与消费者、客户或公众之间信息沟通的桥梁，可以为企业解决营销中存在的问题、帮助企业寻找市场进入的机会、评估监测市场运行的状况、预测未来市场发展的趋势等。例如，某企业新的消费类产品要进入市场，需要通过对消费者的行为、态度、观念进行研究，通过消费者在消费过程中对同类产品品牌的选择及对口味、色彩、包装、形状等方面的偏好，来了解消费者对该新产品的接受程度，并由此来预测未来市场的需求潜力，从而制订有效的营销计划。

从市场调查的过程看，市场调查是为解决一个具体的市场营销问题而进行的数据收集过程，包括调查目标确定、调查方案设计、数据资料的收集与整理、调查结果分析与展示、提出相应的营销建议等多个工作环节。

综合以上所述，市场调查就是针对企业特定的营销问题，运用科学的方法，全面系统地收集、整理、分析与企业营销活动相关的信息资料，为企业经营管理者做出正确的营销决策提供依据的活动过程。

宝洁公司通过市场调查，对中国消费者当时的迫切需要深度了解，实时做出正确决策，为宝洁公司顺利打开中国日化用品市场奠定了良好基础。从宝洁公司进驻中国市场的案例可以看出，深入市场调查、获得准确的市场信息是企业经营决策的重要依据。

（二）市场调查的作用

市场调查是协助企业完成决策的重要依据。企业管理者只有通过市场调查收集到相关资料以后，才能根据本企业的实际状况，确定营销活动的最佳方案，做出决策。市场调查的作用主要表现在以下几个方面。

1. 为企业经营决策提供依据

企业要做出正确的市场营销决策，就必须通过市场调查，及时准确地掌握市场情况，使决策建立在坚实可靠的基础之上。市场调查对于市场营销决策的重要作用，主要包括两个方面的内容：一方面，唯有通过科学的市场调查，才能减少不确定性，使市场营销决策有可靠的依据，降低企业市场营销决策的风险；另一方面，在市场营销决策的实施过程中，企业可以通过市场营销调研检查市场营销决策的实施情况，及时发现决策中的失误和外界条件的变化，起到反馈信息的作用，为进一步调整和修改决策方案提供新的依据。

案例启示

百胜餐饮集团旗下的品牌肯德基（KFC），一直致力于通过网络订餐以扩大其在快餐行业的市场份额。在拓展网络订餐业务过程中肯德基遇到了客户流失率高，市场推广资源浪费的问题。于是肯德基通过天会调研宝从现有流量数据入手进行网上调查寻找问题出现的原因。

肯德基宅急送的订餐流程一般分为5个环节：（1）登录、注册；（2）填写送餐地址；（3）浏览菜单点餐；（4）确认订单；（5）提交订单付款。任何一个环节出现问题都有可能导致客户流失率上升。肯德基宅急送首先对自身的流量统计进行分析，发现客户的流失主要集中在填写送餐地址和浏览菜单点餐这两个环节上。基于这两个问题突出的环节展开了在线客户调查，了解客户对订餐流程的具体评价，并最终找到了问题的具体成因。

首先，在客户浏览菜单点餐环节中，因为检索方式不方便，不容易找到自己想要的餐点导致客户流失是最主要的原因；其次，在填写送餐地址环节，客户填写地址时，发现自己所处地址不在送餐范围内是导致客户流失的重要原因；再次，地址查询、输入不方便及送餐时间太长也是导致客户流失的原因之一。

肯德基根据这一调查结论，有针对性地改善经营策略，制定新的宅急送订餐流程：（1）增加餐点的检索维度，如人气、价格、订购量等，方便客户从不同维度检索；（2）调整优惠活动的显示位置和种类，使之更符合客户的习惯和期望；（3）优化送餐流程，确保每份餐都在 30 分钟内送到。经过改善和优化，肯德基宅急送在填写送餐地址和浏览菜单点餐环节的客户满意度得到了显著的提升。客户流失率也得到了有效控制。

这一案例说明，市场调查是寻找问题真正原因的重要手段，是制订正确经营决策的根本前提。肯德基正是运用调查工具，找到客户流失的原因，针对问题改善订餐流程，提升客户体验，有效控制了客户流失局面。

2．有利于企业发现市场营销机会

在市场竞争激烈的情况下，企业由于对市场信息掌握不够，从而错失良机或销售受阻的情况比比皆是，及时发现市场机会或问题，是企业经营管理的重要内容之一。市场营销机会与市场营销环境的变化密切相关，通过市场调查，可以使企业随时掌握市场营销环境的变化，并从中寻找到企业的市场营销机会，为企业带来新的发展机遇。

案例启示

日本日清食品公司在准备将营销触角伸向美国食品市场的计划制订之前，为了能够确定海外扩张的最佳切入点，曾不惜高薪聘请美国食品行业的市场调查权威机构，对方便面的市场前景和发展趋势进行全面细致地调查和预测。可是美国食品行业的市场调查机构所得出的结论，却令日清食品公司大失所望——"由于美国人没有吃热汤面的饮食习惯，而是喜好于吃面条，单喝热汤，绝不会把面条和热汤混在一起食用，由此可以断定，汤面合一的方便面很难进入美国食品市场，更不会成为美国人一日三餐必不可少的快餐食品。"

日清公司并没有盲目相信这一结论，而是抱着"求人不如求己"的信念，派出自己的专家考察组前往美国进行实地调查。经过千辛万苦的商场问卷和家庭访问，专家考察组最后得出了与美国食品行业的市场调查机构截然相反的调查结论，即美国人的饮食习惯虽呈现出"汤面分食，决不混用"的特点，但是随着世界各地不同种族移民的大量增加，这种饮食习惯正在悄悄地发生着变化。再者，美国人在饮食中越来越注重口感和营养，只要在口味和营养上投其所好，方便面就有可能迅速占领美国食品市场，成为美国人的饮食"新宠"。

日清食品公司基于自己的调查结论，从美国食品市场动态和消费者饮食需求出发，确定了"系列组合拳"的营销策略，全力以赴地向美国食品市场大举挺进。

"第一拳"——他们针对美国人热衷于减肥运动的生理需求和心理需求，巧妙地把自己生产的方便面定位于"最佳减肥食品",在声势浩大的公关广告宣传中,渲染方便面"高蛋白、低热量、去脂肪、剔肥胖、价格廉、易食用"等种种食疗功效;针对美国人好面子、重仪表的特点,精心制作出"每天一包方便面,轻轻松松把肥减"、"瘦身最佳绿色天然食品,非方便面莫属"等具有煽情色彩的广告语,以挑起美国人的购买欲望,获得了"四两拨千斤"的营销奇效。

"第二拳"——他们为了满足美国人以叉子用餐的习惯,果断地将适合筷子夹食的长面条加工成短面条,为美国人提供饮食之便;并从美国人爱吃硬面条的饮食习惯出发,一改方便面适合东方人口味的柔软特性,精心加工出稍硬又筋道的美式方便面,以便吃起来更有嚼劲。

"第三拳"——由于美国人"爱用杯子不爱用碗",日清公司别出心裁地把方便面命名为"杯面",并给它起了一个地地道道的美国式副名——"装在杯子里的热牛奶",期待"方便面"能像"牛奶"一样,成为美国人难以割舍的快餐食品;他们根据美国人"爱喝味很重的浓汤"的独特口感,不仅在面条制作上精益求精,而且在汤味佐料上力调众口,使方便面成为"既能吃又能喝"的二合一方便食品。

"第四拳"——他们从美国人食用方便面时总是"把汤喝光而将面条剩下"的偏好中,灵敏地捕捉到方便面制作工艺求变求新的着力点,一改方便面"面多汤少"的传统制作工艺,研制生产了"汤多面少"的美式方便面,从而使"杯面"迅速成为美国消费者人见人爱的"快餐汤"。

以此"系列组合拳"的营销策略,日清食品公司果敢地挑战美国人的饮食习惯。他们以"投其所好"为一切业务工作的出发点,不仅出奇制胜地突破了"众口难调"的产销瓶颈,而且轻而易举地打入了美国快餐食品市场,开拓出了一片新天地。

日清的成功是建立在对美国市场深入调查研究基础上的,通过市场调研为日清公司打开美国市场开创了新的市场营销机会。

3. 有利于提高企业的市场竞争能力

现代市场的竞争实质上是信息的竞争,谁先获得了重要的信息,谁就可能在市场竞争中立于不败之地。通过市场调查摸清竞争对手占有市场的情况,做到知己知彼。因此,只有坚持不懈地进行市场调查,不断收集和反馈消费者及竞争者的信息,才能正确把握经营策略的制定和调整,从而在市场上站稳脚跟。此外,通过市场调查可以对企业的综合竞争力进行评估和研究,挖掘企业最具竞争优势和发展潜力的生产经营项目,培育和创造新的市场,从而将企业的核心竞争力转化为市场竞争优势。

案例启示

回想一下苹果公司大获成功的 iPod。iPod 并不是第一款数字多媒体播放器,但苹果是第一家正确进行运作的公司。苹果的调查人员揭示了人们想要消费数字音乐的最核心的本质,那就是他们想随身带上所有喜欢的音乐,但又不想要一个引人注目的音乐播放器。这种洞察指明了两点核心设计要求:既小于一副扑克牌,又能装下 1000 首歌曲。在这一洞察的基础上增加了一些苹果的设计和实用性技巧之后，一个一鸣惊人的产品诞生了。苹果公司后续的 iPod 和 iPod Touch 产品系列赢得了超过 75%的市场份额。之后，一个又一个风靡一时的苹果产品诞生了，如 iPhone 和 iPad。

苹果公司通过市场调查，深刻洞察消费者的需求，不断开发出新产品，获得竞争优势。

4. 有利于企业优化市场营销组合

根据市场调查的结果，企业可以分析现有产品被消费者认可的程度，对产品及包装的偏好，开发新产品对消费者有无吸引力；定价多高消费者可以接受，分析产品的价格策略，确定合适的定价；运用何种营销手段加强促销活动，广告宣传应侧重强调哪一部分才能吸引更多人的注意；经销商对此种产品的看法，他是否愿意经营。因此，在企业的市场营销策略实施过程中，必须通过市场营销调查，充分掌握环境条件的变化，研究环境条件的变化对企业市场营销策略的影响，并根据这些影响对企业的市场营销策略进行调整。日清食品公司根据市场调查结果，调整公司的产品组合策略，打出"四套组合拳"，让日清方便面成功进入美国快餐市场。

5. 有利于帮助企业解决经营问题

企业经常会遇到销售额下降、获利率不足、市场需求不能得到较好满足等一系列经营问题，只有通过深入地市场调查，找出产生这些问题的真正原因，才能采取针对性的措施解决企业面临的困境。在 20 世纪 80 年代中期，海尔发现其洗衣机在上海地区销售情况并不乐观，其市场占有率远远低于其他地区，经过深入地市场调查，发现了上海人为什么不喜欢海尔洗衣机的真正原因，既不是质量问题，也不是服务问题。原来 20 世纪 80 年代中期，上海的住房非常拥挤，而那时的海尔洗衣机只有大规格品种，所以家里根本没有地方放。根据市场调查反馈的情况，海尔技术部门专门为上海地区设计了一款新产品——小神功，这款洗衣机不仅满足了上海用户的需要，更开辟了我国南方地区小型洗衣机市场。

二、市场调查的种类与内容

（一）市场调查的种类

市场调查的目标与内容不同，所采取的调查方式与方法也不同，不同的调查类型，最终的结果及所起的作用差别较大，为了便于分析和研究，选择适当的调查方法和技术，有必要对各种不同的市场调查进行系统分类，加以归纳。

1. 按市场调查的功能分类

根据市场调查的功能，可以分为探索性调查、描述性调查、因果关系调查和预测性调查。

（1）探索性调查

探索性调查是指市场情况不十分明晰，当研究的问题或范围不明确时所采用的一种方法，是为了找出问题的症结，明确进一步深入调查的具体内容和重点而进行的非正式调查。例如，某公司拟投资开设一家新的大型超市，首先可作探测性调查。从店址选择、需求大小、顾客流量、交通运输条件、投资额等方面初步论证其可行性。如果可行，则可作进一步的深入细致地正式调查。

探索性调查不像正式调查严密、科学，一般不制订详细的调查方案或调查问卷，尽量节省时间以求迅速发现问题。它主要利用现成的历史数据、业务数据和核算数据或政府公布的统计资料和长远规划、学术机构的研究报告等现有的二手资料进行市场研究，或邀请熟悉业务活动的专家、学者、专业人员，对市场有关问题做初步的分析研究。

（2）描述性调查

描述性调查是指对需要调查的客观现象的有关方面进行事实资料的收集、整理和分析的正式调查。它要解决的问题是说明"是什么"，即它主要描述调查现象的各种数量表现和有关情况，为市场研究提供基础资料。

描述性调查的设计通常比较正规，步骤细致。要求在设计中能清楚地界定出六大要素，即5W1H：What（什么事），Who（涉及对象），Where（在何处），When（在何时），Why（为什么，什么原因），How（怎样办，以何种方式）。用描述性调查解决诸如"是什么"的问题，它比探索性调查要更深入、更细致，通常会描述被调查对象的人口统计学特征、习惯偏好和行为方式等。描述性调查假定调查者事先已对问题有许多相关的知识，并能够事先拟订正规化和结构化的调查方案，事先构建具体的假设。一般采用大样本概率抽样调查的方法，所以，得到的结果比探索性调查更精确。

描述性调查与探索性调查相比，要求有详细的调查方案，要进行实地调查，掌握第一手原始资料，尽量将问题的来龙去脉、相关因素描述清楚；要求系统地搜集、记录、整理有关数据和有关情况，为进一步的市场研究提供准确信息。

（3）因果关系调查

因果关系调查又称相关性调查，是结论性调研中的一种，是指为了探索有关现象或市场变量之间的因果关系而进行的市场调查。它所解决的问题是"为什么"，其目的在于找出事物变化的原因和现象间的相互关系，找出影响事物变化的关键因素，如价格与销售量、广告与销售量的关系中哪个因素起主导作用，就需要采用因果关系调查来检验。

因果关系研究的方法与其他研究方法有所不同，考察因果关系时需要对有些可能影响结果的变量进行控制，这样自变量对因变量的影响才能被测量出来。研究因果关系的主要方法是实验调查。

（4）预测性调查

预测性调查是指为了预测市场供求变化趋势或企业生产经营前景而进行的具有推断性的调查。它所解决的问题是未来市场前景如何，其目的在于掌握未来市场的发展趋势，为市场管理决策和企业营销决策提供依据。

预测性调查可以充分利用描述性调查和因果关系调查的现成资料,但预测性调查要求收集的信息要符合预测市场发展趋势的要求,既要有市场的现实信息,更要有市场未来发展变化的信息。

以上 4 种调查的研究设计并不是绝对相互独立进行的,目前大多数市场调查中往往会采用两种以上的调查方法收集信息。如何将不同类型的方法相结合则取决于被调查问题的性质,调查目的不同,调查的方法也不同。如果对调查问题的情况一无所知,就要从探索性调查开始,在大多数情况下,探索性调查只是整个调查框架中最初的一步,还应继续进行描述性调查或因果关系调查。但并不是所有的方案设计都要从探索性调查开始,如果调查者对调查问题很明确,对处理问题的途径很有把握,则可以直接采取描述性调查。

2. 按市场调查的作用分类

按市场调查的作用不同,可分为定性调查和定量调查。

（1）定性调查

定性调查是指对不能量化的事物运用心理学、逻辑判断和推理知识,对被访问者进行某一方面的深入了解。其作用在于对问题的定位提供背景知识,提供处理问题的思路并借以制订假设,确定定量调查中的变量等。定性调查研究中常用的市场调查方法有深度访谈法、小组（焦点）访谈法和投射法。

（2）定量调查

定量调查是指从数量特征入手,运用某些数据处理技术,研究事物的特征及发展的规律。其主要作用在于运用给定的假设和变量,进行数据收集、整理和分析,从而提供量化的结论。定量调查中常用的市场调查方法有问卷调查法、观察调查法和实验调查法。

3. 按调查组织的方式分类

根据市场调查组织的方式不同,可分为全面市场调查和非全面市场调查。

（1）全面市场调查

全面市场调查又称为普查,是对市场调查对象总体的全部单位进行的调查,目的是了解市场的一些至关重要的基本情况,对市场现状作出全面、准确的描述,从而为制订有关政策、计划提供可靠的依据。虽然其调查结果比较准确,但由于花费的时间长、消耗的人力和财力成本高,因此并不被广泛应用。

（2）非全面市场调查

非全面市场调查只对调查对象总体中的部分单位进行调查。主要的调查方式有市场典型调查、市场重点调查和市场抽样调查。市场典型调查是从总体中选择具有代表性的部分单位作为典型进行调查,其目的是通过典型单位的调查来认识同类市场现象总体的规律及其本质;市场重点调查是从调查对象总体中选择少数重点单位进行调查,其目的是通过这些重点单位的调查,反映市场总体的基本情况;市场抽样调查是根据概率原则抽出适当样本进行的调查,其结果可以控制,在市场调查中被广泛应用。

4. 按市场调查的方法分类

根据市场调查的方法不同，分为文案调查、实地调查和网络调查。

（1）文案调查

文案调查又称二手资料调查，是市场研究人员对现成的资料、报告、文章等信息数据进行收集、分析、研究和利用的一种市场调研方法，经常用于探索性的研究阶段。

（2）实地调查

实地调查又称一手资料调查，是为了特定的研究目的，调查人员依照调查方案直接向被访者收集第一手的信息数据。实地调查的方法又可以具体分为访问调查法、观察调查法和实验调查法。这些方法将在任务4中进行详细介绍。

（3）网络调查

网络调查是指在互联网平台上对网上的现有资料、数据、信息的收集和整理，或者通过网络空间开展问卷调查来收集被调查者的信息和资料。网络调查既可用作二手资料的收集，也可用作一手资料的收集，这是一种基于网络时代的新的调查方法。

（二）市场调查的内容

市场调查的内容比较广泛，企业所面临的营销问题不同，调查的内容也不同，企业可以根据市场调查的目的确定市场调查的内容。大体可分为市场宏观环境调查、市场行业环境调查、企业内部环境调查（表1-1）。

表1-1 市场调查内容分类列表

调查大类	具体项目	详细内容
市场宏观环境调查	自然环境	气候条件、地理条件、自然资源等
	政治法律环境	对市场产生影响和制约的各种政策、法规、法律制度，如进出口贸易、信贷政策、产业政策、利率政策等
	经济发展环境	工农业发展水平、人均可支配收入、国民生产总值、科技发展水平等
	社会文化环境	宗教信仰、文化结构、思想意识、思维方式、艺术创造力、价值观念、受教育程度、社会地位、生活习惯、家庭组成、风俗习惯、传统文化、消费习惯、消费者审美标准、对商品的理解和判断等
	科技环境	与产品和服务有关的科技发展情况，如最新发明、技术更新、新材料使用、科技攻关方向等
市场行业环境调查	市场需求	市场知名度、市场占有率、市场现有规模及发展潜力、产品需求发展趋势、同类产品销售状况、营销策略、销售渠道等
	市场供给	产品货源质量、供货商、货源渠道、供货能力、货源竞争格局；货源供给的来源渠道、价格、可信度、供货能力；供货商的商品设备、资金、员工的工作能力等
	分销渠道	竞争者的销售渠道选择，企业现有销售渠道的发展状况对企业业绩的影响，各代理商、批发商、零售商的信誉程度，销售者对产品的了解程度、企业对分销渠道的控制能力，分销渠道的成本及发展状况，销售网络的分布及其合理性，运输网络，企业的分销能力等

续表

调查大类	具体项目	详细内容
市场行业环境调查	市场竞争者	整个市场竞争者的状况，含销售状况、分销渠道、营销策略；竞争者商品市场的占有率、产品设计、性能、类型，以及对本企业产品的威胁程度；竞争者的定价策略、产品价格、利润状况；竞争者提供的销售服务和质量保证；主要竞争者占有的市场份额；主要竞争者未来发展策略、营销手段、市场定位；主要竞争者的优劣势、竞争方式、发展势头等
	市场消费者	人口数量结构：年龄结构、性别结构、家庭状况结构、教育程度结构等；消费结构：食品、住房、衣服、娱乐等各大类消费比例关系；消费者消费行为：购买动机、消费时间和地点、购买量、购买方式、获取商品信息的渠道、期望的商品价格、消费水平、消费者消费习惯、影响消费者消费行为的因素、消费者的特殊爱好等
企业内部环境调查	产品	产品的设计、制造、质量、原材料供应等情况；影响产品生产的技术、工艺、材料；市场上是否存在潜在的替代品，消费者对产品质量、性能、外形、包装有何需求；产品目前所处的生命周期，以及是否具有较强的生命力；消费者对产品的满意程度，竞争者对该产品采取何种改进和反营销策略等
	价格	产品定价策略、价格水平；消费者对商品价格的敏感程度；市场上影响商品价格变化的主要因素；价格变化给销售量带来的变化，不同定价策略对产品销售量、销售利润的影响等
	营销手段	各种营销手段的操作难易程度、效果；消费者对营销手段的认同程度；营销手段实现的费用与收益比等
	广告	广告主题、广告媒体的收视率、收听率，广告效果，广告费用与收益比，竞争者的广告策略等
	商品服务	商品的销售服务和用户对产品使用的反馈意见，商品购买者在购买商品后的满意程度，自身的商品服务和竞争对手的商品服务对比，用户期望的商品服务等
	品牌和企业形象	商品品牌、商标和企业标志，顾客的理解接受程度；关于商品品牌和企业形象的评价；品牌和企业的知名度、美誉度；商品品牌和企业在市场、同行业的影响力等

三 市场调查的基本原则

市场调查的目的是为企业营销决策提供信息支持，因此，市场调查信息的质量直接影响营销决策依据的正确性。为了提高市场调查的效率和信息的质量，市场调查应遵循以下原则。

1. 客观性原则

市场调查必须实事求是，尊重客观事实，调查人员应以客观的态度反映实际情况，避免主观偏见。有时调查出来的结果与客户的预测不一致，甚至可能对客户不利，在这种情况下，只要整个调查过程是科学的，结果是可靠的，客户最终会接受事实，千万不可为了迎合客户而擅自修改数据。只有客观反映市场情况，才能真正发挥市场调查的作用，促进整个调查行业的规范发展和繁荣。

2. 准确性原则

市场调查工作收集到的数据、情报和信息，在经过调查人员的筛选、整理、分析以后得出调查结论，供企业决策之用。要使企业的经营活动在正确的轨道上运行，就必须要有准确的信息作为依据。因此，市场调查收集到的数据必须真实、准确地描述客观现象的数量表现和属性特征，调查误差应尽可能小，没有系统性偏差，没有人为干扰；调查数据涉及的主体单位、时间、地点都要准确无误；数据的计量范围、计量单位要科学，要有可靠的计量依据；调查资料所描述的与调查项目有关的背景数据、主体数据和相关数据都必须真实可靠，不能虚构。

3. 全面性原则

全面性原则又称系统性原则，是指市场调查必须全面系统地搜集有关市场经济信息数据。只有这样，才能充分认识调查对象的特征，从大量的市场经济信息中认识事物发展的内在规律和发展趋势。企业的生产和经营活动既受内部因素也受外部因素的影响和制约，而各因素之间是相互联系、相互作用的。由于很多因素之间的变动是互为因果的，这就要求必须从多方面描述和反映调查对象本身的变化和特征，做到调查项目齐全且具有连续性，以便不断积累信息，进行系统动态地分析和利用。

4. 时效性原则

时效性原则是指收集、发送、接收、加工、传递和利用市场调查数据的时间间隔要短，效率要高。只有这样，才能提高市场调查数据的价值，抓住时机，使生产经营决策及时进行。如果不能充分利用有限的时间尽可能多地收集所需的数据情报，不仅会增加费用支出，更严重的是造成经营决策的滞后，使企业生产的产品不能适销对路。所以，市场调查的时效性应表现为及时捕捉和抓住市场上任何有用的情报信息，及时分析，及时反馈，为企业在经营过程中适时地制订方案和调整决策创造条件。

5. 经济性原则

经济性原则又称节约性原则，是指市场调查应按照调查的目的和要求，选择恰当的调查方法，争取用较少的费用获取更多的调查资料。为此，市场调查要进行调查项目的成本效益分析，即在调查内容不变的情况下，比较不同的调查方式的费用多少，从中选择调查费用少又能满足调查目的和要求的调查方式，并制订出相应的调查方案。

6. 科学性原则

市场调查的结果是为经营决策服务的，这就要求市场调查具备高度的科学性。科学性原则要求市场调查人员对于市场信息有着高度敏锐的感觉和较强的判断把握能力，以及对客户高度负责的精神，必须通过科学的方法获得市场信息。主要体现在两个方面：一方面，市场调查工作的态度和方法是科学的；另一方面，市场调查的结果是科学的。只有用科学的态度，运用科学的手段，才能得到科学的市场调查结论。为了在时间和经费有限的情况下，获得更多更准确的数据和信息，要求从界定调查课题、确定调查目标和内容、设计调查方案、抽样设计到数据收集、数据分析和统计处理等过程都必须严格遵循科学的程序。

需要强调的是，运用市场调查通常可以得到比投入费用高几倍价值的信息，但由于影响市场变化的因素是众多的，并具有不确定性，加之市场调查受调查范围和调查经费的约束，致使获取的信息不完备，因此不可避免地会有误差和疏忽。正是由于信息的不完备，加上信息的分析、人员和处理手段上的差异，使得调查结果存在不同程度的缺陷。因此，对于市场调查的结果，既不可把它作为经营决策的唯一依据，也不可因其存在的不足而完全否定，要把它当作企业经营决策过程中的重要参考依据，因为影响决策的因素还有很多。

案例启示

王先生是一位美籍华人，经常与国内企业有业务往来，2014年回国时发现，最近两年，宠物食品市场空间增加了两三倍，竞争把很多国内企业逼到了死角。于是看到了市场前景，在决定开发新产品之前，先为产品设计做了大量消费调查。

为了能够了解更多的消费信息，王先生精心设计了调查问卷，在上海选择了1万个样本，并且保证所有的抽样在超级市场的宠物食品购买人群中产生，内容涉及价格、包装、食量、周期、口味、配料6个方面，涵盖了所能想到的全部因素。沉甸甸的问卷让王氏企业的高层非常振奋，对新产品市场前景十分看好。

2015年初，上海王氏的新配方、新包装宠物食品上市了，短暂的旺销持续了一个星期，随后就是全面萧条，后来产品在一些渠道甚至遭到了抵制。过低的销量让企业高层不知所措，当时远在美国的王先生更是惊讶："科学的调研为什么还不如以前我们凭感觉定位来得准确？"到2015年2月初，新产品被迫从终端撤回，产品革新宣布失败。

王先生在《中国财富》上说："我回国以后，请了十多个新产品的购买者回来座谈，他们拒绝再次购买的原因是宠物不喜欢吃。"产品的最终消费者并不是"人"，人只是一个购买者，错误的市场调查方向，决定了调查结论的局限，甚至荒谬。

经历了这次失败，王先生认识到了调研的两面性，调研可以增加商战的胜算，而失败的调研对企业来说是一场噩梦。不完备甚至不科学的数据采集给企业带来的损失是巨大的。

（资料来源：百度，市场调查成功与失败案例）

四 市场调查的组织机构与人员

（一）市场调查机构的类型

市场调查是一项专业性很强的活动，需要系统地组织和周密计划，必须由专业的机构或部门来承担。市场调查机构是指专门或主要从事市场调查活动的单位或部门，是一种服务性的组织机构。一般分为两种类型：一是企业内部自设的调查部门；二是独立的市场调查机构。

1. 企业内部的市场调查部门

企业内部是否设置市场调查部门，主要由企业规模和性质来决定。从企业规模来看，一些大企业内部都会自设市场调查部门，如美国的宝洁公司、福特汽车公司、可口可乐公司，中国的海尔公司等，都有自己的市场调查部门。也有的企业是在某个职能部门设置市场调查兼职机构，较多地集中在企业的市场部、企划部、公关部、广告部和销售部。从企业性质的角度分析，消费资料制造业比生产资料制造业设置的市场调查部门要多，尤其是与消费者生活密切相关的食品、服装、家电行业更为重视市场调查部门的设置。

案例启示

根据调查资料表明，美国的消费资料制造业中，有46%的企业设置了市场调查部门，而生产资料制造业中仅有10%的企业设置了市场调查部门。例如，福特汽车公司设立了专门的调查部门，并由一位副总经理负责管理。该部门的组织方式如图1-1所示。

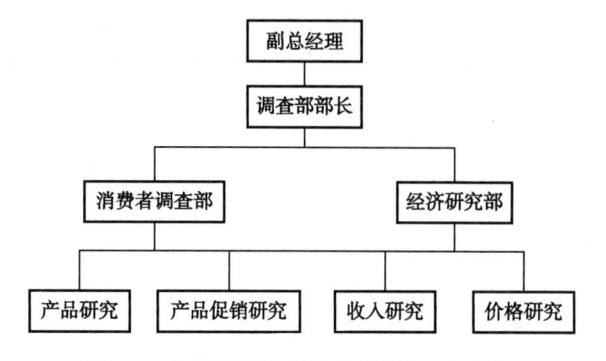

图1-1 美国福特公司的市场调查部门结构

企业市场调查部门在企业生产经营活动中具有十分重要的职能，这一职能并不因专业市场调查机构的涌现而削弱，具体职能表现为：①收集企业所需要的各类现成资料，一般由专人负责,收集杂志、刊物、报纸、计算机网络等不同渠道传递的行业、产品等相关市场信息和数据资料,整理后归档。还汇总来自企业有关部门的工作动态、销售数据等内部资料。通过这些工作为企业决策层提供二手资料。②策划与确认市场调查方案,企业高级管理层及销售部、品牌部等常常因为营销方面需要,提出开展各种专项市场调查,而这些调查都必须有市场调查部门策划参与完成。③参与实地市场调查,尽管企业有自己的调查部门,但许多专项调查还是要委托社会上的专业调查机构来做,而企业市场调查部门为了保证质量,会安排市场调查部门人员协助、参与到项目中来。④说明市场调查结果,市场调查部门利用专业知识,向企业内部其他部门或领导解释市场调查结果,使调查结果发挥应有的作用。

2. 企业外部的市场调查机构

(1) 企业外部市场调查机构的类型

企业外部市场调查机构按照机构性质、服务对象、工作内容等,可分为市场调查专业公司、广告公司的市场调查部门、管理咨询公司和政府设立的调查部门,如表1-2所示。

表1-2 企业外部市场调查机构的类型

机构类型	机构性质	工作内容
市场调查专业公司	以市场调查为业务的营利性市场调查机构,调研策划能力强,有专门的调查队伍或调查网络体系,市场调查的专业化程度高	承担企业委托的专题性和综合性的各类市场调研项目,调查项目的质量能得到有效的控制
广告公司的市场调查部门	规模较大的广告公司中基本上都设有市场调查部门,其服务对象主要为广告主,调研服务具有系统性、整体性,在定性研究上有优势	为广告制作提供市场信息、广告创意、广告测试、广告效果调查和一般性的市场调查业务
管理咨询公司	一般由资历较深的专家、学者和有丰富实践经验的人员组成。主要为委托方(工商企业、企事业单位)提供管理咨询服务,充当企业顾问和参谋的角色	企业诊断性调查、专项调查研究、项目的可行性分析和经营策略研究等
政府设立的调查部门	主要包括各级政府设立的统计部门和有关政府职能部门设立的调查机构或信息中心。具有调查组织体系完备、信息网络较健全、信息资源稳定、收费相对较低、二手资料全面、丰富等优势	承担重大社会、经济问题的调查任务,也能承担企业委托的调查任务

(2) 企业外部市场调查机构的职能

企业外部市场调查机构都是一些专业机构,其核心职能是服务,也就是根据国家、企业或自身业务要求,展开相关市场调查活动,收集并提供社会和企业所需要的各种数据、资料、信息和建议,为国家经济建设和企业生产经营服务。具体职能主要表现为:①承接市场调查项目。专业的市场调查机构拥有管理学、心理学、统计学、社会学、营销学、广告学及计算机方面的专业人才,拥有一支训练有素的市场调查人员队伍,能够承接各种领域的市场调查项目。②市场咨询。专业市场调查机构在日常经营业务活动中积累了相当数量的研究结果,它们涉及不同研究类型和研究领域,可以为社会和企业提供各种咨询服务。③提供市场资料。专业市场调查机构一般拥有稳定、高效的信息网络,订有各种专业报刊杂志、定期采购各种统计年鉴、行业名录等信息工具书,加上日常市场调查的成果积累,它们拥有许多有效的现成资料和信息,这些现成资料成为它们为社会和企业服务的重要资源。④管理培训。专业市场调查机构除自身拥有一定专门人才外,一般都聘请部分专家学者、企业高层主管为顾问,凭借这一优势,其可以开展有关企业战略、市场营销、人力资源管理、商务沟通领域等方面的专项培训,为提高企业经营管理人员的管理水平服务。

（二）市场调查人员的构成

市场调查机构承担的各项活动由不同职能的人员来完成,他们分工明确,执行与完成各自的工作任务,从而保证整个调研项目顺利进行。依据承担职责和执行操作环节的不同,由研究策划人员、协调控制人员、操作实施人员三个部分构成,其各自的素质要求也不相同。

1. 研究策划人员

市场调查机构的研究策划人员由各种专业人才组成,它包括项目接洽、项目设计、项目培训、计算机相关软件应用及数据统计、调查报告撰写等工作的执行人员。其主要职责是制订项目计划书,确定项目操作规程,进行项目培训,拟定数据分析要求及完成相应的统计,撰写书面分析报告及对书面报告作出必要的口头讲解与演示等。研究策划人员的职责决定他们必须具备以下专业素质。

（1）扎实的专业理论知识功底

市场调查活动涉及面广,研究策划所需要运用的专业理论非常多,如社会学、心理学、市场学、管理学、经济学、统计学、广告学、信息学等,都是必不可少的。因此,要从事研究策划的人员就必须掌握相应的专业理论知识,才能胜任各类市场调查任务。

（2）广博的知识面

市场调查的特性决定了圆满完成一项具体调查任务,除需要专业理论知识外,各类其他知识、常识也相当重要,如人们的生活习惯等,有助于理解与把握调查课题,也可以拓宽数据分析思路。

（3）收集、分析与运用资料的能力

市场调查策划人员要撰写市场分析报告,而分析报告需要大量的一手和二手资料,因此,他们必须注意日常工作中从不同场合和途径收集相关资料,捕捉各类信息,并能对资料和信息加以有效分析,去伪存真,把调查资料融入到调查分析报告中,最大限度地发挥调查结果的作用。

（4）严密的逻辑思维与表达能力

市场调查的策划、结果汇总、分析报告的撰写等工作环节,都需要严密的逻辑思维,较强的文字和口头表达能力。只有这样,整个市场调查项目才能有序展开,其结果才会以清晰、简洁、具有说服力的方式表达出来。

2. 协调控制人员

协调控制人员主要指负责市场调查项目操作管理的人员，包括调查前期联络、调查抽样、调查现场质量控制、调查结果复核等环节的执行人员。协调控制人员的职责主要是联系落实调查访问员、负责调查点的现场勘察和进行必要的外部沟通，按调查方案来抽取调查区域和样本，承担调查实施过程的质量控制和现场协调，进行调查结果的书面复核和外围复核等。

协调控制人员的职责要求他们必须具备以下的基本素质。

（1）广泛的社会联系能力

协调控制人员就是通常说的项目督导、访问督导，他们的职责之一就是组织调查访问员队伍，而这一队伍大多是兼职人员，相当部分访问员都是定期从社会上进行招聘，其素质高低与选择途径是否得当、选择范围是否合理都有直接关系。协调控制人员必须与大中院校、人才市场等单位的实践部门或专业教师之间保持密切联系，有时一些调研项目还需与相关单位事先进行接洽，才能保证访问员届时顺利展开。因此，协调控制人员必须有广泛的社会联系网络与良好的人际沟通能力。

（2）较强的应变能力

市场调查项目复杂多样，在各项目操作实施过程中，会接触各类不同的人，遇到很多错综复杂的问题，还时常会出现一些意想不到的突发情况。协调控制人员作为调查现场的管理者，必须有较强的临场指挥与应变能力，根据实际情况及时协调处理，保证实地调查按质按量完成。

（3）富有责任感和事业心

协调控制人员在市场调查中所承担的各个工作环节都非常重要且烦琐，特别容易出错。如调查抽样、现场质量控制、调查结果复核等。如果没有强烈的责任感和事业心，不能严格按照调查项目的要求执行，不能严格把关，放松任何一个环节，调查质量是很难得到保证的。

3. 操作实施人员

操作实施人员主要指各类调查访问员，包括承担定量和定性调查访问的执行人员，其中有专职的也有兼职甚至临时的。调查访问员的主要职责就是按市场调查项目的具体要求来完成第一手资料的收集及初步审核工作，即承担现场访问任务。访问员的基本素质要求表现在以下方面。

（1）踏实的工作态度，诚实的职业道德

市场调查的访问工作是一项十分艰苦的工作，它既要讲究时效，保持相当的操作节奏，又要严格按项目的要求来甄别、筛选访问对象和执行访问，有时为完成一项访问任务，往往要花费很多精力，排除各种干扰。因此，要求调查访问员本着不怕艰苦、任劳任怨的工作态度，并坚持实事求是、严格中立的职业道德精神，一丝不苟，认真负责地完成访问任务。

（2）较好的人际沟通能力

调查访问员是与被调查对象直接接触的市场调查人员，这种接触主要是以面对面的形式进行的，而且双方互相不认识。因此，要求调查访问员有较好的人际交流与沟通能力，以良好的口头语言将调查信息传递给被访问者，并促使对方将实际情况如实反馈出来，以达到访问目的。

（3）比较敏锐的观察力

由于市场调查被访者的多样性，他们对调查问卷的理解力和接受访问的态度及配合情况不完全一致，有不少被访者在回答问题时可能出现不应有的偏差或保留。因此，调查访问员在访问中思想要高度集中，注意察言观色，以启发被访问者围绕调查内容展开回答，并及时发现和纠正某些可能存在的错误说法，从而保证所收集信息的可靠、准确、全面。

市场调查活动的完成离不开承担各类不同职能的市场调查人员的同心协力与精诚合作。市场调查活动质量的提高需要各类调查人员通过不断培训，完善自身素质，提高职业水平，以适应市场调查项目的要求。因此，市场调查人员的培训是市场调查机构的一项重要工作。当然，承担不同职能的市场调查人员培训的内容、途径、方法有所不同。研究策划人员、协调控制人员的要求高，培训难度大，培训的内容侧重于市场调查专业内容的知识学习和实战项目的经验提升和理论总结，方法多种多样，无固定模式，可以选择到一些大企业或资深的专业市场调查机构进行培训。

调查访问员培训是各类市场调查人员培训中最为经常性的，其培训的质量直接关系到调查访问成效，它对调查结果的公正性及其可利用价值关系重大。调查访问员的培训以业余时间培训为主，采取书面训练、口头训练、模拟实战相结合的方法。培训的主要内容包括政策法规和规章制度、访问技巧和基本要求、项目专项要求三个方面。具体培训内容将在任务6中详细阐述。

市场调查新视界

有竞争力的网络营销情报

市场调查的目的是为了获得消费者、竞争者和市场发展相关情报信息，为企业经营决策提供可靠依据。

情报收集手段的范围很广，从监听网络传闻或直接观察顾客，一直到询问内部员工、以竞争对手的产品为标杆、搜索互联网、参观行业贸易展览，甚至是翻查竞争对手的垃圾桶。

好的营销情报能够帮助营销者洞察到顾客谈论或联系自己的品牌。许多企业派出受过培训的观察人员混入顾客群中，充当顾客，看他们如何使用和讨论公司产品。有些公司可能通过调研公司在线或在专业网络监察公司帮助下，监察消费者的在线聊天。例如，微软借用Radian6帮助企业追踪各类相关在线通话。

社交媒体使人们比以往任何时候都更容易分享信息——交谈或发表自己的观点、需求、想法和抱怨。他们正每天用博客、微博、微信、视频和评论做着这样的事情。要屏蔽掉无用的噪声找到有价值的品牌信息，营销者面临艰巨的挑战。Radina6给公司提供了一个基于网络的平台，允许企业通过社交网站去收听、分享、学习和吸引顾客。当消费者在数以百万计的博客文章、视频、论坛回帖、图片分享和微博中提及某个公司、品牌相关问题和竞争对手时，Radina6 的网页面板可以提供实时监控。例如，迎合顾客生活品位的零售商可以追踪主流趋势，以更好地响应在线空间上的顾客。通过监测网上对本公司及其产品的评价，并对购后问题及时回应。

（资料来源：菲利普·科特勒，市场营销原理<第 14 版>，109-110 页，整理改编）

复习与思考

一、简答题

1. 市场调查的概念可以从哪两个方面进行定义？如何理解其含义？
2. 市场调查对企业有哪些重要的作用？
3. 简述探索性调查、描述性调查、因果关系调查、预测性调查的特点及其综合应用。
4. 市场调查是一项系统性、目的性活动，调查中应该坚持哪些原则？
5. 简述市场调查组织机构的类型及相应的职能。

二、思考题

1. 依据市场调查结果作出的经营决策就一定能获得成功吗？可口可乐新配方的失败原因是什么？
2. 如果你想投资某个领域进行创业，至少应该从哪些方面开展市场调查？举例说明理由。
3. 查阅图书馆的图书、报刊杂志和网络的公开资料，收集一到两个市场调查经典案例，并对其进行分析。
4. 到图书馆或上网查找资料，要求：①了解国外知名市场调查公司的情况；②了解国内排名在前 10 位的市场调查公司（包括合资公司、民营公司等）的情况。

案例分析 白叶牌初榨橄榄油的市场调查

作为北京春节食用油市场一枝独秀的橄榄油领导品牌，白叶牌初榨橄榄油从默默无闻到广为人知，销量同比增加了 90%，仅仅历时两个多月，其成长速度令人吃惊。总结其经验，除了运用了恰当的战略战术之外，最重要的因素之一是前期的调研工作做得细致扎实，白叶牌初榨橄榄油虽然在世界上享有很高的知名度，却很少为国内消费者知晓，因此，××调查公司仍将其视为一个刚进入市场导入期的新产品，并为此安排了为期一个月的市场调研活动。

作为一种保健食用油，橄榄油出色的保健功效可以说是利国利民，如何将这种有益于国民健康的食用油在国内市场推广，就必须要了解现在的市场状况。因此，首先设定本次调研的目标——通过定性及定量的研究，掌握白叶品牌和主要竞争对手的销售形势及市场占有率情况，了解消费者对白叶品牌和竞争对手的认知度和评价，以及消费者人群状况、行为特点、媒介接触偏好、对价格的承受能力，从而为确定市场和产品的定位及进入市场的渠道和手段，制定具有针对性的市场推广策略提供依据，使白叶牌橄榄油成为中国市场同类产品的领导品牌。

先是收集了大量的行业资料,对食用油市场进行了定性分析。从数据上看,进口食用油的价格增幅远远超过数量增幅,说明进口食用植物油中,高价格食用油所占比例越来越大,进口量也越来越多,食用植物油的消费需求日趋多样化、细分化、高档化。同时也发现,现阶段食用植物油市场特点主要表现为:城市以食用精制油、农村以食用二级油为主;食用油的品种丰富,因油料和加工工艺的不同而分为20多个品种,但大豆油的消费量最大,占40%以上;不同种类食用植物油的消费表现出明显的地域特征;目前市场上的食用植物油品牌众多,除"金龙鱼""福临门"的市场分布较广泛外,其他品牌的分布也呈现明显的地域特征。说明中小食用油品牌的知名度也具有显著的区域特征。

另外,组建了专门的项目团队,对橄榄油现有渠道所占比例及白叶牌橄榄油销售情况、促销效果、消费者主要接触媒介、产品情况、竞争者情况等进行了定性调研,为下一步进行定量分析打下了基础。

问卷调查是市场调查中最有效也是被经常使用的一种定量调查方法,一直被业内人士看作是制胜的法宝。在问卷调查中,问卷设计是非常重要的一个环节,甚至决定着市场调查的成功与否。为了更好地实现调查目标,××调查公司先确定了要研究的目标和内容,然后对问卷问题进行了缜密设计,内容包括消费者对橄榄油的认知程度、对白叶品牌及其竞争对手的了解程度,购买橄榄油的动机、考虑因素、使用习惯、价格承受能力、主要接触媒介等,力求客观、真实地反映市场情况。

在市场调研活动中,××调查公司没有局限于调查问卷的单调形式,而是在调查问卷中创造性地增添了参与座谈会赠橄榄油的活动,从而达到"一箭三雕"的目的:一是成功邀请消费者参加座谈会;二是可以通过赠品本身试探消费者对橄榄油的接受程度;三是通过座谈会能发现更深层次的市场问题。结果发现消费者对橄榄油十分感兴趣,报名参与座谈者十分踊跃。在历时一个多小时的座谈会上,气氛热烈,很多消费者发言积极,对橄榄油表现出强烈的购买欲望。通过座谈会,看到了橄榄油对消费者的吸引力,但是也发现很多人对橄榄油的用法、功能缺乏了解。因此,在制订未来的市场营销方案时,将重点放在这一点,以橄榄油的功能、用法作为主要诉求点,采用各种生动有趣的形式,将橄榄油知识的普及教育与白叶品牌紧紧相连,在消费者接受、熟悉橄榄油的同时,也在消费者心中树立了白叶的品牌形象。

(资料来源:文腊梅,市场调查实务,湖南大学出版社,2009)

讨论问题:

1. 白叶牌橄榄油使用了哪些收集资料的方法,它们各自的优势是什么?
2. 市场调查对于一个企业的营销活动的作用是什么?

【实操训练1】 组建市场调查团队

1. 实训目的

(1) 了解调查人员选拔程序与基本要求;

（2）掌握调查团队组建的基本知识；

（3）培养学生的组织管理能力；

（4）培养学生的团队意识与协作精神。

2．实训条件

（1）自愿组建团队，每队 5～7 人为宜；

（2）活动空间较大的多媒体教室一间；

（3）专业教师引进企业培训方法，准备团队组建相关的视频，针对团队组建问题进行针对性的指导；

（4）学生要利用一定的课余时间完成部分工作，本任务在一周内完成；

（5）学生能熟练运用 Word、Excel、PPT 等办公软件，能熟练操作 E-mail、QQ、微信等通信方式，任务成果按规定时间以电子版形式提交给指导老师。

3．实训任务

任务编号	任务名称	任务准备	任务执行明细	任务成果	评价标准
T101	明确团队基本信息	（1）学习团队组建的知识 （2）观看体现团队精神的视频	（1）明确团队成员构成 （2）确定团队名称 （3）确定团队口号 （4）确定团队标志、特别动作 （5）填写团队成员的个人信息	团队成员基本信息表	（1）团队成员性格、能力、气质、资源等的合理性 （2）团队名称、口号、标志的意义独特性 （3）个人信息客观性、真实性、完整性 　占本任务总分的25%
T102	确定团队的项目选题	（1）进行一定的二手资料调研 （2）与目标企业进行接洽和沟通	（1）对于可能接触到的目标企业进行分析 （2）选定最有可能合作的目标企业进行接洽，找到负责人进行沟通 （3）确定两个以上企业的备选调研题目，详细说明选题的可行性及预期目标	调研项目选题报告	调研选题的可行性 　占本任务总分的35%
T103	确定团队的基本分工	对团队成员的性格、能力、气质、资源特征进行分析，讨论分工的方法	（1）明确团队成员的主要负责领域及安排原因 （2）明确团队成员的详细职责范围	项目规划书	（1）时间安排、人员安排的合理性 （2）进度安排是否能够吻合整体教学进度 　占本任务总分的40%
T104	规划团队工作开展流程	团队成员明确自己的课程安排情况；拟好自己适合做和想做的具体任务	（1）确定团队成员的课余时间情况 （2）依据任务的总体安排进行团队工作的具体工作计划		

4．实训评价

（1）教师加强实训过程的控制，对团队组织与协作方面进行重点评价；
（2）按评价标准，对任务成果进行评分，得出团队总分；
（3）由团队内部根据个人贡献率大小对个人进行评分；
（4）教师根据团队得分与团队对个人评分得出每位学生的评分。

【学生实训成果示例】

市场调研团队信息表

小组选题报告

任务 2
制订市场调查方案

任务目标

知识目标
1. 了解市场调查活动的程序；
2. 理解市场调查课题的含义；
3. 掌握市场调查方案的基本内容。

能力目标
1. 学会解析企业的调研需求问题；
2. 能够确定具体调研项目的主题；
3. 能够制订市场调查方案。

案例导入　　如何将经营问题转化为调查主题

湖南和盛食品有限公司是一家传统的豆制品生产企业，主要产品有五香豆干、油豆腐、豆皮，其授权生产的"德"字牌五香豆干在本地消费者心目中具有良好的品牌形象，人们买五香豆干时，都认准它。多年来企业经营状况一直很稳定，每年经营额近千万元人民币。但自从2013年下半年开始，企业的销售情况发生了很大变化，生产的五香豆干与上年同期相比下降了20%，其他的豆制品销量也有不同程度的下降。企业管理层对这种状况感到了经营危机，开始研究问题出现的原因。有的人认为是竞争对手增加，客源分流；有的人认为是消费者偏好发生变化，人们的生活水平提高了，不再用豆制品做菜；有的人认为人们开始把豆制品当成休闲食品，而不仅是做菜用，企业产品过于单一。但究竟是什么原因导致企业经营滑坡呢？没有人能给出准确的答案。企业决策层想到了专业的市场调查机构，希望借助他们的力量调查引起销售额下降的真正原因，以便进行正确的经营决策，改善企业经营现状。

湖南新美德市场调查公司接到这一调研项目后，立即派出了公司的调查策划专员与企业高层管理接触，了解企业经营背景，获得企业内部的二手资料，帮企业分析生产经营和市场营销中可能出现的种种问题。最终明确了本次调查的主题为：豆制品的消费情况调查。调查目标为：帮企业了解消费者对豆制品的消费行为与动机。市场调查公司制订了调查方案、设计了调查问卷，开展了在长沙不同区域的问卷调查。将获得的信息进行整理和分析，撰写市场调研报告，并将报告提交给企业。企业根据市场调查公司的分析结论针对性地采取了营销策略，2014 年，本豆制品生产企业销售收入比 2013 年增长了 30%。

思考
1. 如果你是调研公司派出的策划专员，你将如何开展工作呢？
2. 市场调查活动过程包括哪些必不可少的阶段和步骤？

理论指导

一、市场调查活动的程序

市场调查是针对企业生产和经营中存在的特定经营问题而进行的有目的的活动，是一项系统工程，必须按照一定的程序运作，才能保证市场调查的顺利进行。从调查所涉及的对象、具体内容、目的的不同，调查过程共分三个阶段 6 个步骤。本课程通过任务导向，围绕 6 个步骤设计了 9 个实训项目，来训练市场调查的基本技能。市场调查活动的程序如图 2-1 所示。

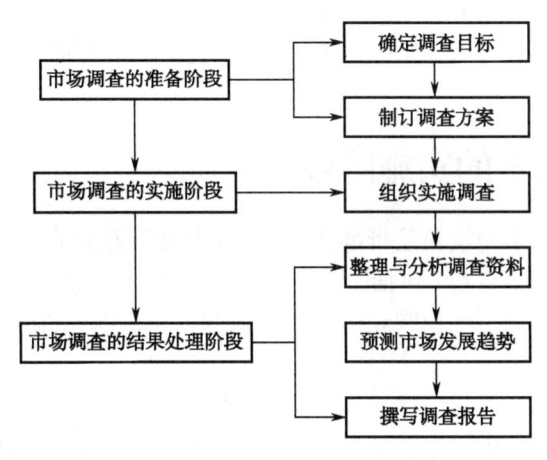

图 2-1　市场调查活动的程序

（一）市场调查的准备阶段

市场调查的准备阶段也称调查计划阶段，是指从客户提出市场调查的要求开始直到签订授权委托调查协议为止的过程，主要包括客户提出市场调查的要求、明确调查目标、拟订调查方案（包括设计调查问卷）、签署授权委托调查协议等几方面的工作。

1．确定调查目标

市场调查的启动一般都是客户从自身的需求出发或是由于市场调查公司的激发开始的。准备阶段的工作对进入实质性的调查具有重要意义，提出问题是这个阶段的开始。首先调查研究人员需弄清楚客户要调查的问题所在，即明确问题。对调查目标的确定需要先搞清以下几个问题：为什么要调查？调查中想了解什么？调查结果有什么样的用处？谁想知道调查的结果？决策者希望从市场调查中得到什么？在这一过程中，研究人员一方面要听取客户的介绍，了解他们的目的、意图及信息需求；另一方面要收集分析相关的二手资料，必要时还要进行小规模定性研究，以便确保对所要调查的问题能够明确地加以界定，或以假设的方式提出来。

2．制订调查方案

在明确了调查的问题之后，下一步的工作就是做一个调查计划，即拟订调查方案。调查方案的内容包括调查主题与目的、调查对象与范围、调查内容与项目、调查方式与方法、调查费用预算、调查进度与人员安排等。调查方案是否周密合理，会影响到整个市场调查能否顺利开展和调查的质量高低。调查方案是衡量企业调查部门或专业调研公司研究水平的标准，也是获得授权委托调查客户信任的依据。

调查方案拟好之后，还必须经过论证，客户在认可或拒绝接受方案之前，会对方案进行严格的审查。在客户对方案的审查过程中，一般是先请调查公司对方案进行说明。听了调查公司的介绍之后，客户再对方案的合理性、价值进行分析、判断和评估。如果方案能够获得客户的基本认可，双方还要进一步研讨、商榷，以及对初步方案进行修改。当调查方案根据客户的要求进行修改，并得到客户的认可之后，双方即可按商业规范要求签署协议，即调查授权委托书。

（二）市场调查的实施阶段

市场调查方案得到客户决策层批准之后，则可按照市场调查方案设计的要求，组织调查人员深入调查单位收集资料，包括二手资料和原始资料。市场调查实施阶段就是围绕问卷设计、抽样实施、访问员的招聘和训练、实地调查和二手资料收集等方面开展工作的。

1．问卷设计

问卷设计以调查方案中界定的调查目的和调查内容为依据，由研究人员进行设计。在许多实际调查中，问卷设计也常常在方案设计的同时完成，并作为方案的一部分内容提交客户审议。问卷初稿设计完成之后，一方面设计者要对问卷进行全面的检查，另一方面也要将问卷提交客户审查。一般通过预调查就可以发现问卷设计的缺陷，再对问卷及抽样计划加以适当地修改。

2. 抽样实施

抽样实施通常包括建立抽样框、抽取受调查者。如果调查访问将在已建立的调查网内进行，那么抽样实施的过程比较简单。

3. 访问员的招聘和训练

访问员的招聘和训练是市场调查过程中极为重要的一个环节，因为资料的采集工作主要是由他们来完成的，所以，访问员能否很好地执行访问工作，对调查结果的客观性和科学性影响很大。必须科学细致地进行组织管理和质量控制，使资料的收集做到准确、及时、全面和系统，确保调查的质量。

4. 实施调查

预调查完成之后，就开始正式的资料采集工作。资料采集通常包括访问、问卷复核和回访。访问是指由访问员对被抽到的受调查者进行调查；问卷复核是对访问员交回的问卷资料进行检查，以便发现是否存在不符合规范的问题，这一工作通常由督导员来完成；回访是抽取一定的受访者进行第二次访问，目的是了解、判断访问员访问过程的真实性。在问卷复核和回访过程中，如果发现问题，必须立即更正或采取相应的补救措施。

（三）市场调查的结果处理阶段

1. 整理与分析调查资料

实地调查结束后，即进入调查资料的整理和分析阶段，收集好已填写的调查表后，由调查人员对调查表进行逐份检查，剔除不合格的调查表，然后将合格调查表统一编号，以便于调查数据的统计。调查数据的统计可利用 Excel 电子表格、SPSS 软件完成，将调查数据输入计算机。

对市场调查资料的分析研究是市场调查的重要环节，要求运用统计分析方法，如交叉频率分析法、描述分析法、相关与回归分析法、方差分析法、聚类分析法、判别分析法和主成分分析法等，对大量数据资料进行系统地分析与综合，借以揭示调查对象的情况与问题，掌握事物发展变化的特征与规律性，找出影响市场变化的各种因素，提出切实可行的解决问题的对策。同时还可以根据调查资料对市场发展趋势进行预测，为企业经营决策提供参考依据。

2. 预测市场发展趋势

市场预测是依据市场的历史与现状，凭经验并应用一定的预测技术，对市场发展未来趋势进行预计、测算和判断，得出符合逻辑的结论的活动与过程。企业进行市场营销调研的主要目的是确定自身的市场地位并预测它的市场机会，在调研前期的信息资料收集和整理工作结束后,就要着手对整理后的资料进行定量和定性分析,并作出有依据的预测。

市场预测方法包括定性预测和定量预测。定性预测常用的方法包括个人经验判断法、集体经验判断法和专家预测法;定量预测常用的分析方法有时间序列预测法、指数平滑预测法、趋势外推法、季节变动法和回归分析法等。

通过市场预测能帮助经营者制订适应市场的行动方案,制订正确的营销策略,把握市场的总体动态和发展趋势,挖掘潜力,从而提高企业的应变能力和竞争优势。

3. 撰写调查报告

当需要的数据结果齐备,对数据所反映的规律、问题有比较清楚的了解之后,研究者就可以着手撰写调查报告。调查报告是市场调查的成果,它所提供的资料会对客户的市场决策产生重要的影响。另一方面,调查报告也是一个市场调查公司研究水平的体现,所以写报告时必须十分慎重。调查报告一般由标题、摘要、正文、附件等要素组成,正文的基本内容有引言(调查项目背景、调查目的、调查对象、调查手段及时间等)、市场调查的基本情况介绍(调查数据整理与展示)、分析预测(根据调查目的进行调查数据分析与推断)、调查结论与建议(根据调查分析得出调查结论、提出解决调查发现的问题的参考建议)。

调查报告写好打印出来之后,还有一个重要的步骤就是举行调查结果汇报会。会议由调查公司的研究人员与客户的有关人员参加。由调查公司的研究人员向客户介绍、说明调查所得到的结果及结果的由来。客户在阅读完报告及倾听研究人员的介绍之后,对不清楚的问题可以在会上提出质疑,研究人员必须对客户的质疑作出令人满意的解释。调查结果汇报会结束后,针对客户提出的问题,研究人员还要对调查报告作进一步的补充、修改,直至客户满意接受研究报告为止。最后,按照协议规定交给客户两份书面报告及光盘资料。

市场调查报告提交并不是调查的结束,花费了大量人力和物力所获得的市场营销信息是否有价值,这是调查委托方最关心的事,同时,也是衡量市场调查公司的调查质量的一个重要指标。因此,调查方必须对客户使用调研报告中提供的信息情况进行跟踪,发现问题及时处理,做好调查的跟踪反馈工作。

二 市场调查课题的确定

(一)市场调查课题的含义

市场调查课题也称调查主题,是指一项调查研究所要解决的关于市场具体问题的概括。确定市场调查主题是市场调查工作的第一步，也是调查过程中最关键和最困难的一步。如果调查主题不明确，就像盲人摸象，市场调查漫无目标，收集的信息没有价值。而企业在每天的经营活动中，各部门可能都会面临这样或那样的问题。例如，新推出的产品得不到市场的认可，销售局面迟迟不能打开；一向销售很好的产品，一夜之间遭遇"滑铁卢"。如某公司发现其销售量已连续6个月下降，管理者想知道真正原因是什么，这些由管理者提出的问题到底能不能直接成为市场调查的主题呢？很显然是不行的。要成为市场调查的主题，必须有明确的问题界定，调查项目切实可行，能够运用具体调查方法进行调查；可以在具体的时间范围内完成调查，不至于由于时间过长，使调查结果失去意义；还要能够获得客观资料，并能根据这些资料解决问题。

一般企业经营者提出的问题只是一个大致的范围，方向不明确、针对性不强，有的问题只是表面现象，并没有揭示问题的本质，因此，进行市场调查无从下手。比如，经营者提出对广告策略进行调查，了解广告效果的问题，这样的课题范围过大，调查人员无法操作。调查策划者必须与客户反复沟通，听取客户的介绍，了解其市场调查的真正意图及信息需求，才能界定市场调查的主题。比如，通过交流，发现客户的真正意图是想了解广告媒体选择方面的问题，这样就可以确定调查的主题为广告媒体效果的市场调查，而市场调查的目标就是了解不同媒体的广告效果指标。

案例启示

某社区一家家常菜餐馆开业前进行了广泛的市场调查，对本社区的基本情况及社区周边的竞争对手都做过详细了解。但开业很长时间以来，客流量都不多，生意没有达到预期的效果，这一问题使店主大伤脑筋。于是，店主决定请来专家进行市场调研。调研课题确定为："该餐馆在行业市场中的弱点"，并要求调研人员同时注意以下3个方面的问题。

（1）该地区的经济特点；
（2）受顾客青睐的餐馆有哪些特点；
（3）顾客光顾餐馆的主要动机。

在这个例子中，由于调研主题清晰、合理、有层次，从而保证了调研结果的高质量，也使该餐馆通过调查能够认清自身存在的问题。

（二）市场调查课题的选择标准

1. 市场调查课题的合适性

市场调查课题的合适性是指所选择的课题符合管理决策的信息需求。只有针对企业真实的、紧迫性的问题，才能正确地界定做什么样的调查课题。例如，当百事可乐公司推出定位为"年轻人的可乐"时，碳酸饮料市场的霸主可口可乐公司面临巨大威胁。可口可乐公司在1985年针对竞争对手百事可乐公司推出新一代可口可乐，但当新可口可乐上市，老可口可乐下架后并没有出现预期的市场效果，甚至遭到老可口可乐消费者的强烈反对，最终，公司不得不重新生产老可口可乐。可口可乐这么大的公司在新产品开发与上市前难道没有经过市场调查吗？如果这样认为，那就大错特错了，可口可乐公司新产品推出前经过长时间，对近百万人进行了口感测试调查。结果显示，被调查对象中70%以上的人表示喜欢新可口可乐。但为什么消费者在新产品上市后与测试时持完全相反的态度呢？难道是消费者在说谎吗？

很显然，可口可乐公司的这次调查仅考虑了影响消费者购买饮料的一个因素，那就是口感，而实际上人们购买饮料的影响因素是多方面的，特别在针对竞争对手及老产品时，情感因素也非常重要。因此，可口可乐仅选择口感测试，而忽略消费者情感测试，调查课题不全面且缺乏合适性是本次调查失败的真正原因。

2．市场调查课题的价值性

企业开展市场调查，源自经营过程中，尤其是产品营销中出现的问题。企业发展中出现的问题是多种多样的，并不是所有的问题都需要开展市场调查，也不可能在同一时间内对多个课题展开市场调查。因此，选择课题时，企业需要考虑课题的价值性，即评估此项市场调查是否值得做，是否能收集到有价值的市场信息，同时还要考虑获得信息的价值与投入调查的成本之间的比例。例如，一家小型休闲食品生产企业，委托一家调研公司进行某区域休闲食品市场占有率调查，这个区域的同类休闲食品生产企业数量非常多，休闲食品零售、批发商数量规模也很大，如果要调研公司进行深入调查，需要几个月时间，经费投入较大，而且调查出市场占有率数据对企业经营决策并没有实质性意义。因此，对于此企业以市场占有率为课题的调查就不具有价值性。

3．市场调查课题的可行性

市场调查课题的可行性是指是否具备进行或完成某一市场调查主题的条件或能力。其中包括研究信息获取的可能性，调查组织能力的可行性，人、财、物等约束条件的可行性，评估委托的调查公司的能力和信誉等。常见的问题有调查时间不够、调查经费不足、有关文件资料不能取得，所涉及的对象、单位和部门不能给予必要的支持和合作，调查课题违反国家有关政策法令等，这些都将造成市场调查无法进行。例如，某妇产医院以婴儿性别为调查主题，研究生男生女的相关影响因素，并直接向大众公布调查结果，这可能会导致人们因人为选择性生育子女而影响男女性别比例，造成男女比例的失衡，因此，这种调查主题是不可行的。

（三）确定市场调查课题的程序

市场调查课题按照以下程序进行确定（图2-2）。

1．课题背景分析

调研人员必须了解客户及所在行业，特别是那些对确定调研课题有较大影响的因素，其中包括：（1）所属行业和本企业的历史背景资料，即有关市场份额、创收能力、技术、人口统计及生活方式等方面的历史背景资料；(2) 发展限制条件，即企业现有的资源条件和相应的限制因素，如市场调查资金预算、成本、时间和调查手段等；(3) 决策目标，即组织目标和决策者个人目标；(4) 法律环境，即国家和地方政府的政策、法律法规、政府机构及有影响的社会组织；(5) 经济环境，即购买力、总收入、可支配收入、价格、储蓄、信用、社会总体经济状况。

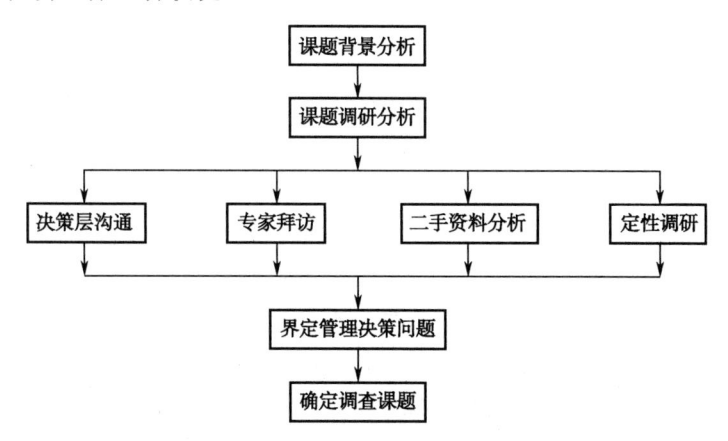

图 2-2　确定市场调查课题的程序

2. 课题调研分析

（1）决策层沟通

调研者需要了解决策者所面对的问题，以及希望通过调研想获得什么。一般情况下，与决策者沟通分为初步沟通和深入沟通两个阶段。初步沟通主要是了解企业的调研需求意向，沟通内容为商谈合作事宜，阐述合作对企业的核心价值，明确企业的主要调研目标，并努力推进企业的合作意向。深入沟通是在完成初步调查工作后，将工作成果或深层次问题与决策层进行深入探讨与交流。例如，就调研方案进行深入沟通，调研者需要提供对企业问题的分析结果，提交调研目标及调研计划建议书，探讨调研主要内容及具体项目、调研方法、时间进度安排及经费预算，并争取与合作企业签订调研授权委托书。

与决策者的沟通关系着企业是否愿意委托调研，以及调研工作的成败。因此，调研人员应争取同决策者进行交流，但大多数情况下调研人员很难见到决策者，或者需要烦琐的手续。这就要求调研人员在获得沟通机会时，一定要做好充分的准备，并且需要注意一定的礼仪和技巧。例如，拜访应有约在先。在拜访前需要"梳妆打扮"一番，服饰根据被拜访者的身份、双方的关系及拜访的场所等进行选择。时间上应守约，既不要随便变动约定时间，也不能迟到、早退，或是提前太多，因为早到与迟到一样都是失礼。在沟通过程中，应该注意语言的规范与简练，沟通的问题和内容应提前设计好，不宜过多或过少，最好控制在约定时间内。沟通技巧上可采用深层访谈法，如阶梯前进、隐蔽问题探寻及象征性分析等。

（2）专家拜访

访问行业专家的目的是为了确定调研课题，而不是为了寻求结论性的答案。征求行业专家的建议，可采用个人访问的方法。这里的行业专家是指对调查领域比较有经验的人，其中包括生产商、设计人员、经销商、批发商、零售商等。一般来说，在对工业企业或技术含量高的产品做调研时，采取专家拜访比较有效。因为在这些领域内，相对容易识别和接近真正的专家。

（3）二手资料分析

二手资料是指前人为其他目的收集的历史数据。主要来自政府、企业、商业性调研机构和数据库等。二手资料收集的特点在于方便、经济和快捷。分析二手资料是调研的基本环节，只有在二手资料被充分分析，仍有不足时，我们才会考虑采集更多的一手资料。采用二手资料时，要特别注意时效性，避免被过时的数据和信息所误导。

（4）定性调研

在有些情况下，根据从决策者、行业专家处获得的信息与收集的二手资料仍不足以清楚确定市场调查的问题时，调研者为了进一步了解面临的潜在影响因素，而采取定性调研。定性调研没有固定模式，一般采用一些探索性技术手段，以少量样本为基础，经常采取的调研手段如小规模的实验性调研、小型座谈会或专家座谈会等。

从定性调研中获得的信息、结合与决策者的交谈、与行业专家会见及对二手资料的分析，就能够使调研者充分了解问题的内容，确定调研主题，明确调研目的。

3．界定管理决策问题

在环境研究和探索性调研之后，调研者需要定义管理决策问题，并将其转化为市场调查课题。管理决策问题是指决策者应该做什么，即决策者可能采取的行动。例如，如何抑制市场份额的减少？市场是否需要重新细分？企业是否需要引进新产品？促销预算是否需要增加？等等。针对管理决策问题确定需要收集什么信息和怎样获得这些信息。因此，调查课题是由管理决策问题决定的。只有了解管理者想做何种决策，才能确认市场调查的课题。例如，分析某特定产品市场占有份额减少的问题。管理决策问题是如何挽回损失的，可采取的举措有改进现有的产品、引进新产品、改变市场营销体系中的其他因素及细分市场。假定问题是由于不适当的市场细分引起的，决策者希望通过调查获取对这个问题的信息，那么调查研究课题就是确认和评价一组备选的细分市场问题。

界定管理决策问题实质上是对企业的营销管理进行诊断，明确企业的真实需求。

（1）企业营销管理诊断的内容

营销管理诊断是一项综合性工程，它涉及企业营销管理的方方面面。具体的诊断内容可分为产品问题诊断、价格问题诊断、销售渠道问题诊断、推广问题诊断等。常见营销管理问题如表2-1所示。

表 2-1 常见营销管理问题

产品问题	价格问题	销售渠道问题	推广问题
(1) 产品品质不良 (2) 产品造型、包装或品牌有缺点 (3) 老产品上市太久且无"改头换面",消费者已厌倦 (4) 已成为夕阳产品 (5) 消费者要求趋势转变 (6) 该公司某一产品线种类太少,没有给顾客充分选择的机会 (7) 该行业的技术发展迅速,而该公司在研究与开发方面有待加强 (8) 竞争厂家推出新产品,其技术、品质或选型等方面胜过该公司产品 (9) 新产品不符合顾客的需要	(1) 价格过高,顾客无法接受;价格太低,顾客认为产品质量差 (2) 付款条件不合适 (3) 市价混乱,经销店销售顾虑多 (4) 应运用而未运用分期付款或量多优惠的方式 (5) 价格高出国内同类产品太多,但技术优势不明显,销量太少 (6) 工业品处于投入期,对居领导地位的重要客户未优惠 (7) 业务员因竞争、定额压力等原因轻易让价,致使公司供货价格节节下降 (8) 该产品未同时推出高价位、中价位和低价位的款式以争取较多的消费阶层 (9) 未做好"非价格竞争策略"	(1) 客户数不断减少 (2) 没有管理好老客户 (3) 未有效开拓新客户 (4) 遗漏了某些"销售区域" (5) 渠道设计错误,遗漏了某些合适的销售渠道 (6) 未打通比原销售渠道更好的新型销售渠道 (7) 中间商的利润偏低,导致向心力、销售力不足 (8) 不同销售渠道具有不同的特性,未能针对不同的特性制订相应的营销策略 (9) 中间商运用不当 (10) 未能兼顾"销量大"和"市场秩序稳定"	(1) 业务员缺失太多 (2) 未做好业务员的管理和教育培训 (3) 未做好零售支持 (4) 未能充分掌握客户 (5) 该做而未做广告或广告策略不当 (6) 不重视公关宣传和建立公司形象,甚至对危机事件也未做出积极、恰当的反应 (7) 在竞争激烈或销售旺季,未抓好全方位促销工作

(2) 企业营销管理诊断的步骤

企业营销管理诊断一般包括资料收集与分析、诊断展开、诊断报告提出三个阶段。作为以分析企业调研需求为目的的诊断,其重点在于了解企业决策者与经营决策问题的真实需求。所收集的资料主要以企业销售资料为主,同时结合其他资料,如企业一般管理资料、有关经济景气及行业动向资料等。诊断展开则是通过对企业进行 SWOT 分析,了解企业的大致情况与一些表面的问题,并分析这些问题产生的原因,努力寻找和挖掘最根源的因素,以把握企业的真实需求。完成上述工作后,需向企业提交关于调研需求分析的诊断报告。报告内容中应说明企业营销中面临的主要问题,并对重点问题进行深入讨论,剖析其原因,从而提取需要调研的问题。

(3) 企业营销管理诊断的技巧

在进行企业营销管理诊断时,调研者应该尽可能地与企业、市场融合,力争在最短的时间内使自己成为一个行业专家。同时,调研者还需要保留独立思考和极为重要的第一印象,以使自己不至于陷得太深而失去旁观者的客观与冷静。这样时间就显得异常紧迫,就要求调研者一旦开始投入营销诊断，必须保持高速运行的状态，并且时时交流、汇总、分析、探讨。一般来说，当日事当日毕是最好的"高保真"手段。同时，调研者还应该努力培养敏锐的思维能力和具备善于发现问题的眼光，这样才能随时发现和抓住一些关键问题，与企业决策者进行深度访谈。

4．确定调查课题

在确定调查课题的过程中，调研人员应避免两种错误：一是过于空泛，以至于不能为整体调研方案提供清晰的指导。例如，探寻企业的营销策略问题、企业形象影响因素问题等，都过于宽泛，调查时无从下手。二是课题被界定得过于狭窄，如研究消费者最喜欢产品的哪种口味问题，由于研究课题过于狭窄，限制了研究者的视角，妨碍调查真正的经营决策所需要的重要信息。因此，为了避免犯这两种错误，课题的确定既要考虑管理的信息需求，又要考虑获取信息的可行性及信息的价值，以保证所确定的调查课题具有价值性、针对性和可操作性。

案例启示

某大型日用品公司的销售月报显示，近两个月来公司的销售额呈下降趋势，根据销售一线的产品经理反馈，近两个月来公司的主要竞争对手实行了削价促销策略，这可能是导致本公司市场份额下降的直接原因。管理层面对竞争对手实行的削价策略，应做出怎样的反应？

公司请来了专业的调研机构进行企业营销诊断，确定企业面临的主要问题，并确定调查主题为"寻找影响消费者购买日用品的关键因素"。调研机构的专家们通过调查发现，日用品品牌、质量和价格是影响消费者购买的重要因素。而质量与价格之间存在某种关系，当顾客不能区分品牌商品的好坏时，很可能只依据商品的价格来判断商品的质量。根据这一调查结果，专家建议公司采用钳制的营销策略，即提高现有品牌产品的价格，同时推出两个新品牌，其中一个新品牌价格与竞争对手保持一致，而另一个新品牌的价格则明显低于竞争对手。

三　设计市场调查方案

市场调查方案是执行调查活动全过程的一套整体框架，它应详细描述出该调查获取信息和分析信息所必须遵循的程序，这一程序是顺利和高效完成调查课题的前提和保证。一般情况下，市场调查方案的设计程序如图2-3所示。

任务 2 制订市场调查方案

```
确定调查目标 → 确定调查对象与单位 → 确定调查内容与项目
                                              ↓
预算调查费用 ← 安排调查进度与人员 ← 选择调查方式与方法
```

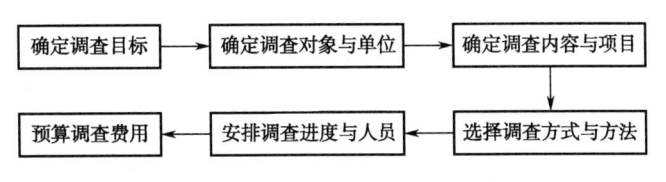

图 2-3 市场调查方案设计程序

（一）确定调查目标

确定市场调查目标，是指要明确客户为什么要进行调查，客户想通过调查获得什么信息，以及通过调查所获得的信息能否解决客户所面临的问题。调查方案中必须首先解决调查目的的问题，只有这样，才能确定调查的范围、内容和方法，否则，将可能在调查方案中设置与调查目的无关的调查项目，而遗漏一些与调查目的关系紧密的调查项目，从而达不到调查的要求。

（二）确定调查对象与单位

为解决向谁调查及由谁来具体提供相关资料的问题，应明确调查对象和调查单位。调查对象是指根据调查任务和目的确定的调查范围及所要调查的总体。它是由性质上大体相同的调查单位组成的。调查单位是指所要调查的现象总体所组成的个体，即调查研究的一个个具体的承担者。

在确定调查对象和调查单位时，要注意以下问题：（1）以科学理论为指导，严格规定调查对象的内涵，正确区分出它与其他现象的界限，避免因界限不清而发生差错；（2）调查单位的确定是随调查目的和调查对象的变化而发生变化的；（3）不同的调查方式适用于不同的调查单位，如采用普查方式，则调查总体内所包括的全部单位都是调查单位，而采用抽样调查方式，则只有用各种抽样方法抽取出的样本单位才是调查单位。大多数情况下，市场调查都是用抽样调查方式来确定调查单位的。

（三）确定调查内容与项目

调查内容是依据调查主题与调查目的明确主要调查方向，具有高度的概括性。而调查项目则是调查内容的具体化，将调查内容转化为调查的问题，为调查问卷设计奠定基础。

案例启示

BBG 超市是一家规模较大，具有 30 年经营历史的本土商业企业，在多年的经营过程中，都保持了较好商誉，深受当地消费者的欢迎。但是自从超市的正对面建立了一家与其规模相当的超市后，尽管同类商品价格低于竞争对手，但客流量还是不断下降，效益明显下滑，为此超市高层与市场调查部门充分沟通后，确定以"消费者对本超市的看法和购物态度"为主题进行市场调研，发现问题，以便采取针对性措施，提高竞争力，挽回客流。

根据以上案例资料提出的调查主题与调查目的可以确定 BBG 超市此次调查的内容为：①了解被调查者的基本情况；②了解消费者购物时选择超市的主要因素；③了解竞争对手吸引消费者的主要原因；④了解 BBG 超市在消费者心中的地位与形象。

依据以上调查内容可以具体转化为以下调查项目（表 2-2）。

表 2-2　BBG 超市调查项目

类　　别	项　　目	选　　项
个人基本情况	年龄	20 岁以下、20~30 岁、31~40 岁、41~50 岁、51~60 岁、61 岁以上
	性别	男、女
	文化程度	大专以下、大专以上
	职业	学生、教师、工人、家庭主妇、干部、白领
	个人月收入	1000 元以下、1000~2000 元、2001~3000 元、3000 元以上
家庭情况	家庭年收入	5 万元以下、5.1 万~6 万元、6.1 万~7 万元、7.1 万~8 万元、8.1 万元以上
	家庭人口	2 人、3 人、3 人以上
	家庭住房面积	40m² 以下、41~60m²、61~80m²、81m² 以上
	家庭主要支出	生活用品、购房、储蓄、证券、其他
购物情况	去竞争对手超市购物	日用品、食品、耐用品、服装、其他
	去 BBG 超市购物	经常去、偶尔去、从来不去
	购物方式	网上购物、电话送货、自选购物
	超市促销活动	非常感兴趣、有兴趣、一般、不感兴趣
	超市购物影响因素	价格、品牌、质量、服务态度、环境、信誉、其他
其他情况		

（四）选择调查方式与方法

调查方式的选择主要取决于调查对象和调查内容。主要的调查方式有普查和抽样调查。一般情况下，市场调查采用抽样调查方式。

调查方法包括面访调查、电话调查、实验调查、观察调查、文案调查、网络调查等。具体内容将在本书的任务 4 中详细介绍。调查方法选择必须考虑以下几项原则。

1. 用什么方法才能获得尽可能多的情况和资料；
2. 用什么方法才能如实地获得所需要的信息资料；
3. 用什么方法才能以最少的花费获得最有效的资料。

如对 BBG 超市消费者购物情况的调查，最好采取分层抽样方式，根据商圈划分区域进行抽样，采取入户访问和街头拦截访问调查法。

（五）安排调查进度与人员

调查进度表是指对调查研究过程中的每一阶段需要完成的工作任务和所需要的时间及人员安排进行规定，以督促或检查各阶段的工作，控制调查成本，保证按时按质完成各项调查任务。一般情况下，市场调查进度分为以下几个阶段：

（1）总体方案的论证与设计；

（2）抽样方案的设计，调查实施细节的规定；

（3）问卷的设计、测试、修改与定稿；

（4）问卷印刷，调查者的挑选和培训；

（5）调查组织实施；

（6）调查数据的整理；

（7）统计分析研究；

（8）调查报告的撰写、修订与定稿。

将调查进度以表格形式列示（表2-3），以BBG超市消费者购物情况调查为例，要求从××××年4月5日开始，20天内完成调查任务，××××年4月25日提交调查报告，以便超市迅速采取竞争策略迎接××××年"五一"节的到来。

表2-3　市场调查进度表

调查活动内容	执行时间	参与活动小组	主要负责人及成员	备注
与委托方沟通、取得授权委托书	4月5日			
设计调查方案	4月6~7日			
抽样方案与问卷初步设计	4月8~9日			
预调查与问卷测试	4月10日			
问卷修正、印刷	4月11~12日			
访问员培训	4月13日			
访问调查	4月14~20日			
资料整理	4月21~22日			
撰写调查报告	4月23~24日			
陈述提交报告	4月25日			

（六）预算调查费用

市场调查不仅需要时间，同时还需要投入大量经费。调查项目定价应根据调查信息收集的难度及结果产生的价值来确定，由调查委托方与调查承接方共同洽商决定。但调查承接方在制订调查方案时，必须根据调查工作开展需要的各项开支，制作明细调查费用预算表。调查费用预算表的内容包括费用的项目、数量、单价、金额及备注等，以 BBG 超市消费者购物情况调查为例预算调查费用（表 2-4）。

表 2-4 调查费用预算清单

费用支出项目	数　　量	单价（元）	总金额（元）	备　　注
方案设计策划	1 份	10000	10000	
问卷设计	1 份	5000	5000	
问卷印刷	2000 份	2	4000	
调查员劳务	20 人	1000	20000	
资料整理	1 份	5000	5000	
调查报告	1 份	5000	5000	
调查赠品	2000 份	4	8000	
其他			3000	
合计			60000	

　　根据企业市场调查实际情况总结出一般的经费预算比例，即策划费用占总预算费用的 20%，访问费用占总预算费用的 40%，统计与报告费用占总预算费用的 40%。如果是接受委托代理的市场调查，则需要加上全部经费 20%～30%的服务费，作为税款、营业开支及代理公司应得的利润。

　　调查经费预算直接影响调查工作的顺利进行和调查效果。对于公司的市场调查部门或独立的市场调查机构而言，每次调查费用预算当然是越高越好，但费用开支数目必须实事求是，不能过高估算，也不能为了获得调研项目过低报价，以致最终无法完成调研任务。合理的支出是调查顺利进行和结果有效的重要保证，在这个问题上应该避免两种情况：一是调查时间的拖延而增加费用开支；二是缩减必要的调查费用使得调查不彻底或无法进行下去。

市场调查新视界

委托方如何评估市场调查方案

　　越来越多的企业开始聘请专业的市场调研公司为自己服务。专业的调研公司通常在与企业沟通后提供非常漂亮的市场调查方案，其中会有很多的图表、模型，大量的专业术语。而作为委托方如何来评估市场调查方案的有效性，以确保将来收集的市场信息的可靠性和准确性是一个非常重要的问题。企业通常可以从以下 4 个方面来评估一份调查方案。

　　1. 有效样本量的最低数量保证

　　客户往往希望在一次调查中，花较少的钱，办更多的事。预算有限，怎么办？这个时候，很多调查公司为了达成合作，往往在保证覆盖面的前提下，减少每个子调查项目的有效样本量。问题是，每一项统计工具都有一个精度问题，为了保证可以达到一个最低的精度，样本量往往需要保持到一定的数量。无原则地降低样本量，往往导致调查分析结果的精度太低，偏差太大，基于这些分析结果来测评客户满意度、测评企业绩效或指导企业行动，只会误导企业，浪费资源。

客户往往缺乏统计常识，这个时候就需要市场研究公司的人员主动指出相应的利害关系。但是，很多时候，研究公司以"客户需求"来自我安慰，不愿明确告知客户这种选择带来的弊端，担心因此失去客户。这种情况，其实是对市场研究公司职业道德的一种考量。因此，委托方必须要求调研公司对选择的样本数量的科学性、精确度进行说明，以确保调研结果的有效性。

2. 抽取样本的代表性保证

抽样的方法很多，往往相对容易实施的抽样方法，成本相对较低，但代表性相对较差；而实施难度相对大的抽样方法，成本相对较高，但代表性更强。如何在两者之间取舍，是客户和调查公司经常遇到的问题。其实，这也是一个成本和精度的问题。比如，要调查某品牌冰箱的消费者满意度，这个满意度需要覆盖消费者购买、安装、学习、使用、接受售后服务、处置等全过程。这个调查通常要分为3个环节。

环节1：涉及购买、送货、安装调试服务的售前、售中服务环节；

环节2：涉及消费者学习、使用冰箱的全面体验，包括质量、功能、耗电、噪声、操作等多个方面；

环节3：售后维修服务环节，该环节只有那些产品出了故障的消费者才有体验。

每个环节的样本如何抽取？首先要明确的是，有效的调查样本应该是在近期内对该环节的体验仍然"记忆犹新"的客户。在这个原则下，相应的有效样本可以确定如下：

环节1：近期（1个月、2个月内）购买了冰箱的用户，只有亲自参与了购买全过程的消费者才能参与该环节的调查。如果对购买环节熟悉，但是安装调试时没在家，这个时候对安装调试服务的评价就会出现缺省情况。

环节2：冰箱的主要使用者，即一个家庭中使用冰箱最多的人作为受访者。对这部分受访者可以有进一步的限定，比如最近1年购买过冰箱的用户，或者购买过某型号冰箱的用户等。

环节3：近期（如1个月内）接受过售后维修服务的消费者。调查的内容将覆盖打电话报修到售后服务完毕后的电话回访全过程。受访者至少需要在售后服务人员上门服务时在场。如果对电话报修过程或电话回访过程没有体验，则他们在接受调查时，对这些环节的评价就会出现缺省。

然而，有些研究公司在执行类似的调查时，对各个环节有效受访者的界定过于宽松，如对1年内购买的人群调查售前售中服务的满意度。这种调查难以反映实际情况，因为受访者的记忆不可能有这么持久，或者对购买一个月内的消费者同时调查购买环节和使用环节的满意度。那么需要确认，购买者和主要使用者是否为同一人，而且要说明，一个月内对使用环节的调查，是新品质量调查，不能反映产品保修期内的满意感知，或者说用户有比较成熟的体验后的调查。遗憾的是，有些调研公司在方案设计中都尽量回避这些说明。因此，委托企业在评估调查方案时，一定要考察调查公司的抽取的样本的代表性问题。

3. 调查中缺省值处理的科学性保证

正如在第二点中所说的那样，在调查中，会出现受访者对某些问题无法回答，也就是说在调查数据中出现缺省值。这些缺省值如何处理，是统计分析中常见的问题。在使用多元回归、结构方程模型等分析方法中，常见的取舍是：当某个问题的缺省率超过10%（最多不超过20%）的时候，该问题对应的变量就不应该纳入模型进行分析计算，而应该单独分析。而在实践中，有些研究项目在所有问题都将近1/3缺省的情况下，依然运行。这种做法，非常不严谨。因此，委托方一定要知晓调查公司对于缺省问题的正确处理，保证调查结果的准确性。

4. 调查项目实施成功的组织管理保证

一个调查项目成功与否，承接调查的项目经理往往起到关键的作用。能干的调查项目经理往往能够有效地指挥下属工作，并且和研究公司其他部门关系良好，能够准确了解委托方的目标意图。

所以，委托方必须和调查项目经理进行沟通，了解他以往的项目管理经验，询问他对整个调查项目实施全过程的熟悉程度。如果经验不足，或者对调查项目全过程不熟悉，最好要求调研公司选派合格的调查项目经理主持该项目。

总之，企业在市场调查与研究上投入的资金越来越多，如果在上述问题上受委托的调研公司不能提供有效保证，不仅会浪费投入的大笔市场调研经费，而且会因为不准确的调研信息给企业决策带来误导，甚至可能带来更多的资源浪费。

（资料来源：北京迪纳市场研究院 发布日期：2008年7月15日）

复习与思考

一、简答题

1. 市场调查活动包括哪几个阶段？各阶段的任务是什么？
2. 确定市场调查课题的基本程序是什么？
3. 一份完整的市场调查方案的主要内容是什么？

二、思考题

1. 通常从哪些方面入手来解析企业调研需求？举一行业企业的具体例子加以说明。
2. 与企业管理层沟通前应该做哪些方面的准备？
3. 学生调查小组有哪些优势可以获得本地一些小企业或店铺的调研委托任务？

案例分析 关于长沙市男性化妆品市场潜力的调查方案

1. 调查背景与目的

男性使用化妆品是文明程度提高的标志之一。目前，英国男士每月化妆品消费为4英镑，美国男性化妆品市场年销售额为23亿美元。而我国男性化妆品市场才刚刚起步，但随着全球经济一体化的迅猛发展，同时也推动了全球文明一体化的进程。在这样的趋势下，我们可以预言：中国男性化妆品市场必定是一个潜力较大等待挖掘的金矿。

受 e 品男仕俱乐部委托，我们将在长沙市范围内对男性化妆品市场潜力进行调查，通过调查希望达成以下目标。

（1）长沙市现有男性化妆品市场的现状及问题；

（2）长沙市男性化妆品市场的潜在规模；

（3）通过以上两项结果得出针对这些问题应采取的营销策略与手段。

为了达到以上目的，我们必须要认识男性化妆品市场消费者的需要、动机和购买行为等因素。

2. 调查对象与单位

（1）调查对象

调查区域：长沙市芙蓉区、天心区、雨花区、开富区、岳麓区。

调查对象：个人、化妆品经销商。

（2）调查单位：年龄在 20～55 岁的男性为主，少部分 20～55 岁的女性，化妆品专卖店、百货商场化妆品柜台。

3. 调查内容与项目

（1）调查内容：被调查者的基本情况；被调查者的消费态度；长沙市男性化妆品市场现有规模；经销商的态度。

（2）调查项目（表2-5）

表 2-5　长沙市男性化妆品市场调查项目

类　别	项　目	选　项
基本情况	性别	男、女
	年龄	20—30 岁、31—45 岁、46—55 岁
	职业	学生、工人、教师、技术人员、商务人士、公务人员
	年收入	5 万元、5.1 万～10 万元、10.1 万～15 万元、15 万元以上
	文化程度	高中、大专、大专以上
消费者态度	个人形象	非常重要、重要、一般、不在意
	男士化妆	完全接受、可接受、不能接受
	使用化妆品	经常使用、偶尔使用、从不使用
	购买者	妻子、妈妈、自己、子女
	未来使用化妆品	准备使用、可能使用、不会使用
经销商态度	经销商性质	专卖店、百货商场专卖柜台
	经销品种	只卖女性化妆品、男女化妆品都有、只卖男性化妆品
	男性化妆品市场前景	缓慢增长、渐渐递增、快速增长
	经销投入	大力经销、附带经销、减少经销
其他		

4. 调查方式与方法

（1）调查方式

采取分区抽样和典型抽样调查方式。对于消费者个人，按长沙市行政区进行等比例抽样，样本框为长沙现住人口，年龄为 20~55 岁的男性和女性。每个区抽取 400 人，其中男女比例为 4:1，年龄比例 20~30 岁、31~45 岁、46~55 岁分别为 1:1:1。

对于经销商的调查则采取典型抽样方式，每个区域抽取 2 家化妆品专卖店和 1 家百货商店的 3 个化妆品专卖柜台作为样本进行调查。

（2）调查方法

采取问卷调查和深度访谈法。对于消费者个人通过街头、社区拦截访问形式进行问卷调查；对于经销商则采取进店深度访谈，了解更详细的情况。

5. 调查进度与人员安排

（1）人员安排

成立专题调查小组：项目负责 1 人，调查方案设计 1 人，调查督导 3 人，调查报告 1 人。临时招聘调查员 20 人。

调查开始前一天进行调查人员培训，划分调查区域。

（2）调查进度

本次调查活动从授受委托到完成共计 20 天，从 2015 年 6 月 1 日开始，6 月 20 日提交市场调查报告。具体进度安排如表 2-6 所示。

表 2-6 长沙市男性化妆品市场调查进度安排

调查活动内容	执行时间	参与活动小组	主要负责人及成员	备注
成立项目小组	6月1日	专项小组	项目负责人	
设计调查方案	6月1~3日	专项小组	方案设计员	
抽样方案与问卷初步设计	6月4~6日	专项小组	方案设计员	
预调查与问卷测试	6月7~8日	专项小组	督导员	
问卷修正、印刷	6月9~11日	专项小组	项目负责人	
访问员培训	6月12日	督导小组	督导员	
访问调查	6月12~15日	调查小组	督导员	
资料整理	6月16~17日	督导小组	调查报告人	
撰写调查报告	6月18~19日	专项小组	调查报告人	
陈述提交报告	6月20日	专项小组	调查报告人	

6. 调查费用预算

本次调查历时 20 天，由某专业调研公司承接调查业务，预算费用为 10 万元，具体费用开支如表 2-7 所示。

表 2-7 长沙市男性化妆品市场调查费用预算清单

费用支出项目	数 量	单价（元）	金额（元）	备 注
方案设计策划	1份	20000	20000	

续表

费用支出项目	数　　量	单价（元）	金额（元）	备　　注
问卷设计	1	10000	10000	
问卷印刷	2000 份	2	4000	
调查员劳务	20 人	1000	20000	
资料整理	1 人	10000	10000	
调查报告	1 人	20000	20000	
调查赠品	2000 份	4	8000	
经销商访谈	25	200	5000	
其他			3000	
合计			100000	

讨论问题：

（1）对以上市场调查方案中的调查内容进行分析，判断其是否符合调查目的。

（2）本调查中所使用的是哪种调查方法和抽样方法？

（3）你认为本调查方案还有哪些方面需要完善？

【实操训练2】　编写市场调查方案

1. 实训目的

（1）学会根据企业营销战略、营销决策、营销管理中存在的问题制订市场调查计划，撰写市场调查的项目方案；

（2）通过方案的撰写过程培养学生与企业负责人打交道的能力，培养学生从专业的角度去思考营销问题的能力。

2. 实训条件

（1）联系好一到两家可以与核心管理人员直接沟通的中小企业或店铺；

（2）各调查团队选派好与核心管理者接洽的人员，商谈企业调研需求；

（3）商谈人员必须具备基本的营销、管理学知识，具有良好的沟通能力；

（4）专业教师指导学生解析企业调研需求问题；

（5）学生要利用较多课余时间完成部分工作；

（6）此任务在 2 周内完成；

（7）学生能熟练运用 Word、Excel、PPT 等办公软件，能熟练操作 E-mail、QQ 等通信软件；不少于 1/3 的学生拥有计算机及上网渠道。

3. 实训任务

任务编号	任务名称	任务准备	任务执行明细	任务成果	评价标准
T201	与企业决策者初步沟通	（1）目标企业的背景资料 （2）合适的调研参考样本 （3）学习调研的基本知识 （4）熟悉调研的功能、作用	（1）筛选两个以上目标企业 （2）拜访企业核心决策人员 （3）商谈合作事宜，阐述合作对企业的核心价值 （4）推进企业的合作意向 （5）明确企业的主要调研目标	（1）目标企业基本信息资料 （2）商谈记录	（1）企业接洽者的级别 （2）与企业商谈的结果 （3）至少两家有调查意向的企业 占本任务总分的10%
T202	分析与企业相关的二手资料	（1）图书馆资料 （2）企业宣传资料、提供的资料 （3）互联网上的相关资料	（1）整理分析企业提供的各种宣传资料和内部资料；从中总结出企业的各方面特点 （2）通过互联网或图书馆资料等收集与该企业密切相关的信息，全面理解企业的处境 （3）对企业进行SWOT分析	企业二手资料分析记录	对于企业信息分析的深入程度、全面性、准确程度 占本任务总分的10%
T203	判断企业营销管理中的问题	（1）适当加强学习企业管理、营销诊断相关知识 （2）请教行业专家 （3）与专业教师进行沟通 （4）团队成员充分讨论	（1）通过前面几项的工作成果，提出企业营销中面临的主要问题 （2）对于重点问题，深入讨论剖析原因，并提出需要调研的主要项目	企业营销管理诊断报告——调研需求分析	对营销问题判断的准确性、分析的合理性 占本任务总分的20%
T204	规划企业调研的项目	（1）调研项目分类表 （2）学会解释各调研项目的作用 （3）调研需求分析报告	（1）协助企业在调研项目分类表中选择调研项目的紧迫性、需要程度等 （2）确定企业重点调研项目，选择可行的调研项目 （3）确立本次调研的目标	关于企业调研需求的项目明细列表	对于调研项目确定的合理性 占本任务总分的10%

任务 2 制订市场调查方案

续表

任务编号	任务名称	任务准备	任务执行明细	任务成果	评价标准
T205	与企业决策者深入沟通	(1)拟好《调研授权委托书》样本 (2)明确决策者的主要疑虑 (3)考虑学习进度安排及调研条件 (4)分析企业调研的各类目标 (5)调研目标及调研计划建议	(1)将分析过的结果提供给企业方 (2)将调研目标及调研计划建议书提供给企业方 (3)讨论调研的主要内容及具体项目 (4)讨论调研的方法 (5)讨论调研时间进度安排 (6)讨论调研经费预算 (7)与合作企业签订《调研授权委托书》	调研授权委托书	决策的主动性、科学性、可行性 占本任务总分的10%
T206	撰写调研方案初稿	(1)调研需求明细分类表 (2)前面相关的任务成果 (3)团队分工协作的安排	(1)撰写方案前言 (2)说明调查课题的目的和意义 (3)明确调研的内容及具体项目 (4)说明调研将采取的方法 (5)说明调研的对象和调研范围 (6)说明样本的设计 (7)说明资料分析的方法 (8)说明调研时间进度安排 (9)说明市场调研结果的表达形式	市场调研方案初稿	各项目的科学性、可行性 占本任务总分的10%
T207	分别征求企业方、产业专家、教师、同学等各方意见	(1)准备好初稿,拟清有待进一步确定的方面 (2)准备问题清单,作为交流的基础	(1)持调研方案初稿与团队内部及同学讨论完善 (2)持调研方案初稿征求专业教师的意见 (3)持调研方案初稿请教企业方的意见 (4)持调研方案初稿请教产业专家意见	修改建议汇总	对于建议的理解及加工程度 占本任务总分的10%
T208	精细修改调研方案并确定正式稿	对修改建议反馈情况进行整理	(1)根据修改建议及团队的实际条件进行内容上的微调 (2)根据排版要求,做好相应排版 (3)将修改后的正式稿提供给企业方并获取调研相关的经费和物品支持	调研方案正式稿	(1)企业接受程度 (2)获取经费或物品支持的情况 占本任务总分的20%

4. 评价标准（湖南省高职市场营销专业技能抽考标准）

评价内容		配分	考核点	备注
职业素养（20分）	职业道德	10分	具有实事求是的职业道德，设计方案不违背职业道德与营销伦理，遵守营销法律法规，认真负责	严重违反考场纪律、造成恶劣影响的本项目记0分
	职业能力	10分	具有分析商品特点、分析商品市场状况的能力；具有一定的调研方案写作能力；具有查阅文献资料的能力；具有完整问卷设计的能力；具有提问技巧、设计与选择提问方法的能力，能合理安排提问的顺序；具有创新、整体把握问卷设计的能力	
作品（80分）	卷容格式	5分	文字编排工整清楚、格式符合要求	调研方案字数不少于1500字，每少50字扣1分
	文字表达	5分	流畅、条理清楚、逻辑性较强	
	具体内容 封面完整	7分	要素具备（标题、编写者、时间等）(3分)，标题简洁、明了、富有吸引力，能说明主题（4分）	
	调研目的	5分	目的明确，表述较为准确	
	调研对象	5分	具有针对性，确定合理，描述基本准确	
	调研项目与内容	8分	要求符合调研目的（2分），内容正确且完整，切实可行，能获得客观资料（6分）	
	调研方式与方法	10分	调查对象选定的方式（3分）和调查资料收集的方法（3分）选择合理，表述具体。根据抽样调查的需要设计抽样方案，包括确定调研范围、抽样方法、抽样框、抽样程序和样本量（4分）	
	调研组织及人员安排	5分	调研组织设计科学（2分），人员配备合理（3分）	
	时间安排	5分	各阶段时间安排设计合理	
	经费预算	3分	经费预算科学（1分）与详尽（2分）	
	问卷设计22	2分	问卷构成。具有问卷标题、问卷开头、正文、结尾四个基本内容	
		8分	提问项目设计。问题清晰，语言易懂。用词准确，一项提问只包含一项内容，避免诱导性、暗示性、否定形式提问和敏感性问题（出现一项错误扣1分）	
		3分	提问设计方法。要有封闭问句和开放式问句，其中封闭问句占80%以上（1分）。封闭式问题答案设计符合穷尽与互斥的原则（2分）	
		3分	问题顺序设计。整体逻辑性（2分）；问题顺序要注意先易后难、先简单后复杂、先一般后具体等（1分）；开放式问句放在后面（1分）	
		3分	问句数量（4分）。不少于15个问句（开放式问句1~2个）	
		3分	问卷的可行性。问题的充分性（2分）和必要性（2分），通过问卷能且只能收集到调研目的所需要的市场信息	
合计		100分		

任务 2 制订市场调查方案

要求：

（1）实训情况的考核与评价可以通过实训任务表中的"评价标准"栏目中的具体要求来进行；

（2）评价的结果及时以小组名义公布，对于促进合理的竞争，对于团队的任务完成有较大的激励作用。

特别说明：实训任务执行的过程中注意3个方面：第一，本实训任务数量比较多，可以根据教学的实际情况来适当调整实训内容。第二，实训最好是以真实企业为基础，但也可以学校的实训中心模拟小实体或其他模拟实体作为调研企业。第三，在实训过程中，教师对于整个任务的安排、指导、控制和评价非常重要。

怎样才能获得企业的支持，提供真实的调查项目呢？首先，我们定位在为小型企业、新开的一些店铺做市场调查，因为，这些企业有调研需求，但请不起调查公司调研，自己没有专业市场调查人员。一开始，企业确实不信任学生能够为他们进行市场调研。但我们的优势是有专业老师的指导，还可以利用调查时为企业发放宣传单或做一些宣传活动作为条件，获得企业市场调研的授权和部分物资、资金的赞助。同时，学生还是一个巨大的潜在消费群体，有眼光的企业决不会轻视这个市场，学生自身的这些优势，加上良好的沟通，获得企业真实调研项目完全可能。而企业真实的调查项目给学生学习市场调查创造了一个工学结合的环境，极大地调动了学生的主动性、积极性和创造性，培养了学生的调研能力。

【学生实训成果示例】

市场调研项目规划书

市场调研方案

任务 3
选择市场调查的方式

任务目标

知识目标
1. 了解市场普查的特点与步骤；
2. 了解抽样调查的特点和步骤；
3. 掌握抽样调查的基本方法与误差确定。

能力目标
1. 能够正确运用抽样调查方法进行市场调查；
2. 能够合理利用市场调查方式有效地收集市场信息。

案例导入　　　　　　咖啡杯的市场调查

美国一家公司准备改进咖啡杯的设计，为此进行了市场调查。首先，他们进行咖啡杯选型调查，他们设计了多种形状的咖啡杯，并让500位家庭主妇进行观摩评选。研究主妇们干手拿杯子时，哪种形状更方便；湿手拿杯子时，哪种形状不易滑落。调查结果显示，四方长腰型杯子比较好使用。然后对产品名称、图案等进行造型调查。

调研公司重点调查了咖啡杯的颜色对人们饮用咖啡所产生的影响。根据不同颜色的杯子会使人们产生不同口感的特点，选择出最适合咖啡杯的颜色。他们的方法是：首先邀请了30多位体验者，让他们每人各喝4杯相同浓度的咖啡，但是咖啡杯的颜色则分别为咖啡色、青色、黄色和红色。试饮的结果是：喝过用咖啡色杯子装的咖啡后，30多位体验者中有2/3的人认为口感"太浓了"，而喝过用青色杯子装的咖啡的体验者则异口同声地说味道"太淡了"，接着喝过用黄色杯子装的咖啡的人都说味道"不浓，正好"，而喝过用红色杯子装的咖啡的30位体验者中竟有90%的人说"太浓了"。根据这一调查结果，公司建议咖啡店里的杯子一律改用红色。咖啡店借助咖啡杯颜色对人们口感的影响，既可以节约咖啡原料，又能提高顾客满意度。公司的这种咖啡杯投入市场后，与市场其他公司的同类产品展开了激烈竞争，结果以销售量稳居市场第一的优势取得了胜利。

（资料来源：百度，咖啡杯的设计　http://www.zybang.com/question/1235f524e14b8a047cf09750d5521eb3.html）

思考：
1. 本案例中运用的是什么调查方法？这种方法有什么优缺点？
2. 企业选择市场调查方式时主要考虑的因素是什么？

理论指导

市场调查方式按照调查对象的范围来划分，可以分为全面市场调查和抽样市场调查两种，下面主要介绍这两种市场调查方式的基本内容。

一、全面市场调查方式

全面市场调查也称市场普查，它是指调查者为了收集一定时空范围内调查对象的较为全面、准确、系统的调查资料，对调查对象（总体）的全部个体单位进行逐一的、无遗漏的全面调查。按照实际应用的情况，市场普查可分为宏观、中观、微观三大层次，即分别是全国范围内的，一定地区或一定行业（部门）范围内的，以及企业组织的全面市场调查。

（一）全面市场调查的特点

1. 专门性

调查者为了特定的目的而专门组织的调查。例如，全国人口普查，国家为了掌握准确的人口规模、结构而开展的调查。

2. 全面性

对调查对象的全部单位都无一例外地进行调查。人口普查是针对所有本国公民而进行的，因此，调查工作量非常大，过程非常复杂。

3. 一次性

对调查对象特定时间的数量表现进行登记，而不是经常性的调查。例如，人口普查数据是反映某个特定时点的人口总数，而并不是普查结束或普查某天的人口规模。我们经常看到的人口统计报告的数据其实是一个概数，并不是精确到某天的确切人数。人口普查也不是经常性的，全国人口普查一般10年一次，城市为3年一次，乡镇为1年一次。

4．准确性

由于对调查总体的全部单位都进行调查，因而不存在抽样调查误差，只要严格控制调查过程，数据的准确性还是比较高的。

5．标准化程度高

由于普查是统一规定调查项目、时间和方法，以及统一组织、统一标准和统一数据处理，因而获取的数据具有较高的标准化程度。

6．调查费用比较高

普查由于涉及面广、调查工作量大，因而需要花费较多的调查费用，包括人力、物力、财力和时间的花费。

（二）全面市场调查的方式

全面市场调查一般有以下两种收集资料的方式。

1．普查员直接登记式

普查员直接登记式，就是设立专门的组织机构，制订市场普查方案和实施细则，设计调查表或问卷，聘请和培训调查员，然后由调查员深入现场对调查单位的有关情况进行观察、询问和登记。这种方式收集的数据资料必须客观和准确，调查质量在很大程度上取决于调查员的素质，要注意控制调查员工作误差。

2．被调查者自填式

被调查者自填式，就是设立专门的组织机构，制订市场普查方案和实施细则，设计调查表或问卷，但不派调查员进行直接登记，而是将调查表或问卷下放到企业、事业等基层单位，各基层单位再指定专人根据本单位的原始记录和现成资料进行填报。这种方式要求提高全面市场调查方案、调查表或问卷的设计质量，防止调研者的设计误差，也需减少被调查者的填报误差，其措施是调查表应附有填表说明、指标或项目解释，并做好调查表回收的审核工作。

（三）全面市场调查的原则

1．调查项目和内容统一

全面市场调查必须统一规定调查的内容和项目，不能任意改变或增减，以确保调查内容的一致性，便于数据的汇总和处理，提高数据质量。

2．调查的标准时点统一

全面市场调查主要用于收集一定时点上的有关调查对象的数据和资料，因此，为了保证调查数据在时间上保持一致，必须统一规定调查的标准时点。如果调查登记时间在这个规定的标准时点之后，也必须按规定的标准时间核实、登记、填报其数据。

3．调查的各种标准统一

全面市场调查除了统一规定调查内容、项目和调查标准时点之外，还必须统一制定各种标准。如产业或行业划分标准、产品分类目录、调查表式、指标解释、计算方法、数据编码、数据处理程序等，都必须统一规定和实施，才能从各个方面确保调查数据的质量。

4．调查步骤和方法统一

为确保全面市场调查资料具有一定的时效性和调查质量，调查范围内各个调查点必须统一行动、统一进度、统一方法，力求步骤和方法上协同一致。

（四）全面市场调查的实施步骤

全面市场调查的实施步骤如图 3-1 所示。

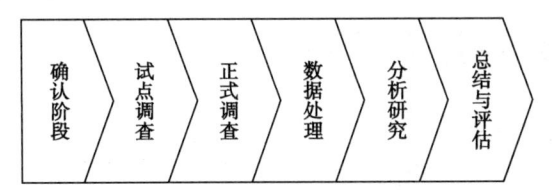

图 3-1　全面市场调查的实施步骤

1．确认阶段

确认阶段主要是依据决策的信息需求提出全面市场调查的动议，并论证其必要性和可行性。动议获决策者批准后，即可组建调查机构，制订全面市场调查方案，开展宣传鼓励工作。其中全面市场调查方案的制订是确认阶段的重要任务，它是根据全面调查的组织原则，对调查工作所作的全局考虑，全面市场调查方案的内容包括总则，调查对象、范围和调查方法，调查的内容和标准，调查的组织实施，调查经费安排，数据处理与质量控制，数据发布与开发利用，表彰与处罚、附则等。

2．试点调查

试点调查是根据制订的全面市场调查方案，选择若干调查点作为试点单位，模拟全面调查工作的全过程，用以往组织实施全面市场调查的经验，检验全面市场调查方案的科学性、可行性，发现问题和缺陷，为改进和完善调查方案提供依据。试点调查的具体工作包括制订试点方案、选择试点单位、组织试点调查、评估试点结果、修改和完善正式调查方案等。

3. 正式调查

正式调查阶段的工作包括落实调查方案，各调查点组建调查队伍，认真学习调查方案和有关文件，对调查员进行业务培训，并组织正式的调查登记工作或调查表的填报工作，将调查表按照规定的时间上报到指定的汇总部门。

4. 数据处理

数据处理阶段包括数据处理程序编制、软件使用培训、调查表人工审核、数据质量抽样复检、数据录入、计算机审核、数据校正、数据汇总、数据备份、数据上报、建立数据库、数据存储和数据管理等工作。

5. 分析研究

分析研究阶段的工作包括数据质量评估确认，经批准后组织对外公布；利用调查数据进行多方面的开发和分析研究，为决策者提供多种形式的信息服务等。

6. 总结与评估

总结与评估即对调查工作进行全面总结与评估，总结经验与教训，并对相关的工作单位或个人进行奖励或惩处。

（五）全面市场调查的应用

由于全面市场调查在人、财、物等方面的消耗较大，调查时间也长，因此，企业一般只组织小范围的全面市场调查，或者对那些不能或不必进行经常性调查，但对资料的准确性、全面性要求较高的项目实施全面市场调查，也可利用全国或有关行业或部门组织的普查收集企业市场调查所需要的全面资料。具体应用如下。

（1）企业人财物普查。企业内部有关人力、物力、财力资源和产供销情况的全面调查，如员工基本情况调查、设备调查和产品产、销、存全面统计等。

（2）企业全员测评。企业员工满意度、忠诚度全员测评，内部人事制度、分配制度等改革的全员测评。

（3）供应商市场普查。供应商的市场普查，即对企业原材料、零配件等供应商的供货数量、质量、品种、价格、服务、信誉度、运输、配送等情况进行全面调查。

（4）经销商市场普查。经销商、代理商的市场普查，即对经销、代理本企业产品的全部中间商的经营能力、经营区域范围、服务质量、价格执行、付款信誉、促销能力、财务支付能力、协作状况等进行访问、观察和登记。

企业除了自主组织开展以上项目的全面市场调查之外，还将利用国家统计部门或其他部门的普查资料，通过购买、检索或委托开发企业获取市场研究所需的全面资料。

全面市场调查有许多优点，但也存在一定的局限性。全面市场调查通常需要专门的机构来主持，涉及面广、工作量大、时间较长，需要大量的人力和物力、组织工作较为繁重等，因此，它是实际调查中运用较少的一种。而抽样市场调查采用的是以部分推断总体的方式，减少了市场调查的工作量，简化了市场调查工作，可以实现以较少的投入而能得到较高质量的数据。抽样市场调查目前已经成为实际调查中运用越来越多的主要调查方法。

二、抽样市场调查方式

（一）抽样市场调查的基本概念

抽样市场调查简称抽样调查，是按照一定的程序，从所研究对象的全体中抽取一部分单位进行调查，并在一定条件下，对研究对象的数量特征进行估计和推断的一种调查方式。与抽样市场调查有关的专业术语包括总体、样本、抽样单位和抽样框等。这些术语的具体含义解释如下。

1. 总体

总体是所要调查对象的全体，即在特定的调查目的或任务条件下的认识客体。在市场调查中，总体通常都有时间和空间的限制。构成总体的元素称为单位或个体，若这些单位是不能进一步分割的，则称为基本单位，若这些单位还能分解为更小一层次的单位，则称为群体单位。市场调查中，若是研究消费倾向，消费者个人显然是基本单位，若是通过家庭来观察消费者的消费倾向，则家庭是群体单位，它是由消费者个体组成的。

总体中的单位若是不可计数的，则为无限总体，而总体中的单位数是可以计数的，则为有限总体。通常用 N 表示总体单位数，即总体规模的大小。

2. 样本

样本是由总体中抽取的部分个体，是实际的调查对象。例如，某学校有1万多名学生，从中抽取200名来进行校园生活状况的调查，这200名学生就构成了样本。

3. 抽样单位

抽样单位是指样本抽取过程中的单位形式。例如，1万名学生中抽取200名，有不同的抽样方法。如果1万名中直接抽取200名，就是以个人作为抽样单位。如果1万人分布在300个班级里，就可以先在300个班级里随机抽取6个班级，再在6个班级中平均每个班级抽取约33人，组成200名学生作为样本，这种抽样方法的抽样单位就是班级，而不是个人了。

抽样单位是指将总体划分为若干个互不重叠的部分。抽样单位是人为划分的，受到抽样方法的影响。

4. 抽样框

抽样框是指将抽样单位按某种顺序排列编制的名单，是抽样设计人员用来进行抽取样本的工具。其具体表现形式主要包括总体全部单位的名单、电话号码簿、户口档案、企业名录地图等。抽样框在抽样调查中处于基础地位，是抽样调查必不可少的资料。在抽样框中，每个抽样单元都有自己对应的位置或序号，这是抽样调查前通常要做的基础性工作，就是对抽样框中的每个单位进行编号。上面第一种抽样方法中，抽样框是1万名学生的名单，第二种方法中抽样框是300个班级的名单。而对于一些入户调查，抽取的是居民户，抽样框的资料要求比较复杂。

（二）抽样市场调查的特点

抽样市场调查与全面市场调查相比，具有以下几方面的优点。

1. 时间短、收效快

抽样调查涉及面较小，取得调查结果比较快，能在较短的时间内获得与市场普查大致相同的调查效果，还可以运用抽样调查技术来检验普查及有关资料的准确性，并给予必要的修正。

2. 质量高、可信度高

抽样调查是建立在数理统计基础之上的科学方法，只要由专业调查人士主持抽样调查，严格按照抽样调查的要求进行抽样，就可以确保获取的信息资料具有较好的可靠性、准确性，对那些无法或没有必要进行普查的项目具有很好的适用性。

3. 省费用、易推广

由于抽样调查把调查的对象范围降低到较小的限度，又能保证调查的有效性，从而可以大大减少工作量，降低费用开支，提高经济效益。同时，由于抽样调查只需较少的人力、物力，企业容易承担与组织。

抽样调查也存在着不足，由于所调查的样本只是调查对象中的一部分，抽样调查的结果是从抽样样本中获取的信息资料中推断出来的，因此，抽样调查存在抽样误差。

三 抽样的基本方法

抽样市场调查的方式包括随机抽样调查和非随机抽样调查两种形式。随机抽样方法包括简单随机抽样、等距随机抽样、分层随机抽样、整群随机抽样。非随机抽样方法包括方便非随机抽样、判断非随机抽样和配额非随机抽样。抽样调查方式如图 3-2 所示。

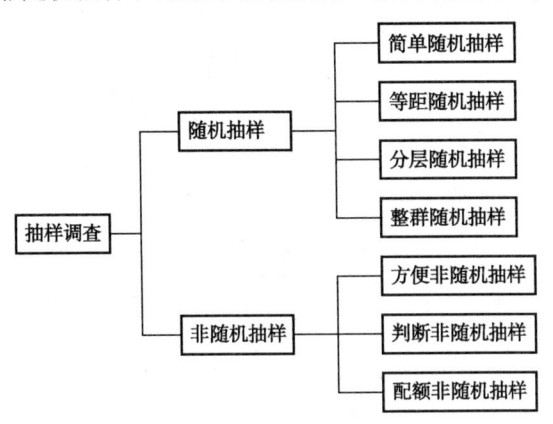

图 3-2　抽样调查方式

（一）随机抽样

随机抽样调查也称概率抽样调查，是从总体中按随机原则抽取一定数目的单位作为样本进行调查，并在一定条件下，对研究对象的数量特征进行估计和推断。随机抽样调查使总体的每一个单位都有同等的机会或可能性被抽中，使被抽中的单位能较好地代表总体。随机抽样调查可在抽样调查之前估计和控制抽样误差，主要包括以下 4 种抽样方法。

1. 简单随机抽样

简单随机抽样是对全部总体不经过任何分组、排队，完全按照随机原则从中抽取样本加以调查的一种抽样技术形式。简单随机抽样的特点是在每次抽选中都能保证总体中每个单位有相等的选中机会，完全排除了抽样中主观因素的干扰。简单随机抽样的具体方法主要有以下 3 种。

（1）直接抽选法。直接抽选法就是从调查总体中直接随机抽取样本进行调查。这种方法适合对集中于某个空间的总体进行抽样，如对存放于仓库中的同一种饼干产品直接随机抽出若干为样本进行霉变状况检查。

（2）抽签法。抽签法就是用抽签方式抽取样本单位。这种方法必须首先给调查总体中的每个单位统一编号，然后将每个编号做成一张签片，再将所有签片混合均匀，最后从中随机抽选，被抽中的号码所代表的单位就作为样本中的一个，直到抽足所需样本单位数目为止。例如，在某学校的 200 个班级里，抽取 10 个班级，面向学生就教学改革效果的问题进行调查。可以制作 200 张卡片，分别标上 1～200 的数字，从中任取 10 张卡片，卡片号码所代表的班级就是所抽取的样本。

（3）随机数表法。随机数表法就是对 0～9 这 10 个数字进行重复抽样，记录每一次的结果，进行成千上万次后，所形成的数表。数表中数字的排列是随机的，因而也称为乱数表。用随机数表法抽取样本单位时，先给总体各单位统一编号，然后按事先规定的顺序读随机乱数表，所读随机乱数表的位数由总体的单位数来确定。若总体为千位数规模，则一次在随机乱数表上读 4 位数,若总体为百位数,则一次读 3 位数,等等。总体中一个单位的编号与所读出的随机数一致,则该单位入样本,即被抽中。若所读出的随机数大于总体规模数,则跳过该随机数,往下继续读,重复抽样时,遇到已经选用过的数字仍然选用;不重复抽样时,凡已经选用过的数字都不要,直到抽够规定的样本单位数为止。随机乱数表的读法可以是任一起点,采取任一顺序进行。但阅读顺序一旦确定,便不能改变,否则便会破坏随机特征。随机乱数表如表 3-1 所示。

表 3-1 随机乱数表

	(1)	(2)	(3)	(4)	(5)	(6)
1	32044	69037	29655	92114	81034	40582
2	23821	96070	82592	81642	80971	70411
3	82383	94987	66441	28677	95961	78346
4	68310	21792	71635	86089	38157	95620
5	94856	76940	22165	10414	10413	37231
6	95000	61958	83430	98250	70000	50436
7	20764	64638	11359	32556	89822	20713
8	71401	17964	50940	95753	34905	93566
9	88464	75707	16750	61371	10523	69205
10	59442	59247	74955	82835	98378	83513
11	11818	40951	99279	32222	75433	27397
12	65785	60937	96483	10230	58220	90756
13	15933	69834	57402	35168	81438	44850
14	31722	97334	77178	70361	15819	35037
15	95118	88373	26934	42991	10142	90852

案例启示

生产车间需要进行某产品寿命周期的检验,这种检验是破坏性的,因此,只能采取抽样检验方法。现将从 100 个产品中,随机抽取 11 个作为样本,拟用简单随机抽样的乱数表法抽选样本。抽选程序如下。

(1) 将总体单位从 1~100 进行编号;

(2) 然后可确定使用 5 位数字中的哪两位数,可以任意取两位数。前两位、中间两位或后两位都可以,如确定使用后两位数;

(3) 随机确定从某列某行开始,然后按确定顺序抽选。如从第 2 列第 4 行开始,从上至下抽选;

(4) 抽出的数字为 92、40、58、38、34、64、07、47、51、37、34。其中出现了两个 34,把后面一个去掉,再往下补充一个为 73,这样,我们所要抽取的 11 个样本单位的号码就出来了,对应上述 11 个数字标号的产品,就是抽选到的样本单位。如果从上至下,样本单位数没有抽满规定量,则可以逆时针方向从下至上继续抽取,直到完成规定抽样数量为止。

2. 等距随机抽样

等距随机抽样也称机械随机抽样或系统随机抽样,它是先按某一标志对总体各单位进行排队,然后依一定顺序和间隔来抽取样本单位的一种抽样技术形式。由于这种抽样是在各单位按一定顺序排队的基础上,再按一定间隔取样,这样可以保证所取得的样本单位比较均匀地分布在总体的各个部分,有较高的代表性。

作为总体各单位顺序排列的标志,可以是有关标志或是无关标志。例如,液晶电视需求偏好调查,按照收入多少由低到高进行排列。所谓无关标志是指与调查标志无关的或不起主要影响作用的标志。例如,产品质量抽查按时间顺序取样,农产量抽样调查按田间的地理顺序取样等。抽样间隔(R)的大小等于总体数量(N)除以样本数量(n),计算公式为:

$$R=N/n$$

案例启示

某社区里有商户100家,采用等距离抽样方法抽选10户进行调查。

第一步,将总体调查对象(100家商户)进行编号,即从1号至100号。

第二步,确定抽样间隔。已知调查总体N为100,样本数n为10家,故抽样间隔为100÷10=10(家)。

第三步,确定起抽号数。将1~10号编成10张卡片,然后从中随机抽取1张作为起抽数号。如果抽出的是3号,则3号为起点。

第四步,确定被抽取单位。从起抽号开始,按照抽样间隔,确定抽取的样本单位数编号。本例从3号起每隔10个号抽选一个,直至抽足10个为止。计算方法为:

$$3$$
$$3+10\times1=13$$
$$3+10\times2=23$$
$$\cdots\cdots$$
$$3+10\times9=93$$

则所抽的单位是编号为3、13、23、33、43、53、63、73、83、93的10家商户。

与简单随机抽样相比,等距随机抽样更加方便易行,抽样程序简便,对工作人员业务素质要求不高,这样可节省时间与费用。另一方面,在已知总体某些有关信息的条件下,采用等距随机抽样能保证样本单位在总体中均匀地分布,从而可以提高样本对总体的代表性,减少抽样误差。

等距随机抽样也有其缺点。当总体单位排序恰好与抽样间隔周期一致时,可能存在着选取到一个严重偏差的样本的风险。因此,要尽量避免抽样间隔与现象本身周期性的节奏相重合引起的系统性偏差。例如,工业企业产品质量抽查时,抽查时间间隔不宜和上下班时间一致，以防发生系统性偏差，影响样本的代表。

3. 分层随机抽样

分层随机抽样是先将总体所有单位按某一重要标志进行分类（层），然后在各类（层）中采用简单随机抽样或等距随机抽样方式抽取样本单位的一种抽样技术形式。其可分为等比例分层抽样法与非比例抽样法。

（1）等比例分层抽样法，即按各层（或各类型）中的单位数量占总体单位数量的比例分配各层的样本数量。该方法简便易行，分配合理，计算方便，适用于各类型之间差异不大的分类抽样调查，如果各类型之间差异过大，则不宜采用此方法，而应采用非比例抽样法。

案例启示

某地共有居民 10000 户，按经济收入高低进行分类，其中高等收入的居民为 2000 户，占总体的 20%，中等收入的居民为 6000 户，占总体的 60%，低等收入的居民为 2000 户，占总体的 20%。要从中抽选 150 户进行购买力调查，则各类型应抽取的样本单位数为：

高等经济收入的样本单位数：150×20%=30（户）

中等经济收入的样本单位数：150×60%=90（户）

低等经济收入的样本单位数：150×20%=30（户）

样本单位数 150 个，就是按高、中、低经济收入比例进行抽样选出来的。

（2）非比例抽样法，又称分层最佳抽样法，是根据各层次的样本标准差大小，调整各层次的样本数目的抽样方法。该方法既考虑了各层在总体中所占的比重大小，又考虑了各层标准差的差异程度，有利于降低各层之间的差异，以提高样本的可信度。其计算公式为：

$$n_i = n \times \frac{N_i S_i}{\sum N_i S_i}$$

式中，n_i 代表各类型应抽选的样本单位数；n 代表样本单位总数；N_i 代表各类型的调查单位数；S_i 代表各类型调查单位平均数（成数）的样本标准差。

例如：设上例中高等收入居民的标准差为 5%，中等收入居民的标准差为 2%，低等收入居民的标准差为 3%，则各层应分摊的调查抽样数目为：

高等收入居民抽取样本数=150×（2000×5%）/（2000×5%+6000×2%+2000×3%）
　　　　　　　≈54（户）

中等收入居民抽取样本数=150×（6000×2%）/（2000×5%+6000×2%+2000×3%）
　　　　　　　≈64（户）

低等收入居民抽取样本数=150×（2000×3%）/（2000×5%+6000×2%+2000×3%）
　　　　　　　≈32（户）

分层最佳抽样法因为需要根据各层的差异程度来配置样本，这对于调查单一标志是比较理想的，但对于调查多种标志则难以兼顾；同时，在计算上比较麻烦。因此，如果调查的总体各层之间的差异程度不过分悬殊，一般采取等比例分层抽样法。

分层抽样比简单随机抽样更为精确，能够通过对较少的抽样单位的调查，得到比较准确的推断结果，特别是当总体较大、内部结构复杂时，分层抽样常能取得令人满意的效果。同时，分层抽样在对总体推断时，还能获得对每层的推断。因此，在我国的社会购买力调查、居民家庭收支调查、商品销售调查、产品产量调查中，经常采用分层随机抽样方法。

当然，分层随机抽样也有其局限性。主要是它要求调查设计人员必须对总体单位的情况有较多的了解，否则难以设计出科学合理的分层样本。而要做到这一点往往是比较困难的，或者必须花费更多的时间和精力。

4. 整群随机抽样

整群随机抽样是指将市场调查的总体按一定的标准分成若干群，然后从中随机抽取部分群单位进行调查的方式。整群随机抽样法同分层随机抽样法的内容要求不同，分层随机抽样要求所分层之间有差异性，分层内部的基本单位具有相同性，而分群随机抽样恰恰相反，要求各群体之间具有相同性，每一群体内部的基本单位具有差异性。如图3-3和图3-4所示。

图3-3 分层抽样后的各层

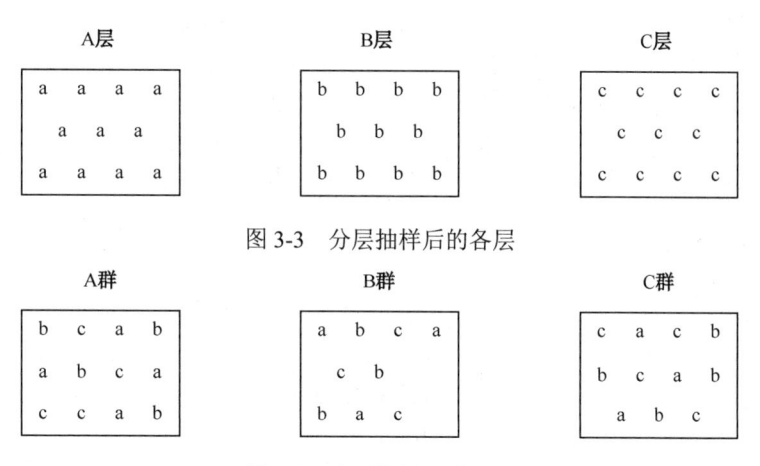

图3-4 分群抽样后的各群

整群随机抽样是对选中群的全面调查，调查单位集中，抽样简便，可节省经费开支。整群抽样的可靠程度取决于群与群之间的差异大小，当各群间差异越小时，整群抽样的调查结果就越准确。因此，整群抽样适用于抽样调查中没有总体单位的原始记录可利用时，或群内各单位间的差异较大，而各群之间差异较小时。例如，我们欲从一座住宅套数大约为 N 为12000 的城市中采用简单随机抽样抽取一个 n 为400 的样本。个别住宅的抽样比较困难，缺乏所有住宅情况的完整资料，而准备这样的资料花费较大。作为替代方案，我们可选择一个街区的样本。在城市的地图上把整个区域划分为形状规则或不规则街区（一般以道路、街道或河流等自然的界线为边界），然后抽取 1/30 的街区作为样本，把位于样本街内的住宅都作为样本点。这样任何一个住宅被抽取的概率就是其对应街区被抽中的概率，即 1/30，这与理论上的取样概率 400/12000 数值上相等。表3-2列举了一些适合整群抽样的实例。

表 3-2 适合整群抽样的部分实例

总 体	变 量	基本单元	群
某个城市	住户特征	住宅	街区
某个城市	购买衣物	人	住宅
机场	旅游信息	离开旅客人数	航班
农村	社会态度	成人	村
通过桥梁的年交通量	发车地和到达地	机动车	40分钟间隔
城市土地所有者档案	税务信息	土地所有者	分类台账的页数
健康保险档案	医疗数据	卡片	连续10张卡片为一组

（二）非随机抽样

非随机抽样调查是从调查者方便出发或根据调查者主观的选择来抽取样本、推算总体的抽样方法。非随机抽样不能估计和控制抽样误差，无法确定抽样推断的概率保证程度。与随机抽样调查相比，非随机抽样较为简单易行，适宜于探索性的调查研究。

在市场调查中，采用非随机抽样通常是出于下述几个原因：受客观条件的限制，无法进行严格的随机抽样；调查时效性要求高，要迅速取得调查结果；在调查对象不确定或无法确定时，可采用非随机抽样；总体各单位的标志值差异不大，且调查者具有丰富的调查经验时，可采用非随机抽样。非随机抽样主要包括以下3种方法。

1. 方便非随机抽样

方便非随机抽样又称任意抽样，是根据调查者的方便与否，以尽可能使调查对象对总体具有代表性为原则的一种抽样调查方法。

运用方便抽样技术进行抽样，一般由调研人员从工作便利出发，在调研对象范围内随意抽选一定数量的样本进行调查。方便抽样适用于非正式的探测性调查，或调查前的准备工作。一般在调查总体中每一个个体都是同质时，采用此类方法。但是实践中并非所有总体中每一个个体都是相同的，所以抽样结果偏差较大，可行程度较低，样本不具代表性，因此，在正式市场调查时，很少采用任意抽样法。

2. 判断非随机抽样

判断非随机抽样又称立意抽样，它是指市场调查者根据自己的主观判断、经验和知识，从总体中选择具有典型代表性的单位作为样本的一种抽样方法。

判断抽样选取样本单位一般有两种方法：一种是选择最能代表普遍情况的单位作为样本，常以"平均型"或"多数型"为标准，应尽量避免选择"极端型"；另一种是利用调查总体的全面统计资料，按照一定的标准，主观选取样本。

判断抽样方法在样本量小及样本不易分门别类挑选时有其优越性。但由于其精确性依赖于研究者对调查对象的了解程度、判断水平和对结果的解释情况，因此判断抽样方法的结果的客观性常受到人们的怀疑。

3. 配额非随机抽样

配额非随机抽样又称定额抽样,它与分层随机抽样有相似之处,它是先按照市场调查对象的某种特征,如被调查者的姓名、年龄、收入、职业、文化程度等,将总体分为若干类,然后按一定的比例在各类中分配样本单位数额,并按各类数额在每类中任意或主观抽样。

配额抽样是最流行的一种非随机抽样方式。配额抽样方法简单易行,可以保证总体的各个类别都能包括在样本之中,使样本具有较高的代表性。

按照配额的要求,配额抽样可以分为独立控制和交叉控制两种。独立控制配额抽样是根据调查总体的不同特征性,对具有某个特性的调查样本分别规定单独分配数额。交叉控制配额抽样是对调查对象的各个特性的样本数额交叉分配,再进行抽选。

独立控制配额抽样方法简单易行,费用较低,但调查者为了方便,往往在选择样本时过于偏重某一特征的组别,从而影响到样本的代表性,而交叉控制配额抽样可以弥补这一缺陷。

案例启示

某市进行化妆品消费需求调查,确定样本量为300名,选择消费者年龄、性别、月收入三个标准分类。其中,18~34岁占16.7%,35~44岁占33.3%,45~60岁占36.7%,60岁以上占13.3%;男女比例为1:1;收入4500元以上占20%,2500~4500元占33.3%,2000~2500元占33.3%,2000元以下占13.4%。按照上述三个变量用配额抽样法抽取样本,可编制配额表3-3。

表3-3 年龄、性别、月收入交叉控制配额抽样分配表

单位:名

		月 收 入								合计
		2000元以下		2000~2500元		2500~4500元		4500元以上		
	性别	男	女	男	女	男	女	男	女	
年龄	18~34岁	4	5	7	7	9	3	10	5	50
	35~44岁	7	6	10	16	23	17	10	11	100
	45~60岁	5	5	20	28	19	20	4	9	110
	60岁以上	3	5	8	4	6	3	5	6	40
	小计	19	21	45	55	57	43	29	31	
	合计	40		100		100		60		300

四 抽样误差及样本容量确定

（一）抽样误差的确定

抽样误差是指随机抽样调查中必然发生的代表性误差，即平均误差，通常用 μ 表示。因为抽样调查是以样本代表总体，以样本综合指标推断总体综合指标，所以平均误差是不可避免的，但这种误差一般不包括技术性误差，即调查过程中的工作误差。

1. 抽样误差的影响因素

（1）总体各单位标志值的差异程度。总体单位之间标志差异程度大，则抽样误差就大，反之则小，因此，抽样误差大小与总体标准差大小成正比例关系。

（2）样本单位数量。样本单位数目较多，则抽样误差较小，反之，则抽样误差较大。因此，样本单位数的多少与抽样误差的大小成反比例关系。

（3）抽样方法。一般情况下，简单随机抽样比分层、分群抽样误差大，重复抽样比不重复抽样误差大。

2. 抽样误差的估算

重复抽样是指样本抽出后再放回去，有可能第二次抽中。而不重复抽样是指样本抽出后不再放回总体中，每个单位只能抽中一次。

（1）平均数重复抽样误差

$$\mu_{\bar{x}} = \sqrt{\frac{\sigma^2}{n}}$$

式中，$\mu_{\bar{x}}$ 为抽样平均误差；σ^2 为总体平均方差；n 为样本单位数。

σ^2 一般需进行换算，$\sigma^2 = \frac{\sum(x-\bar{x})^2}{n}$ 或以样本标准差代替，也可以采取经验估算等。

（2）平均数不重复抽样误差

$$\mu_{\bar{x}} = \sqrt{\frac{\sigma^2}{n}(1-\frac{n}{N})}$$

式中，N 为总体单位数；$1-\frac{n}{N}$ 为修正系数。

(3) 成数重复抽样误差

$$\mu_p = \sqrt{\frac{P(1-P)}{n}}$$

式中，μ_p 为成数（相对数）抽样误差；P 为成数（相对数）；n 为样本单位数。

(4) 成数不重复抽样误差

$$\mu_p = \sqrt{\frac{P(1-P)}{n}(1-\frac{n}{N})}$$

（二）样本容量的确定

样本容量又称为抽样单位数，抽样单位数的确定也是抽样调查中需正确解决的问题。抽样数目过多，则成本增加，形成浪费；如果抽样数目过少，又会使调查结果存在较大误差，达不到要求的精度。因此，有必要确定必要的样本数目。必要的样本数量是指在所给定的抽样误差范围内所确定的、能够达到对调查结果精确度要求的样本单位数。

1. 影响必要样本数量的因素

（1）总体中各单位之间标志值的变异程度。变异程度越大，需抽取的样本数目越多；反之，需要抽取的样本数目越少。

（2）允许误差的大小。允许误差指极限误差或最大可能误差，是指抽样误差的范围。在其他条件一致的情况下，允许误差小，抽样数目就相应多一些；反之，允许误差大，抽样数目就可能少一些。允许误差的选择主要受到调查目的的要求、调查经费和时间等影响。如果调查的准确度要求高、调查力强、调查经费充足，则允许误差可定小一点；反之允许误差就只能放大。

（3）不同的抽样组织方式和抽样方法。通常情况下，简单随机抽样和分群随机抽样比等距随机抽样和分层随机抽样所需的样本单位数要多，重复抽样则比不重复抽样的样本单位数要多。

2. 必要样本数量的确定

（1）平均数指标重复抽样数目

$$n = \frac{t^2 \sigma^2}{\Delta_{\bar{x}}^2}$$

式中，n 为样本单位数；σ^2 为总体方差；t^2 为概率度平方；$\Delta_{\bar{x}}^2$ 为平均数允许误差平方。

（2）平均数指标不重复抽样数目

$$n = \frac{Nt^2\sigma^2}{N\Delta_{\bar{x}}^2 + t^2\sigma^2}$$

式中，N 为总体单位数。

（3）成数指标重复抽样数目

$$n = \frac{t^2 p(1-p)}{\Delta_p^2}$$

（4）成数指标不重复抽样数目

$$n = \frac{t^2 Np(1-p)}{N\Delta_p^2 + t^2 p(1-p)}$$

式中，t 为概率；p 为成数；Δ_p 为成数允许误差；n 为抽样数目。

t 值越小，允许误差范围越小，把握程度越大，反之越小。因为抽样调查时，每 100 次抽样中有 95.45 次的正负误差不超过 2，其余 4.55 次则会超过，其概率度 t 值为 2，可信程度为 95.45%。它们之间的关系可参照表 3-4。

表 3-4 概率表

概 率 度	可信程度 F	允许误差 $\Delta = t_\mu$
1.00	0.6827	1.00 μ
1.50	0.8864	1.50 μ
1.96	0.9500	1.96 μ
2.00	0.9545	2.00 μ
3.00	0.9973	3.00 μ

五、抽样设计的程序

抽样设计的任务，就是要依据调查目的，在给定的人力、物力、经费、时间要求等条件下，设计一个精确度，能够由样本正确推断总体的良好的抽样调查方案。如图 3-5 所示，抽样设计通常包括以下环节。

界定总体和抽样单位 ▷ 选择合适的抽样框 ▷ 选择抽样的方法 ▷ 确定样本的容量 ▷ 制定抽取样本的操作程序

图 3-5 抽样设计的程序

（一）界定总体和抽样单位

（1）调查总体的界定是指确定在实施抽样时哪些对象应包括在内，哪些对象不应包括在内。调查总体的界定主要根据个体、抽样单位、范围和时间来界定，可从地域特征、人口统计学特征、产品或服务使用情况等角度进行描述（表3-5）。只有对总体进行正确界定和精确了解，才能获得代表性较高的样本。例如，1936年美国《文学摘要》关于总统选举民意调查的失败，就是因为对总体的错误界定。当时是以电话簿和汽车登记簿为抽样框进行抽样调查。但是，当时的美国正处于经济萧条时期，很多人既没有汽车也没有电话，从而使得样本缺乏代表性。尽管样本量达到了200万，得出的结论是阿尔夫·兰登将胜过富兰克林·罗斯福，但与后来的事实大相径庭。

（2）抽样单位的界定是指需要明确调查对象是个体、居民户还是企业等。这必须根据调查目的和内容来确定。如果需要调查90后年轻消费者的消费行为和态度，抽样单位就是个体，如果需要了解某地区家庭平均消费水平，抽样单位就是这个地区的长住居民户。

在总体和抽样单位的界定过程中，还需考虑抽样精度的问题，即调查结果需要达到什么样的精确程度。抽样调查的结果不可能也不必达到百分之百的精确，因此，只要调查结果的精确度满足需要就行。抽样精度主要是根据用户的要求和决策的需要来确定的。

表3-5 调查总体界定的一般描述

	地域特征	人口统计学特征	产品或服务使用情况
调查总体的描述	按照总体单位活动的范围或区域进行界定。可以是城镇，也可以是总体单位的户籍所在地等	考虑人口统计学变量方面具有某些特征的总体单位	同质产品的共同特征通常依据产品或服务的使用情况来定义
举例说明	调查长沙居民家庭购房的需求特征，则长沙就是此次活动的地理区域	卷烟市场调查，被调查者为男性，年龄为18～50岁。其他年龄段受访者意见相对意义不大	调查某企业产品满意度，被调查者应是产品的使用者，或是根据其使用产品的频率、次数来定

（二）选择合适的抽样框

只有选择了合适的抽样框，才可以采用抽签的方式或按照随机数表来抽选必要的单位数。一般情况下，抽样框的评判标准有以下方面：一是抽样框应具有识别性。抽样框能识别每一个单位，有一份高质量的标识名单，避免出现抽样单位混淆，而破坏了原先设定的总体单位被抽中的概率，从而在估计中引入了偏差。二是抽样框应具有完整性。抽样框应包括每个可能要被调查的单位，所有的总体单位都不能被遗漏，否则会影响抽样调查的精确度。三是抽样框应具有唯一性。每个总体单位不能在抽样框中出现两次及以上，或是使用两次及以上的标识。否则，同样会在估计中出现偏差。例如，在调查某品牌液晶电视机的市场前景时，采用电话号码簿作为抽样框就是不恰当的，因为一些用户有两部以上的电话，使抽样框重复，也有些用户没有固定电话，使得抽样框不完整。

但在实际操作中，抽样框完全避免不完整或重复的情况是很困难的，所以关键是判断这种不完整或重复所带来的影响，将抽样框的缺陷限制在最小的范围之内。另一方面，在设计抽样框时，如果没有现成的名单或是名单获取成本过高时，则需要调查员自行编制。

案例启示

以2006年11月份人口和劳动力调查为起点，建立和维护共同的抽样框，按照多阶段、分层、概率比例抽样方法抽取主样本，供2010年人口普查前四年调查周期内各项各次调查按比例轮换方式抽取调查样本使用。人口变动和劳动力调查抽样框编制和维护工作的具体安排如下。

一、乡级抽样框编制

1. 各省（自治区、直辖市）统计局组织开展本地人口和劳动力调查，即乡级抽样框信息的收集整理工作。抽样框的具体信息包括乡级区域及所属县级及以上行政区划的名称，乡级区域的9位地址码，2005年年底人口数、建议分层的标志号码（各地根据情况提出的具体分层建议）。其中乡级区域及其所属县级、地级区域的名称和乡级区域的9位地址码均以本省（自治区、直辖市）统计部门统一维护的"行政区划代码库"相关内容为准，时间截止到2006年6月30日。

2. 结合乡级抽样框信息的收集整理工作，各省（自治区、直辖市）统计局组织开展在2005年1%人口调查乡级边界图的基础上更新获取2006年6月30日乡级区域边界图的工作。

具体做法为利用全国统一下发的2005年1%人口调查数字化乡级边界图，用ArcView软件以区县为单位，按照合适的比例打印输出（建议使用A3纸输出，并在上面标明县级单位名称和6位地址码），由各、市县对照地图信息进行核实。乡级区域名称、边界均没有变化的，在图上对应位置标"√"确认；因行政区划调整等原因名称或边界有变化的，根据变化情况标明新名称或新边界。要保证抽样框中所有乡级区域与地图上乡级区域的一一对应。

3. 各省（自治区、直辖市）统计局将收集整理的乡级抽样框信息形成电子文件（Excel文件，具体格式如表3-6所示），于2006年7月10日前通过电子邮件报国家统计局人口和就业统计司。

各省（自治区、直辖市）统计局将核实更新的地图于7月20日前以邮寄方式报国家统计局人口和就业统计司。对照2005年1%人口调查时乡级区域名称、边界没有发生任何变化的县级单位，可不必上报地图，但需报送文字说明。

4. 2006年7月下旬全国统一组织开展乡级样本的抽取工作。

二、村级抽样框编制

1. 各省（自治区、直辖市）统计局结合国家统计局开展的城乡划分工作，组织开展抽中乡级区域的村级抽样框信息的收集整理工作。

抽样框的具体信息包括村级区域及所属乡级及以上单位名称、村级区域12位地址码，按《关于统计上划分城乡的暂行规定》（国统字〔2006〕60号）划分的城市、镇、乡村标志，2005年年底村级区域人口数，建议分层的标志号码（各地根据情况提出具体的分层建议）。其中村级区域及其所属乡级及以上区域名称、村级区域的12位地址码均以设计管理部门组织整理并上报国家统计局的《城乡地域库》相关内容为准（与2006年6月30日的乡级抽样框信息相比，乡级及以上区域名称或乡级9位地址码发生变化的，要加以说明）。

2. 结合村级抽样框信息的收集整理工作，各省（自治区、直辖市）统计局组织开展抽中乡级区域内的村级区域边界落实和村级边界地图的绘制工作。村级区域应是一个完整、封闭的区域。在同一乡级区域内的所有村级区域合起来应该完整覆盖该乡级区域，并且各村级区域不能重叠。村级区域边界落实后，要绘制抽中乡级区域内各村级区域边界图，以地图方式将各村级区域边界信息记录下来。地图中要明确标出用于反映各村级区域边界的道路、河流、街道、胡同或其他地形、地物特征，以便调查工作人员能够明确识别各村级区域界限范围。

直接抽取村级区域的省（自治区、直辖市），整理全部村级区域抽样框信息文件，并绘制所有乡级区域的村级边界地图。

村级区域边界地图由各省（自治区、直辖市）统计局人口（社科）处统一收集保管。

3. 各省（自治区、直辖市）统计局将收集整理的村级抽样框信息形成电子文件（Excel文件，具体格式如表3-7所示），于2006年8月底前通过电子邮件报国家统计局人口和就业统计司；

4. 2006年9月初全国统一组织开展村级样本的抽取工作。

三、调查小区抽样框编制

1. 抽中的村级区域，按照完整地域原则，划分为若干个调查小区。

2. 调查小区应是一个完整、封闭的区域。为了保证在今后四年调查周期内调查小区的科学轮换，调查小区要尽可能以稳定、易辨的自然特征作为边界（如街道、道路、胡同及其他明显的地形、地物等），边界线必须是一条首尾相接、不交叉的封闭曲线。在同一村级区域内划分的调查小区合起来应该完整覆盖该村级区域，并且各调查小区不能重叠。每个调查小区掌握在30户、常住人口规模100人左右。

3. 在抽中的村级区域范围内，对划分出的调查小区编写地址代码。地址代码为两位数字，在01~99范围内取值，顺序增一连续编码。

4. 各省（自治区、直辖市）统计局根据调查小区的划分情况整理调查小区抽样框文件（Excel文件，具体格式如表3-8所示），于2006年9月25日前通过电子邮件报国家统计局人口和就业统计司。

5. 结合调查小区的划分，开展抽中村级区域内调查小区边界图绘制工作，以地图方式将各调查小区的边界信息记录下来。地图中要明确标出用于反映各调查小区边界的街道、道路、胡同或其他地形、地物特征，以便调查工作人员能够明确识别调查小区界限范围。

调查小区边界图一式两份，一份交县级统计机构保管，一份由各省（自治区、直辖市）统计局人口（社科）处统一收集保管。

6. 2006年9月底全国统一组织开展调查小区的抽取工作。

四、各级抽样框的管理维护

根据各年度人口变动调查和劳动力调查样本选择的需要，由全国统一组织对乡级、村级和调查小区抽样框内容进行定期维护，具体规定另行安排。

表3-6　2006年乡级抽样框信息表

地级名称	县级名称	乡级名称	乡级代码	2005年年底人口数	2005年非农人口比重	分层号码	其他分层信息
××市	A区	街道1					
		街道2					
		……					
	B区	街道1					
		街道2					
		……					
××地区	A县	镇1					
		乡2					
		……					
	B县	乡1					
		乡2					
		……					

注：2005年年底人口数：若有常住人口数用常住人口数，没有的用户籍人口数。

表3-7　2006年村级抽样框信息表

地级名称	县级名称	抽中乡级名称	村级名称	村级地址码	城镇乡标志	2005年年底人口数	2005年非农人口比重	2000年常住人口数	分层号码	其他分层信息
××市	A区	街道1	居委会1							
			居委会2							
			……							
		街道2	居委会1							
			居委会2							
			……							
××地区	A县	镇1	村委会1							
			村委会2							
			……							
	B县	乡2	村委会1							
			村委会2							
			……							

注：（1）城市、镇、乡村标志按国家统计局《关于统计上划分城乡的暂行规定》（国统字〔2006〕60号）中统一规定的三位代码，具体为：111主城区，112城乡结合区，121镇中心区，122镇乡结合区，123特殊区域，210乡中心区，220村庄

（2）2005年年底人口数：若有常住人口数用常住人口数，没有的用户籍人口数

表 3-8　2006 年调查小区抽样框信息表

地级名称	县级名称	抽中乡级名称	抽中村级名称	抽中村级地址码	调查小区名称	调查小区代码
××市	A 区	街道 1	居委会 1		第 1 调查小区	
					第 2 调查小区	
					……	
		街道 2	居委会 1		第 1 调查小区	
					第 2 调查小区	
					……	
××地区	A 县	镇 1	村委会 1		第 1 调查小区	
					第 2 调查小区	
					……	
	B 县	乡 2	村委会 1		第 1 调查小区	
					第 2 调查小区	
					……	

（资料来源：文腊梅，市场调查实务，湖南大学出版社）

（三）选择抽样的方法

抽样方法的选择取决于调查研究的目的、调查问题的性质，以及调研经费和允许花费的时间等客观条件。调查人员应掌握各种类型和各种具体抽样方法，并综合考虑一些基本原则，如随机原则，最有效、最经济原则，可行性原则及适应抽样框条件原则。只有这样才能在各种环境特征和具体条件下及时选择最为合适的抽样方法，以确定每一个具体的调查对象。

例如，针对企业，可采用目录抽样方法。分析思路如下：首先是有企业目录框，2013 年开展了第三次全国经济普查，普查单位基本情况中包括了所有第二、第三产业的企业、事业单位，为抽样调查的开展奠定了基础。目录抽样设计简单，若再进行分层，可提高精度，或者节约调查费用。但是样本分布分散，不利于管理。虽然采用整群抽样便于管理，但整群抽样一般是在缺乏抽样框的条件下采用，如果有企业名录库不用，无疑是一种浪费；另外，整群抽样效率低，会增加工作量，况且，目前难以做到对样本企业访问调查，不涉及聘请调查员问题，只是工作任务的布置、问卷收取等没有样本集中管理起来方便，但权衡利弊，从总体考虑企业部分还是目录抽样效果更好。

（四）确定样本的容量

确定样本容量的意义在于，当样本容量达到一定数量后，即使有增加，对提高调查的统计准确度也起不了多大的作用，而现场调研的费用却成倍地增加。因此，确定好抽样方法后，关键是确定合适的样本容量。影响样本容量的因素有以下几点。

（1）用户对抽样调查可靠程度和精确度的要求。如果抽样的精确度要求较高，则样本容量可以多些，反之，则可少抽取一些。

（2）不同的抽样组织方式。通常情况下，分层随机抽样和等距抽样比简单随机抽样需要的抽样单位数少，单个抽样比整群抽样需要的单位数少，不重复抽样比重复抽样需要的抽样单位数少。

（3）总体变量值的差异程度。总体变量值的差异程度用方差或标准差反映。当总体变量值的差异程度大时，为达到允许的精度标准，需要抽取较多的样本单位；反之，当总体变量值的差异程度较小时，只需要抽取较少的样本单位，就能够达到精度标准。

（4）调查人力、物力和财力的许可情况。如果调查的各类资源有限，则抽取的样本单位数减少；反之，抽取的样本单位数可以增加。

（五）制定抽取样本的操作程序

为保障抽样资料的可靠性，必须在具体操作过程中对调查者的行为进行规范，因为只有制定一个明确的操作程序，才能保证抽样调查结果的可信度。在实施抽样计划前，应先对其进行充分的研究，在调查现场则要熟悉抽样背景、抽样区域，然后再进行抽样。

1. 制订制定现场实施操作手册

现场实施是市场调查的基础，是市场调查不可缺少的重要组成部分。通过严谨、规范的现场实施所获得的客观数据和资料，是研究和分析的前提，是达到市场调查目的的保证。现场实施操作手册通过规范现场实施的手段、方法和执行过程等，从而确保调查的真实性、全面性、经济性和时效性。其内容构成主要有项目基本概况、调查目的、受访者条件、关于执行方法、抽样方法、质量控制方法、具体要求等。

2. 确定实地抽样流程

现以入户调查项目为例，确定实地抽样流程，如图 3-6 所示。

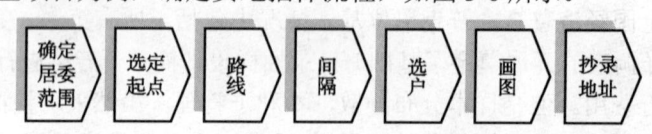

确定居委范围 → 选定起点 → 路线 → 间隔 → 选户 → 画图 → 抄录地址

图 3-6　实地抽样流程

（1）确定居委范围。抽样前，需先沿着抽样居委的边缘行走一遍以熟悉其居委管辖范围，确保抽中的样本都属于该居委。

（2）选定起点。在该居委内选择项目所要求的起点，应是楼内的住户，起点应尽量选择靠近大路的明显标志物或建筑物，或者便于按右手原则画线作图的住户。

（3）抽样原则。按右手原则抽样，即在选定起点后，沿着前进方向的右手边（逆时针方向）行走，在拐弯处往右转，除非死胡同和超出所管辖区，否则不得左转，抽取的样本户须在抽样员的右手边。

（4）路线。所走的路线一定要连续，不可出现交叉，除非遇到工地、机关大院、工厂可断开（在巷道内遇到此情况可往回折）切不可东抄几户，西抄几户，中间断开，如遇到机关大院有守卫经劝说都不能进入的可标明原因后跳开。

（5）间隔。间隔户数根据各项目的要求而定。

（6）选户。每次抽取户数根据各项目的要求抽取。例如，地址表上记录一定是常住居民，凡工厂、公司、店铺、宾馆、商业大厦等不是居民的房屋一律不抽，也不计在间隔户中；每一个地址只代表一个家庭住户；如住房没有具体门牌或房号，则须注明是几楼，右边的第几户，如三楼右一；新楼未住或已搬迁的空户不抽，有电子防盗门的或确认访问员不能与被访户发生直接接触的住户不能抽；不能按照楼下的信箱抽取住户地址；巷道长度超过 20 米最好不要抽；地下或半地下住户不抽。

（7）画图。为了保证访问员能够顺利找到地址，入户访问须画出抽样的路线图。抽样员需要把所走的路线（路、巷、门牌号）在图上详细注明。例如，标出起点及起点附近的明显标志物或建筑物，画出行走路线，标出街道名称，标明车站站名、车次，注明楼号、楼层、单元号、单元户数及抽取方向，附方向标。

（8）抄录地址。根据画好的抽样路线图，将抽取的各户的详细地址记录下来，提供给访问员。访问员根据抽样地图和抄录的地址进行入户访问。

3．地址接触记录表

地址接触记录表是用于记录访问员与目标被访样本接触情况的一种表格，常见的有入户访问情况登记表（表 3-9）、拦截访问的记录表、神秘顾客的记录表等。其作用是记录访问员访问过的样本的时间、地址、所属社区、区块、被访者拒绝情况、拜访次数等，目的是可以监督访问员工作情况，保障质量，也可以体现执行公司的工作量。

表 3-9　入户访问情况登记表

居委会编号：_____　居委会名称：_____　区_____　居委/村委 按序访问成功____户　访问员姓名_____　访问员编号_____

序号	样本详细地址	住户不成功					受访者不成功								受访者成功		备　注		
		1日期 时间	2日期 时间	3日期 时间	拒访	三次未遇	1日期 时间	2日期 时间	3日期 时间	预约时间	拒访	三次未遇	终止过滤题	配额已满	随机号	姓名	找不到地址	不是居民户	已搬迁	其他

注：（1）两小时内不能敲第二次门
　　（2）在一天内敲同一户门不能超过两次
　　（3）第二天敲门时，应避开第一天敲门时间

市场调查新视界

网络调查技术

冲击营销调研的最新技术是飞速发展的互联网。越来越多的营销调研人员通过网络营销调研，即互联网调查、网上小组和实验及在线焦点小组收集原始数据。据估算，美国2012年网络调查花费达到44.5亿美元，并以每年15%~20%的速度增长，而我国互联网发展直追美国，2014年我国网民人数已经达到了6.32亿，这为网络调查提供了很好的受众基础，目前我国网络调查还处于起步阶段，但可以预见，网络调查的发展前景十分可观。

网络调查可以采取多种形式。公司可以利用网络作为调查中介，即它可以在其网站上设计一份调查问卷，并为填问卷者提供奖励。它也可以使用电子邮件、网络链接或网页弹出视窗邀请人们回答问题。它还可以创建在线专题讨论，提供定期意见反馈，或者引导现场讨论或在线焦点小组访谈。

除了调查法，调查人员还可以在网上使用实验法。他们可以在不同的网站或在不同的时间，使用不同的价格、标题或产品特征，以了解所提供这些信息的相对效果，或者他们可以设计一个虚拟商店环境，以此来测试新产品和营销活动。最后，公司也可以通过跟踪顾客访问本网站或转向其他网站的点击流量来了解在线消费行为。

随着传统调查方法的回应率下降，成本升高，网络迅速替代邮寄和电话，成为主导型的数据收集方法。网络调查当前占到美国所有调查研究的50%。中国网络调查近年发展迅速，虽然目前找不到具体的占比数据，我们发现一些专业调研公司越来越运用网络来获得大数据，通过大数据分析帮助企业制定经营决策。

网络调查比起传统电话、邮寄和面访等方法有许多优势。其一，速度快，通过在线方式，调查者可以通过发电子邮件或在选定网站发帖方式，向成千上万的受访者展开即时调查，所得到的响应几乎是同时的，而且因为受访者自己输入了信息，调查人员马上就可以进行列表、评论或共享调查数据。其二，成本低，使用互联网节约了其他方式所带来的邮寄、电话、面访及数据处理的大部分费用。网络调查的成本低于邮寄调查15%~20%，低于电话调查30%。并且网络调查的样本大小与成本基本没有关系，一旦问卷确立，在网上10名受访者和10000名受访者没有多大差别。

除了速度和成本的优势之外，网络调查比起传统电话和邮寄调查来说，其互动性和参与性更强，使受访者更易于完成，并且不让人感到受打扰。因此，网络调查的回应率往往更高。互联网特别适合于对那些难以接触的群体进行调查，如喜欢逃避的年轻人、单身人士、富人、受过良好教育的受众及生活繁忙的人群，他们可以在网上从容应对，方便地去选择时间和地点回答问卷。

网络调查除了适应于定量的数据收集，也适应于定性的研究方法，如网络焦点小组访谈。这种焦点小组访谈具有许多传统焦点小组访谈不具备的优势，参与者可以从世界各地登录网页，他们唯一需要的就是计算机和网络。因此，互联网也非常适合那些没有时间赶到参会地点的人群。调查人员也可以在其他任何地点控制和监视网上焦点小组，而无须支付差旅费用。最后，尽管网络焦点小组需要一些前期筹划，但结果可以立刻呈现。网络焦点小组可以采用多种形式，大部分实时进行，即以在线聊天室讨论的形式，让参与者和主持人"围坐"在虚拟会议桌前交换看法,或者调查人员设置一个在线留言板,允许受访者在几天或几周时间内在上面参与互动。为了增强受访者的真实感,调查人员在网络焦点小组访谈中加入实时音频和视频。

当然网络调查也存在一些缺陷,一个主要问题是控制网络样本的身份。看不到受访者,就很难确定他们到底是谁。

(资料来源:菲利普·科特勒,市场营销原理,第14版,119－120页,整理改编)

复习与思考

一、简答题

1. 市场普查有何特点,有哪两种组织方式?
2. 市场普查应遵循哪些原则?
3. 市场普查的实施步骤是什么?
4. 抽样调查的内涵与类型是什么?
5. 抽样的基本方法有哪几种,各有什么样的特点?
6. 什么是等距抽样法?如何计算抽样间隔?
7. 什么是抽样误差?影响抽样误差大小的因素有哪些?

二、思考题

1. 某食品公司所属零售商店有80个,用随机抽样方法,抽选出16个商店组成样本,对销售情况进行调查。调查结果是某商品平均月销售额为21000元,样本方差为4760元。根据以上情况,分别用重复与不重复抽样的抽样误差计算公式,计算出该商品月平均销售额的抽样误差。

2. 某地有职工家庭9000户,组织一次计算机需求抽样调查,先抽取样本50户进行探索性调查,调查结果是平均年需求量为8台,总体方差为18台,如果允许误差不超过0.4台,把握程度为95.45%,试采用重复与不重复抽样数目公式计算出必要的样本单位数。

案例分析　　全国人口变动调查抽样方案

(一)抽样设计原则

1. 对2006年11月至2010年人口普查前全国人口变动调查、劳动力调查和群众安全感调查作为期四年的整体调查项目进行样本的统筹设计。
2. 第四季度劳动力调查和年度人口变动调查结合在一起进行。
3. 在四年调查周期内,人口变动调查、劳动力调查样本均按照一定比例进行轮换。
4. 人口变动和劳动力调查以全国为总体,以各省(自治区、直辖市)(以下简称省)为子总体进行抽样设计。调查采取分层、多阶段、整群、概率比例的抽样方法。最终样本单位为调查小区。
5. 样本设计既照顾科学性,同时兼顾可操作性。在保证抽样科学性的前提下,适当考虑各地区实际情况的差异。

（二）调查样本量

全国人口变动调查每次调查的样本量全国约为120万人，其中城镇约40万人、乡村约80万人，各省调查的样本量为3万~4万人。第四季度劳动力调查样本与人口变动调查相同。

全国人口出生率、死亡率的允许误差控制在0.2‰左右，相对误差在3%以内，失业率的允许误差在0.3%左右，相对误差在5%以内；各省人口出生率的允许误差控制在1‰左右，相对误差在10%左右；死亡率的允许误差控制在0.9‰左右，相对误差在15%左右；失业率的允许误差在1%左右，相对误差在20%左右。调查指标的把握程度为90%(t=1.64)。

（三）抽样步骤

各省可根据自身情况采用三阶段或两阶段抽样。

三阶段抽样的步骤为：

第一阶段，2006年7月下旬全国统一组织开展乡级单位（乡、镇、街道）样本的抽取工作。

第二阶段，2006年9月初全国统一组织开展村级单位（村委会和社区居委会）样本的抽取工作。

第三阶段，2006年9月底全国统一组织开展调查小区样本的抽取工作。

两阶段抽样的步骤为：

第一阶段，2006年9月初全国统一组织开展村级单位（村委会和社区居委会）样本的抽取工作。

第二阶段，2006年9月底全国统一组织开展调查小区样本的抽取工作。

（四）抽样方法

根据样本设计原则与要求，人口变动和劳动力调查采取以2006年11月调查为起点，整理统一的抽样框，按照多阶段、分层、整群、概率比例的抽样方法抽取主样本，建立样本轮换框，按人口变动调查、劳动力调查样本按比例轮换的要求选取各次调查的样本。人口变动和劳动力调查以调查小区作为最终样本单位。调查小区按30户（常住人口100人）左右划分。

1. 抽样框的整理

根据不同阶段抽样的需求，以2006年各级行政区划为基础，按照地域原则落实地域边界，绘制边界图，并整理名称、地址代码、城乡分类标志及分层等标志信息，构建各阶段抽样需要的地理区域框架作为抽样框。具体规定和安排见《抽样框的编制和维护》(具体内容见本任务"选择合适的抽样框"中的案例启示)。

2. 主样本的抽取

采用三阶段抽样时主样本的抽取方法为：

（1）对乡级单位进行分层，可参考的分层指标有：①行政区划（乡、镇、街道）及其所在的县级单位特征；②城乡人口比重，农业、非农业人口比重；③社会经济发展指标；④地理地形标志等。分层的原则应尽可能使层内各单位之间调查指标的差异减小，各层间调查指标的差异增大，以便降低总体的抽样误差。省级单位对乡级单位分层时，应尽可能保持层与层之间的人口数大致相等，使各层间样本量能均匀分布。根据各层人口数占本省人口数的比重分配（即等比例分配）各层应调查的人口数。

（2）乡级单位个数的确定。按每个乡级单位抽取2个村级单位，每个村级单位抽取2个调查小区，每个调查小区调查100人来计算各层应抽取的乡级单位个数。

（3）在各层中抽取乡级样本单位。对各层按照PPS方式抽取乡级单位。

（4）在每个抽中乡级单位内，按PPS方式抽取6个村级单位。抽取时需考虑村级单位的城乡类型。

（5）在每个抽中村级单位内，按简单随机抽样方式抽取4个调查小区。

（6）将每个乡级单位中抽取的6个村级单位按1～6编号，将每个村级单位中抽取的4个调查小区按1～4编号，组建样本轮换框。

两阶段主样本抽取的基本过程与三阶段抽样类似。

3. 主样本的维护

为保证人口变动调查和劳动力调查样本的科学轮换，在每次调查的准备阶段，需要对主样本进行维护，保证各调查小区界限的稳定，并对各调查小区所属村级及以上区划的名称、地址代码等信息的变化情况及时更新。

（五）样本轮换原则

抽中的乡级单位在四年的调查周期内固定。人口变动调查每年在同一乡级单位内轮换村级单位，没有轮换的村级单位内抽中的调查小区继续作为调查样本保持不变；劳动力调查在上年第四季度和下年第二季度保持村级样本单位不变，对调查小区进行100%轮换。人口变动调查和劳动力调查年度样本轮换率为50%。

（六）数据汇总和抽样误差估计

1. 省级单位调查指标和抽样误差估计

在省级单位总体内，调查数据汇总采用加权的估计方法。省级单位抽样误差估计采用比率估计方法。

（1）出生率、死亡率、自然增长率估计

估计2006年出生率、死亡率：

用本次抽样调查2005年11月1日至2006年10月31日调查年度的出生率、死亡率替代日历年度2006年全年的出生率、死亡率。

$$CBR = \frac{b}{(2p-b+d)\div 2} \times 1000‰$$

$$CDR = \frac{d}{(2p-b+d)\div 2} \times 1000‰$$

$$NGR = CBR - CDR$$

式中，p为样本加权后的2006年11月1日常住人口；b、d分别为调查前12个月的样本加权后的出生和死亡人口；CBR为出生率；CDR为死亡率；NGR为自然增长率。

（2）抽样误差估计

调查主要指标抽样误差采用比率估计方法，其计算公式如下：

$$V(R) = \frac{[V(Y) + R^2 \times V(X) - 2 \times R \times C(X,Y)]}{X^2}$$

$$R = \frac{Y}{X} = \frac{\sum_h^H Y_h}{\sum_h^H X_h} \qquad V(Y) = \sum_h^H a_h \times S_{yh}^2 \qquad V(X) = \sum_h^H a_h \times S_{xh}^2$$

$$C(X,Y) = \sum_h^H a_h \times S_{xyh} \qquad S_{yh}^2 = \frac{\sum_a (Y_{ha} - \overline{Y}_h)^2}{(a_h - 1)} \qquad S_{xh}^2 = \frac{\sum_a (X_{ha} - \overline{X}_h)^2}{(a_h - 1)}$$

$$S_{xyh} = \frac{\sum_a (X_{ha} - \overline{X}_h)(Y_{ha} - \overline{Y}_h)}{(a_h - 1)} = \frac{(\sum_a X_{ha} Y_{ha} - a_h \overline{X}_h \overline{Y}_h)}{(a_h - 1)}$$

式中　R——调查年度有关调查指标比率，如出生率、死亡率、失业率；

X——调查年度有关调查指标比率 R 的分母，如调查年度人数(或平均人数)、经济活动人数；

Y——调查年度有关调查指标比率 R 的分子，如出生人数、死亡人数、失业人数等；

$V(R)$——估计有关调查指标比率 R 的方差；

$V(X)$——估计有关调查指标比率 R 的分母人数方差；

$V(Y)$——估计有关调查指标比率 R 的分子人数方差；

H——分的层数；

h——层的序号；

a_h——第 h 层第一级抽样单位(县级单位)的个数；

$\overline{X}_h$、S_{xh}^2 分别——调查年度第 h 层第一级抽样单位有关调查指标比率 R 的分母人数及方差；

$\overline{Y}_h$、S_{yh}^2 分别——调查年度第 h 层第一级抽样单位有关调查指标比率 R 的分子人数及方差；

S_{xyh}——调查年度第 h 层第一级抽样单位有关调查指标比率 R 的分母和分子人数的协方差；

X_{ha}——调查年度第 h 层第 a 个第一级抽样单位有关调查指标比率 R 的分母人数；

Y_{ha}——调查年度第 h 层第 a 个第一级抽样单位有关调查指标比率 R 的分子人数；

抽样标准误：$SE(R) = \sqrt{V(R)}$　　允许误差：$\Delta = 1.96 \times \sqrt{V(R)}$

估计值区间：$R \pm \Delta$

变异系数：$CV(R) = \frac{\sqrt{V(R)}}{R} \times 100\%$　　相对误差：$1.96 \times CV(R)$

由于各省单位的抽样比在 1‰ 左右，为了计算简便，上述抽样误差的公式忽略了抽样比。

2. 全国调查指标和抽样误差估计

全国数据按各省级单位所占全国人口的比重进行加权汇总。

调查指标比率：$R = \sum_i W_i \times R_i$　　抽样误差：$V(R) = \sum_i W_i^2 \times V(R_i)$

其中 R_i 表示各省级单位的调查指标；W_i 表示各省级单位人口占全国人口比重；$V(R_i)$ 表示各省级单位调查指标的抽样误差。

（资料来源：文腊梅，市场调查实务，湖南大学出版社，2009）

讨论问题

1. 本调查抽样方案中采用的是什么样的抽样方法，科学性表现在哪些方面？
2. 这种抽样方法可能出现哪几种误差？哪些误差是可以避免的？

【实操训练3】 实施抽样实践

1. 实训目的

（1）学会根据具体问题选择合理的抽样方法和确定样本量；
（2）掌握抽样决策与抽样方案实施的技巧。

2. 实训条件

（1）实操训练2中明确的调查对象的总体、样本量、配额要求等；
（2）专业教师针对相关问题进行针对性的指导；
（3）需要一定的课外时间学习相关专业知识。

3. 实训任务

任务编号	任务名称	任务准备	任务执行明细	任务成果	评价标准
T301	熟悉抽样设计的基本方法	学习抽样设计的一些基本知识	（1）认识地址接触记录表、配额分配表等基本工具 （2）学习抽样的基本理论知识	学习记录	是否理解了基本的抽样类型　占本任务总分的20%
T302	明确抽样的样本单位	再次明确调研的主题和目的	（1）明确调查对象的同质总体 （2）明确调查对象的个体特征 （3）界定调查对象的具体范围	抽样框（抽样的范围界定）	抽样框个体名单是否齐全、合理有效　占本任务总分的20%
T303	确定抽样框	（1）明确样本数据收集的方法 （2）了解抽样框的构成要素	（1）列出全部总体单位名单 （2）以一定顺序进行排列或分类		

续表

任务编号	任务名称	任务准备	任务执行明细	任务成果	评价标准
T304	选择抽样方法	（1）明确调研经费和时间 （2）掌握常用的抽样方法	（1）确定是采取随机抽样还是非随机抽样 （2）根据实际条件，确定具体采取哪种抽样方法	抽样规则	抽样规则是否适合调研的目标 占本任务总分的15%
T305	确定样本容量	学习样本配额表范本	（1）根据选定的抽样方法、样本的大小、允许的误差水平、置信水平等来确定样本的具体数目及分配情况	样本配额分配情况表	配额安排的合理性 占本任务总分的25%
T306	制定选择样本单位的操作程序	学习抽样的一些具体原则，如右手原则等	（1）确定样本选取的标准操作程序 （2）根据程序进行抽取样本	样本信息的记录	样本信息的完整性、准确性 占本任务总分的20%

4．实训评价

（1）参照上表中的执行规范和评价依据进行评价。

（2）在实训中，首先要确定明确的调研主题和目的，同时也要明确经费预算、调研对象的特征等，只有基于这些条件才能切实地设计和规划好抽样规则、抽样框、抽样配额等。

【微课视频】

抽样框的确定

任务 4
确定市场调查的方法

任务目标

知识目标
1. 了解文案调查法的特点与方式；
2. 掌握实地调查的几种方法；
3. 了解网络调查方法的优缺点。

能力目标
1. 能根据调查项目要求选择适当的调查方法；
2. 能熟练运用文案调查收集二手资料；
3. 能初步运用访问调查中的访问技巧；
4. 能熟练运用网络进行二手资料收集。

案例导入　　　　　观察的效力

《美国文摘》曾经报道，恩维罗塞尔市场调查公司有个叫帕科·昂得希尔的人，是著名的商业密探。在进行调查时，他一般会坐在商店的对面，静静地观察来来往往的行人，与此同时，他的同事也正在商店里进行着调查工作，他们负责跟踪在货架前徘徊的顾客，主要调查目的是要找出商店生意好坏的原因，了解顾客走出商店以后如何行动，以及为什么许多顾客在对商品进行长时间挑选后还是失望地离开。通过他们认真细致的工作，找到了问题的症结，使许多商店在日常经营过程中做出了多项实际的改进措施。

有一家音像商店由于地处学校附近，大量青少年经常光顾。通过恩维罗塞尔市场调查公司调查，才发现这家商店把磁带放置过高，身材矮小的孩子们往往拿不到，从而影响了销售。商店按照昂得希尔的建议把商品降低18英寸放置，结果销售量大大增加。

还有一家名为伍尔沃思的公司发现商店的后半部分的商品销售额远远低于其他部分，昂得希尔通过观察并拍摄现场揭开了这个谜：在销售高峰期，现金收款机前顾客排着长长的队伍，一直延伸到商店的另一端，妨碍了顾客从商店的前面走到后面，针对这一情况，商店专门安排了结账区，结果使商店后半部分的商品销售额迅速增长。

（资料来源：[美]菲利普·科特勒，市场营销原理<第13版>）

思考

1. 上述案例中的市场调查公司采取的是哪种调查方法？有什么特点？
2. 你能说出现实市场调查中常用的方法吗？

理论指导

一、文案调查法

（一）文案调查法的概念

文案调查法，又称二手资料调查或间接调查法，是市场研究人员对现成的资料、报告、文章等信息数据进行收集、分析、研究和利用的一种市场调研方法。

文案调查要求调查者拥有丰富的专业知识、实践经验和技巧。这是一项艰辛的工作，要求有耐性、创造性和持久性。

与实地调查法相比，文案调查法具有以下几个特点。

（1）资料来源的间接性。文案调查是调查者根据调查目的和内容，通过对现存已经加工过的次级资料，而不是对原始资料的收集，具有间接性。

（2）资料分布的广泛性。文案调查法是以收集文献性信息为主，它具体表现为各种文献资料。如今印刷型文献资料有许多新的特点，即数量急剧增加，分布十分广泛，内容重复交叉，质量良莠不齐等。同时，网络文献资料的数量巨增。

（3）资料内容的动态性。文案调查所收集的资料包括动态和静态两个方面，尤其偏重于从动态角度收集各种反映调查对象变化的历史与现实资料，资料的内容必须具有持续性，通过动态资料的分析，预测未来的发展趋势。

（二）文案调查的功能

文案调查法与实地调查法相比，具有以下4种功能：

1. 为市场研究提供重要参考

根据市场研究的实践经验，文案调查常被作为市场调查的首选方式。几乎所有的调查都始于收集现有资料，只有当现有资料不能为市场研究提供足够的分析依据时，才进行实地调查。因此，文案调查可以作为一种独立的调查方法加以采用。

2. 为实地调查创造有利条件

如有必要进行实地调查，文案调查可为实地调查提供经验和大量背景资料。具体表现在以下方面。

首先，通过文案调查，可以初步了解调查对象的性质、范围、内容和重点等，并能提供实地调查无法或难以取得的各方面的宏观资料，便于进一步开展和组织实地调查，取得良好的效果。

其次，文案调查所收集的资料可用来证实各种调查假设，即可通过对以往类似调查资料的研究来指导实地调查的设计，用文案调查资料与实地调查资料进行对比，鉴别和证明实地调查结果的准确性和可靠性。

再则，利用文案调查资料并经实地调查，可以推算所需掌握的数据。同时，利用文案调查资料，可以帮助探讨现象发生的各种原因并进行说明。

3. 为经常性的调查节约费用

实地调查法需要花费大量时间和费用，操作起来比较困难，因此，企业不可能经常性组织和采用。而如果经调查人员精心策划，文案调查具有较强的机动灵活性，能随时根据需要收集、整理和分析现有信息，可以开展经常性调查，大大节约了调查成本。

4. 为市场调查突破时空局限

从时间上看，文案调查不仅可以掌握现有资料，还可获得实地调查所无法取得的历史资料。从空间上看，文案调查既能对内部资料进行收集，还可掌握大量的有关外部环境方面的资料。尤其对因地域遥远，条件各异，采用实地调查需要更多的时间和经费不便的调查更合适。

虽然，文案调查在为企业经营决策提供二手资料方面起到非常重要的作用，它与实地调查相比可以节省大量的人力、财力。然而文案调查在提供资料的时效性、针对性等方面却不如实地调查，文案调查仍存在一些局限性，其主要表现在以下方面。

第一，文案调查依据的主要是历史资料，过时资料比较多，正在发展变化的新情况、新问题难以得到及时的反映。

第二，所收集、整理的资料和调查目的往往不能很好地吻合，不能完全地解决问题，收集资料时易有遗漏。例如，调查所需的是每月商品销售额资料，而如果掌握的是全年商品销售额资料，尽管可计算平均月销售额，但精确度会受到影响。

第三，文案调查要求调查人员有较广的理论知识、较深的专业知识及技能，否则将感到无能为力。此外，由于文案调查所收集的次级资料的准确程度较难把握，有些资料是由专业水平较高的人员采用科学的方法收集和加工的，准确度较高，而有的资料只是估算和推测的，准确度较低，因此，应明确资料的来源并加以说明。

（三）文案调查的渠道和方法

1. 文案调查的渠道

文案调查应围绕调查目的，收集一切可以利用的现有资料。从一般线索到特殊线索，这是每个调查人员收集资料的必由之路。

（1）内部资料的收集

内部资料的收集主要是收集调查对象活动的各种记录，主要包括以下4种。

① 业务资料。包括与调查对象活动有关的各种资料，如订货单、进货单、发货单、合同文本、发票、销售记录、业务员访问报告等。通过对这些资料的了解和分析，可以掌握该企业所生产和经营的商品的供应情况及分地区、分用户的需求变化情况。

② 统计资料。主要包括各类统计报表，企业生产、销售、库存等各种数据资料，各类统计分析资料等。企业统计资料既是研究企业经营活动数量特征及规律的重要定量依据，也是企业进行预测和决策的基础。

③ 财务资料。是由企业财务部门提供的各种财务、会计核算和分析资料，包括生产成本、销售成本、各种商品价格及经营利润等。财务资料反映了企业活劳动和物化劳动占用和消耗情况及所取得的经济效益，通过对这些资料的研究，可以确定企业的发展背景，考核企业经济效益。

④ 企业积累的其他资料。如平时剪报、各种调研报告、经验总结、顾客意见和建议、同业卷宗及有关照片和录像等。这些资料都对市场研究有着一定的参考作用。例如，根据顾客对企业经营、商品质量和售后服务的意见，可以对如何改进加以研究。

（2）外部资料的收集

对于外部资料，可从以下几个主要渠道收集。

① 统计部门及各级、各类政府主管部门公布的有关资料。国家统计局和各地方统计局都定期发布统计公报等信息，并定期出版各类统计年鉴，内容包括人口数量、国民收入、居民购买力水平等，这些均是很有权威和价值的信息。此外，财政、工商、税务、银行等各主管部门和职能部门，也都设有各种调查机构，定期或不定期地公布有关政策、法规、价格和市场供求等信息。这些信息都具有综合性强、辐射面广的特点。

② 各种经济信息中心、专业信息咨询机构、各行业协会和联合会提供的信息和有关行业情报。这些机构的信息系统资料齐全，信息灵敏度高，为了满足各类用户的需要，它们通常还提供资料的代购、咨询、检索和定向服务，是获取资料的重要来源。

③ 国内外有关的书籍、报纸、杂志所提供的文献资料，包括各种统计资料、广告资料、市场行情和各种预测资料等。

④ 有关生产和经营机构提供的商品目录、广告说明书、专利资料及商品价目表等。各地电台、电视台提供的有关信息。近年来全国各地的电台和电视台为适应形势发展的需要，都相继开设了各种专题节目。

⑤ 各种国际组织、学会团体、外国使馆、商会所提供的国际信息。

⑥ 国内外各种博览会、展销会、交易会、订货会等促销会议及专业性、学术性经验交流会议上所发放的文件和材料。

（3）互联网资料

互联网是获取信息的最新工具，对任何调查而言，互联网都是最重要的信息来源。互联网上的原始电子信息比其他任何形式存在的信息都更多，这些电子信息中，有很多内容是调查所需要的资料。

任务 4　确定市场调查的方法

互联网容易进入，查询速度快，数据容量大，同其他资源链接方便。在互联网上，要查找的东西只要网上有，立即能得到。例如，急需一篇在国外某报纸当天发表的有关某公司的文章，可查看该报社的网页，不但能查看文章而且有的还可以免费下载，通过该网址的超文本链接，将一个文档中的关键词同其他文档的关键词链接，还能发现更多有关该公司的信息。

互联网的发展使信息收集变得容易，从而大大推动了调查的发展。以前，要收集所需资料需要耗费大量的时间，奔走很多地方。现在，文案调查人员坐在计算机前便能轻松地获得大量信息，只要在正确的地方查寻就能找到，许多宝贵的信息都是免费的。比如，及时了解政府规章的变化是调查的一项重要内容，从网上可以得到有关法律和规章的全文。而且从网上获取这些资料比去图书馆查找方便得多。如果想要了解某些信息的具体细节，在图书馆中查找效率很低。如果利用搜索引擎查找，输入需要查寻的关键字，计算机就自动帮助找出来，可以获得包含该条文的原始文件的全文。

2. 文案调查的方式和方法

（1）文案调查的方式

文案调查的主要方式有无偿收集方式和有偿收集方式。

① 无偿收集方式。不需要支付费用，较为经济。有些企业为了推销新产品或进行技术推广时，免费赠送产品目录、产品样本、说明书等资料，企业可以根据自己需要的内容通过书信索取、询问、现场搜集、接受赠阅等方式获得这些资料。

② 有偿收集方式。指通过经济手段获得文献资料，通过一定的正式渠道实行有偿征集和转让。有偿征集的具体形式有采购（订购）、交换、复制三种。采购形式包括现购、邮购、电子网上采购和委托代购等。有偿方式取得的资料构成了调查成本，因此，要对其可能产生的各种效益加以考虑。

随着国内外市场竞争的日益加剧，以无偿方式获取有效情报比较难，获取竞争对手的商业秘密已成为市场调查的一个重要内容。对于一般交流会、洽谈会、展销、参观访问等场合，是无偿取得资料的有利时机，企业要善于利用。

（2）文案调查的方法

文案调查中，获取资料和信息的具体方法有文献资料筛选法、报刊剪辑分析法、情报联网法、国际互联网法。

① 文献资料筛选法。是指从各类文献资料（科研报告、会议文献、论文、专刊文献、档案文献、政府政策条例文献、内部资料及地方志等）中分析和筛选出与企业生产经营有关的信息和情报的一种方法。

案例启示

"尿布大王"、"尼西奇尿布"是日本福冈市一家名叫尼西奇的公司生产的。尼西奇公司原来是一家生产雨衣、游泳帽、防雨篷等橡胶制品的综合性企业。"二战"后，尼西奇公司遇到激烈的市场竞争，订货不足，面临倒闭的危险。有一次，尼西奇公司经理多川博从日本政府发布的人口普查资料中获悉日本每年大约出生250万婴儿。这条并不显眼的信息让多川博眼前一亮,即使每个婴儿每年只用两块尿布,那么全日本一年就要 500 万条。此外,再加上国际潜在市场,数量一定非常可观!接着,多川博进一步考察了国内生产婴儿用品的厂家,发现大企业根本不屑生产这类产品,连小企业也嫌弃。由此得出结论,生产尿布大有可为!多川博立即行动,他首先将公司更名为尼西奇尿布公司,在生产上不断采用新技术、新材料、新设备,推出深受怀孕妇女欢迎的多模式的"尼西奇"尿垫,在市场上大受欢迎,公司业务快速发展。

现在日本婴儿使用的尿布每三条中就有一条是他们生产的。不仅如此,公司产品还远销世界 70 多个国家和地区,被日本政府评为"出口有功企业",被誉为"尿布大王"。

(资料来源:百度,小故事大道理——尿布大王 http://news.cnfol.com)

② 报刊剪辑分析法。是指调查人员平时从各种报刊上所刊登的与企业经营和市场有关的文章、报道中,分析和收集资料信息的一种方法。

案例启示

日本人对大庆油田早有耳闻,直到 1964 年 4 月 20 日在《人民日报》上看到"大庆精神大庆人"的字句后,才判断大庆油田确有其事。但是,大庆究竟在什么位置,还没有确切材料。后来在 1966 年 7 月的一期《中国画报》上看到一张照片,根据照片上人的服装衣着判定"大庆油田是在冬季为零下三十度的北满,大致在哈尔滨与齐齐哈尔之间"。之后,日本人坐火车时发现油罐车上有很厚的一层土,从土的颜色和厚度证实了"大庆油田在北满"的论断。至于大庆的地点,根据 1966 年第 10 期《人民中国》上关于王进喜的事迹中分析得到启发:"最早钻井是在安达东北的北安附近开始的,并且从钻进设备运输情况看,离火车站不会太远。"还有这样一段话:王进喜一到马家窑看到大片荒野说:"好大的油海!把石油工业落后的帽子丢到太平洋去。"日本人从伪满旧地图上查到"马家窑是位于黑龙江海伦县东南的一个小村,在北安铁路上一个小车站东边十多公里处"。终于搞清楚了大庆油田的准确位置。

至于大庆油田的规模根据这样一段话作出判断:马家窑位于大庆油田的北端,即北起海伦的庆安,西南穿过哈尔滨与齐齐哈尔铁路的安达附近,包括公主峰西面的大赉,南北 400 公里的范围。估计从北满到松辽油田统称为"大庆"。

炼油厂的规模,日本人在 1966 年第 7 期《中国画报》上发现一张炼油厂反应塔的照片,他们通过这张照片推算出大庆炼油厂的规模。推算方法也很简单,首先找到反应塔上的扶手栏杆,扶手栏杆有一米多长,以扶手栏杆和反应塔的直径相比,得知反应塔内径是 5 米。因此日本人推断大庆炼油厂的加工能力为每日 90 万升,如果以残留油为原油的 30%计算,原油加工能力为每日 300 万升,一年以 330 天计算,年产量为 10 亿升。而中国当时在大庆已有 820 个井出油,年产量是 360 万吨。估计到 1971 年大庆油田的年产量将有 1200 万吨。根据油田出油能力与炼油厂规模,日本人推断:中国将在最近几年务必感到炼油设备不足,很有可能购买日本的轻油裂解设备,而且设备规模和数量能满足每日炼油 1000 万升的需要。日本化工企业据此做好进军中国市场的准备。

(资料来源:文腊梅,市场调查实务,湖南大学出版社,2009)

③ 情报联网法。是指企业在全国范围内或国外有限地区内设立情报联络网，使情报资料收集工作的触角伸到四面八方的一种方法。

案例启示

沃尔玛拥有技术先进、网络发达的现代管理信息系统，使之能对市场变化做出迅速的反应。沃尔玛在全球拥有3万多家商店、40多个配销中心、多个特别产品配销中心，它们分布在美国、阿根廷、巴西、加拿大、中国、法国、墨西哥、波多黎各等国家。公司总部与全球各家分店和各个供应商通过共同的计算机系统进行联系。它们有相同的补货系统、相同的EDI条形码系统、相同的库存管理系统、相同的会员管理系统、相同的收银系统。这样的系统能从一家商店了解全世界的商店的资料。计算机系统提供给沃尔玛采购员的资料是：保存两年的销售历史，计算机记录了所有商品——具体到每一个规格、不同颜色的单品的销售数据，包括最近各周的销量，存货多少。这样的信息支持能够使采购员知道什么品种该增加、什么品种该淘汰；好销的品种每次进多少才能满足需求，又不致积压。计算机系统提供给商店员工的资料是：单品的当前库存、已订货数量、由配销中心送货过程中的数量、最近各周的销售数量、建议订货数量及Telxon终端所能提供的信息。Telxon终端是一个无线扫描仪，它在国外已开始应用于超市、百货商店、家庭中心。国内已有上海易初莲花、西安海星超市、广州新大新、成都百成集团等少数企业使用。它大小如一本32K书，商场员工使用它扫描商品的条形码时，能够显示价格、架存数量、库存数量、在途数量及最近各周销售数量等。Telxon的应用，使商场人员丢下了厚厚的补货手册，对实施单品管理提供了可靠的数据，而且高效、准确。计算机系统提供给供应商的资料与提供给采购员的数据相同，这样翔实的数据使生产商能细致地了解哪些规格、哪种颜色的产品好销，然后按需组织生产。管理信息系统的应用使沃尔玛有关各方可以迅速得到所需的货品层面的数据、观察销售趋势、存货水平和订购信息甚至更多。

（资料来源：百度 http: //blog.csdn.net/JayGz/archive/2005/09/26/490042.aspx）

④ 国际互联网法。是指调查人员通过国际互联网收集所需情报信息的一种方法。国际互联网有两个重要的信息源：一个是公司、组织机构、个人创设的推销或宣传他们的产品或服务的网；另一个是由对特殊主题感兴趣的人们组成的论坛。

案例启示

随着互联网技术的应用，电子商务迅速发展，无论工业企业、服务企业，还是农民都需要借助网络这一平台来宣传推广产品和服务，收集购买者信息，实现网上交易。

2010年1月5日，甘肃省"2010冬季农产品网上购销对接会"拉开序幕，这是商务部结合当时冬季农产品集中大量上市，为了解决因市场信息匮乏给农民带来销售难问题，而组织的全国大型农产品购销会。不过这次购销会不同于以往的展销会，没有一个具体的大面积展销地点，而是通过网络平台来发布和收集商品、价格和客户信息，同时通过网络来进行交易，面向的区域也不仅限于甘肃，而是面向全国甚至海外。

在网上开展购销会期间，甘肃农业信息网、甘肃新农村商务网随时将掌握的全国各地农产品价格和销售情况定期发布在网上，马铃薯、中药材、花卉和蔬菜等特色农产品实现了网上销售。

2009年由于合理种植，甘肃洋葱平均收购价格比上年翻了一番，是近3年来价格最高和种植收益最好的年份。从网上对接数据显示，甘肃酒泉主产区的洋葱虽然减少了种植面积，但由于洋葱品质好、信息畅通，成交活跃，收益不减反增。

从网络发现了商机，甘肃省政府采取多种途径千方百计引导农民上网、用网，做网络时代新农民。农民购买计算机上网，获取农产品供求信息已经成为当地农村新时尚。甘肃敦煌已有60%以上农户家中有计算机和宽带网。

（资料来源：百度，农产品电子商务案例）

二 实地调查法

（一）访问调查法

1. 访问调查法的概念和类型

（1）访问调查法的概念

访问调查法又称询问调查法，是指调查人员采用访谈询问的方式向被调查者了解市场情况的一种方法，它是市场调查中最常用的、最基本的调查方法。

（2）访问调查法的类型

① 按访问方式分类：直接访问和间接访问。

② 按访问内容分类：标准化访问和非标准化访问。

③ 按访问内容传递方式分类：面谈访问、电话调查、邮寄调查、留置问卷调查和日记调查等。

案例启示

强生公司是一家国际知名的婴儿用品生产公司。该公司想利用其在婴儿用品市场的高知名度来开发婴儿用的阿司匹林，但不知市场的接受程度如何。由于强生公司有一些关系较好的市场调查样本群体，且问题比较简单，但需由被调查者作出解释，故决定采用费用较低的邮寄方法进行市场调查。通过对回收的邮寄问卷进行整理和分析，强生公司得出了这样一个结论：该公司的产品被消费者一致认为是温和的（这种反映与强生公司所做广告的宣传效果是一致的），但温和并不是人们对婴儿阿司匹林的期望。相反，许多人认为温和的阿司匹林可能不具有很好的疗效。为此，强生公司认为如果开发这种新产品，并做出适合于该产品的宣传就会损坏公司的整体形象，公司多年的努力也将毁于一旦。如果按以往的形象做出的产品又无法打开市场，因此，强生公司最终决定放弃这种产品的开发。

由此看出，对于调查方式的选择，必须根据调查目的、已经拥有的调查资源来决定，强生公司与调查样本群有较好的关系，而且调查问题简单，所以能够以较低费用的邮寄问卷方法调查。

2．主要的访问调查方法

（1）面谈调查法

面谈调查法是指调查者根据调查提纲直接访问被调查者，当面询问有关问题，既可以个别面谈，主要通过口头询问；也可以群体面谈，通过座谈会等形式。

① 面谈访问法的优点：回答率高；可通过调查人员的解释和启发来帮助被调查者完成调查任务；可以根据被调查者性格特征、心理变化、对访问的态度及各种非语言信息，扩大或缩小调查范围，具有较强的灵活性；可对调查的环境和调查背景进行了解。

② 面谈访问法的缺点：人力、物力耗费较大；要求调查人员的素质要高；对调查人员的管理较困难；此方法受到一些单位和家庭的拒绝，难以完成。

（2）电话调查法

电话调查法是指由调查人员通过电话向被调查者询问了解有关问题的一种调查方法。

① 电话调查法的优点：取得市场信息的速度较快；节省调查费用和时间；调查的覆盖面较广；可以访问到一些不易见到面的被调查者，如名人等；可能在某些问题上得到更为坦诚地回答，如有些关于个人方面的问题，或者是对某些特殊商品的看法；易于控制实施的质量，由于访问基本上是在同一个中心位置进行电话访问，督导员或研究人员可以在实施的现场随时纠正访问员的不正确操作，如没有严格按问题提问、说话太快、吐字不清楚、声调不亲切或者语气太生硬等可能出现的问题。

② 电话调查法的缺点：抽样总体与目标总体不一致，电话调查的被调查者只限于有电话的地区和个人；电话调查受到时间的限制；被调查者可能因不了解调查的详尽、确切的意图而无法回答或无法正确回答；对于某些专业性较强的问题无法获得所需的调查资料；无法针对被调查者的性格特点控制其情绪；访问的成功率较低，随机拨号的电话可能是空号或是错号，被访问者可能不在或正在忙不能接电话，被访问者不愿意接受调查，等等。

（3）邮寄调查法

邮寄调查法是指将调查问卷邮寄给被调查者，由被调查者根据调查问卷的要求填写好后寄回的一种调查方法。

① 邮寄调查法的优点：可扩大调查区域；调查成本较低；被调查者有充分的答卷时间；可让被调查者以匿名的方式回答一些个人隐私问题；无须对调查人员进行培训和管理。

② 邮寄调查法的缺点：问卷回收率较低；时间较长；无法判断被调查者的性格特征和其回答的可靠程度；要求被调查者应具有一定的文字理解能力和表达能力，对文化程度较低的人不适用。

（4）留置问卷调查法

留置问卷调查法是指当面将调查表交给被调查者，说明调查意图和要求，由被调查者自行填写问卷，再由调查者按约定日期收回的一种调查方法。

（5）日记调查法

日记调查法是指对固定样本连续调查的单位发放登记簿或账本，由被调查者逐日逐项记录，再由调查人员定期加以整理汇总的一种调查方法。

当然，访问调查方法还包括利用网络调查，这部分内容将在本任务后面详细介绍。

3．访问调查方法的选择

根据调查目的和要求的不同，采取不同的访问法，每种访问调查法各有其优缺点，具体情况对比如下（表4-1）。

表4-1　五种访问法优缺点的比较

比 较 项	面谈调查法	电话调查法	邮寄调查法	留置问卷调查法	日记调查法
调查范围	较窄	较窄	广泛	较广	较广
调查对象	可控可选	可控可选	一般	可控可选	可控可选
影响回答的因素	能了解控制和判断	无法了解控制和判断	难了解控制和判断	能了解控制和判断	能了解控制和判断
回收率	高	较高	较低	较高	较高
回答速度	可快可慢	最快	慢	较慢	慢
回答质量	较高	高	较低	较高	较高
平均费用	最高	低	较低	一般	一般

4．访问过程与访问技巧

访问过程包括准备阶段、正式访问阶段和访问结束阶段。

（1）访问准备阶段

做好准备工作，准备接近被调查者。采用开门见山或侧面接近的方式接近被调查者。

（2）正式访问阶段

① 按照事先拟订的访问提纲逐个进行访问，防止偏离访问提纲，如采用问卷调查，则可以按照问卷所列的问题的先后顺序进行访问。

② 在访问过程中，对需要引导和追问的问题，调查人员要做必要的引导和追问。

③ 在访问开始和过程中，如果涉及被调查者的隐私问题，应加强保密。

④ 在必要和时间允许的条件下，可先从被调查者关心的话题开始，逐渐缩小访问范围，最后问及所要提问的问题。

⑤ 在访问过程中，调查人员应该始终保持公平、中立的立场。

（3）访问结束阶段

访问结束时对被调查者的支持与配合要表示感谢。

（二）观察调查法

1. 观察调查法的概念和特点

（1）观察调查法的概念

"观"指看、听等感知行为，"察"是分析研究。观察，是人们认识客观事物的基础，也是人类感知客观世界，收集信息重要的基本方法。

观察调查法是指调查员凭借自己的感官和各种记录工具，深入调查现场，在被调查者未察觉的情况下，直接观察和记录被调查者的行为，以收集市场信息的一种方法。观察调查法简称观察法。观察不只是人的感觉器官直接感知事物的过程，还是思维器官积极思考的过程。

（2）观察调查法的特点

观察法不直接向被调查者提问，而是从旁观察被调查者的行动、反应和感受。其主要特点有以下几点。

① 观察法所观察的内容是经过周密考虑的，不同于人们日常生活中的出门看天气、观赏风景等个人的兴趣行为，而是观察者根据某种需要，有目的、有计划地收集市场资料、研究市场问题的过程。

② 观察法要求对观察对象进行系统、全面的观察。在实地观察前，应根据调查目的对观察项目和观察方式设计出具体的方案，尽可能避免或减少观察误差，防止以偏概全，提高调查资料的可靠性。因此，观察法对观察人员有严格的要求。

③ 观察法要求观察人员在充分利用自己的感觉器官的同时，还要尽量运用科学的观察工具。人的感觉器官特别是眼睛，在实地观察中能获取大量的信息。而照相机、摄像机、望远镜、显微镜、探测器等观察工具，不仅能提高人的观察能力，还能将观察结果记载下来，增加了资料的翔实性。

④ 观察法的观察结果是当时正在发生的、处于自然状态下的市场现象。市场现象的自然状态是各种因素综合影响的结果，没有人为制造的假象。在这样的条件下取得的观察结果可以客观真实地反映实际情况。

案例启示

美国有一家玩具工厂，为了选择出一个畅销的玩具娃娃品种，使用了观察法来帮助他们决策。他们先设计出10种玩具娃娃，放在一间屋子里，请来小孩作决策。每次放入一个小孩，让她（他）玩"娃娃"，在无拘束的气氛下看这个小孩喜欢的是哪种玩具。为了求真，这一切都是在不受他人干扰的情况下进行的。关了门，通过录像作观察，经过对300个孩子的调查，然后决定出生产何种样式的玩具娃娃。

2. 观察调查法的基本类型

观察调查法有直接观察和测量观察两种基本类型。

（1）直接观察，就是观察人员直接到商店、家庭、街道等处进行实地观察。一般是只看不问，不使被调查者感觉到在接受调查。这样的调查比较自然，容易得到真实情况。这种方法可观察顾客选购商品时的表现，有助于研究购买者行为。

（2）测量观察，就是运用电子仪器或机械工具进行记录和测量，如某广告公司想了解电视广告的效果，选择了一些家庭作调查样本，把一种特殊设计的"测录器"装在这些家庭的电视机上，自动记录所收看的节目。经过一定时间，就了解到哪些节目收看的人最多，在以后的工作中根据调查结果合理安排电视广告的播出时间，就能收到很好的效果。

3. 观察调查法的主要技术

观察技术是指观察人员实施观察时所运用的一些技能手段，主要包括卡片、符号、速记、记忆和机械记录等。适当的观察技术对提高调查工作的质量有很大的帮助。

（1）观察卡片。观察卡片是一种标准化的记录工具，其记录结果即形成观察的最终资料。制作卡片时，应先列出所有观察项目，经筛选后保留重要项目，再将项目根据可能出现的各种情况进行合理编排。表 4-2 所示为某商场为观察购买者的行为而制作的顾客流量及购物调查卡片。使用时，在商场的进出口处由几名调查员配合进行记录，调查卡片每小时使用一张或每半小时使用一张，该时间内出入的顾客及其购买情况可详细记录下来。

表 4-2 顾客流量及购物调查卡片

被观察单位：_____　　　　观察时间：____年____月____日____时至____时

观察地点：_____　　　　观察员：_____

观 察 项 目	入 方 向	出 方 向
人数		
购物金额		

（2）符号速记。符号和速记是为了提高记录工作的效率，用一套简便易写的线段、圈点等符号系统来代替文字，迅速地记录观察中遇到的各种情况。

（3）回顾记忆。记忆则是采取事后追忆的方式进行记录的方法，通常用于调查时间紧迫或不宜现场记录的情况。

（4）机械记录。机械记录是指在观察调查中运用录音、录像、照相、各种专用仪器等手段进行的记录。

4. 观察调查法的主要内容

（1）观察顾客的行为

了解顾客行为，可促使企业有针对性地采取恰当的促销方式。所以，调查者要经常观察或摄录顾客在商场、销售大厅内的活动情况。例如，顾客在购买商品之前主要观察什么，是商品价格、商品质量还是商品款式等；顾客对商场的服务态度有何议论，等等。

（2）观察顾客流量

观察顾客流量对商场改善经营、提高服务质量有很大好处。例如，观察一天内各个时间点进出商店的顾客数量，可以合理地安排营业员工作的时间，更好地为顾客服务；又如，为新商店选择地址或研究市区商业网点的布局，也需要对客流量进行观察。

（3）观察产品使用现场

调查人员到产品用户使用地观察调查，了解产品质量、性能及用户反映等情况，实地了解使用产品的条件和技术要求，从中发现产品更新换代的前景和趋势。

（4）观察商店柜台及橱窗布置

为了提高服务质量，调查人员要观察商店内柜台布局是否合理，顾客选购、付款是否方便，柜台商品是否丰富，顾客到台率与成交率及营业员的服务态度如何等。

案例启示

长沙某购物中心为了调查该中心服务人员的服务水平及消费者对购物环境的看法，聘请了某高校的一些学生作为"神秘顾客"到该商场进行购物。这些"神秘顾客"一方面通过观察其他顾客对购物时的言谈举止来了解顾客对购物中心环境的意见；另一方面，他们通过自身购物、退货、讨价还价等亲身经历来了解服务人员对待顾客的态度、言谈、行为，并进行详细记录。从而有效地调查出顾客对购物环境的感觉和服务人员的服务水平，并为该商场的服务水平改进提供良好的建议。

5. 观察调查法的优缺点

（1）观察调查法的优点

① 观察调查法的最大优点是它的直观性和可靠性，它可以比较客观地收集第一手资料，直接记录调查的事实和被调查者在现场的行为，调查结果更接近于实际。这是文案调查等间接调查方法所不可比拟的，也是访问法所不及的。

② 观察调查法基本上是调查者的单方面活动，特别是非参与观察，它一般不依赖语言交流，不与被调查者进行人际交往。因此，它有利于对无法、无须或无意进行语言交流的现象进行调查，有利于排除语言交流或人际交往中可能发生的种种误会和干扰。

③ 观察调查法简便、易行，灵活性强，可随时随地进行调查。

（2）观察调查法的缺点

① 观察调查法虽可提供较为客观和正确的资料，但它只能反映客观事实的发生经过，而不能说明发生的原因和动机。

② 观察调查法常需要大量观察员到现场进行长时间的观察，调查时间较长，调查费用支出较大。因此，这种方法在实施时常会受到时间、空间和经费的限制。

③ 对调查人员的业务技术水平要求较高，如要求调查人员应具有敏锐的观察力，良好的记忆力，必要的心理学、社会学知识及对现代化设备的操作技能等。

6. 运用观察调查法时的注意事项

在观察调查活动中，调查人员应尽可能事必躬亲，及时出现在各种观察现场收集和调查取证。观察者所处地位、角度、时间、方法，对观察结果都将产生影响。观察者的情感、倾向性、客观性、语言表达能力，也将影响其陈述的客观性、正确性。在运用观察调查法时必须注意以下几点。

（1）观察对象的代表性。为了使观察结果具有代表性，反映某类事物的一般情况，应选择具有代表性的典型对象，在最适当的时间内进行观察。

（2）观察情景的自然性。在进行实际观察时，不让被调查者有所察觉，否则，就无法了解被调查者的自然反应、行为和感受。

（3）观察过程的合法性。在实际观察时，必须实事求是、客观公正，不能带有主观偏见，更不能歪曲事实真相。因此，要求调查人员遵守有关法律和道德准则，不能对涉及国家机密和个人隐私的内容进行观察，除非得到有关部门和人员的允许。

（4）观察准备的充分性。在进行实际观察前，调查人员必须做好充分准备，例如，记录用纸和观察项目最好有一定的格式，便于尽可能详细地记录调查内容的有关事项。

（5）观察时机的反复性。任何事物发展都是一个动态过程，不同时机同一事务呈现状态不同，例如，观察调查某超市促销与客流量增长的关系，如果只观察促销时的情况，而对促销前没有观察，或对以往促销时没有观察，则无法准确推断此次促销影响客流增长的真实效果。因此，为了观察客观事物的发展变化过程，进行动态对比研究，就需要做长期反复的观察。

思考

我们日常生活中在什么地方见过使用机器观察法的？

（三）实验调查法

1. 实验调查法的概念

实验调查法也称试验调查法，是指实验者按照一定实验假设、通过改变某些实验环境的时间，来认识实验对象的本质及其发展规律的调查。

实验调查的基本要素是：①实验者，即实验调查的有目的、有意识的活动主体，以一定的实验假设来指导自己的实验活动。②实验对象，即实验调查者所要认识的客体，往往被分成实验组和对照组两类对象。③实验环境，即实验对象所处的各种社会条件的总和，它们可以分为人工实验环境和自然实验环境。④实验活动，即改变实验对象所处的社会条件的各种实验活动，它们在实验调查中被称为"实验激发"。⑤实验检测，即在实验过程中对实验对象所作的检查或测定，可分为实验激发前的检测和实验激发后的检测。

实验调查的一般程序是：以实验假设为起点设计实验方案——选择实验对象和实验环境——对实验对象实验前检测——通过实验激发改变实验对象所处的社会环境——对实验对象实验后检测——通过对实验对象实验前检测和实验后检测的对比对实验效果做出评价。

2. 实验调查法的种类

按照实验环境的不同，可分为实验室实验和现场实验调查法。

（1）实验室实验调查法，就是在人工的、"纯化了"的环境中进行的实验，实验者对实验环境实行完全有效的控制。在科研领域里大多采取实验室实验调查法，因为这种实验所处的环境不受外界因素影响，其结果更加精确和科学。

（2）现场实验调查法。则是在自然的、显示的环境中进行的实验，实验者只能部分地控制实验环境的变化。在社会领域里大多采取现场实验方法,因为这种实验所处的是现实的环境变化,其调查结论较易于应用和推广。按照实验组织方式的不同,可分为单一实验组实验、实验组对照组实验和多实验组实验。

3. 实验调查的组织设计

(1) 单一实验组设计。单一实验组设计,就是只选择一批实验对象作为实验组,通过实验激发前后实验对象的变化来得出实验结论。它的具体步骤如下:

① 选择实验对象;
② 对实验对象实验前检测;
③ 实验激发,即改变实验对象所处的社会环境的实践活动;
④ 对实验对象实验后检测;
⑤ 得出实验结论。其公式为:

$$实验效应 = 后检测 - 前检测$$

案例启示

某食品厂为了提高糖果的销售量,认为应改变原有的陈旧包装,并为此设计了新的包装图案。为了检验新包装的效果,以决定是否在未来推广新包装,厂家取A、B、C、D、E五种糖果作为实验对象,对这五种糖果在改变包装的前一个月和后一个月的销售量进行了检测,得到的实验结果如表4-3所示。

表4-3 单一实验组前后对比　　　　　　　　　　单位:kg

糖果品种	实验前销售量 Y_0	实验后销售量 Y_n	实验结果 $Y_n - Y_0$
A	300	340	40
B	280	300	20
C	380	410	30
D	440	490	50
E	340	380	40
合计	1740	1920	180

实验说明,改变包装比不改变包装销售量大,说明顾客不仅注意糖果的质量,也对其包装有所要求。因此断定,改变糖果包装,以促进其销售量增加的研究假设是合理的,厂家可以推广新包装。但应注意,市场现象可能受许多因素的影响,180kg的销售增加量,不一定只是改变包装引起的。

单一实验组设计是最简单的实验调查设计,只要选择了一个实验组就可以进行实验调查。同时,也是最基本的实验调查设计,任何其他实验调查设计都离不开选择实验对象——实验前检测——实验激发——实验后检测——得出实验结论这个基本程序。

这说明,单一实验组设计只有在实验者能有效排除实验因素的干扰或使非实验因素的影响缩小到可以忽略不计的情况下,其实验的全部效应才能看作实验激发的结果,否则就不能得出这样的结论。

（2）实验组对照组设计。实验组对照组设计，就是选择一批实验对象作为实验组，同时选择一批与实验对象相同或相似的对象作为对照组，并且努力使实验组和对照组同时处于相似的实验环境之中；然后，只对实验组给予实验激发，而对对照组不给予实验激发；最后，对实验组和对照组实验前后检测的变化进行对比研究，再得出实验结论。实验组与对照组对比如表4-4所示。

公式为：

实验效应=实验组（后检测-前检测）-对照组（后检测-前检测）

表4-4 实验组与对照组对比

实 验 组	对 照 组
选择实验对象	选择实验对象
选择实验环境	选择实验环境
实验前检测	实验前检测
实验激发	不予实验激发
实验后检测	实验后检测
得出实验结论	

案例启示

某公司在调整商品配方前进行实验调查，分别选择了3个企业组成实验组和对照组，对其月销售额进行实验前后对比，并综合检测出了实际效果（表4-5）。

表4-5 两组前后对比　　　　　　　　　　　　　　　　　　单位：万元

实验单位	实验前检测	实验后检测	实验前后对比	实验效果
实验组（A、B、C）	$Y_0=1000$	$Y_n=1600$	$Y_n-Y_0=600$	$(Y_n-Y_0)-(X_n-X_0)$
对照组（D、E、F）	$X_0=1000$	$X_n=1200$	$X_n-X_0=200$	$=600-200=400$

检测结果显示，实验组的变动量为600万元，包含实验变量即调整配方的影响，也包含其他非实验变量的影响；对照组的变动量为200万元，不包含实验变量的影响，只有非实验变量的影响，因为对照组的商品配方未改变。实验效果是从实验变量和非实验变量共同影响的销售额变动量中减去由非实验变量影响的销售额变动量，反映调整配方这种实验变量对销售额的影响作用。由此可见，实验组与对照组前后对比实验，是一种更为先进的实验调查方法。

这个例子说明，实验组与对照组的最大优点在于它能大致分析出实验效应与非实验效应的范围或程度，从而对实验效应的评价更为客观和准确。但是，在现场实验调查中，这种实验的最大困难是实验组和对照组的实验对象、实验环境的选择很难完全匹配或基本相似。因此，要准确评价实验效应，还必须采用其他调查方法做更深入、更细致的研究。

（3）多实验组实验

多实验组设计，就是选择若干批实验对象组成若干个实验组，在各自的实验环境下通过对实验激发前后实验对象的变化的检测，做出各组的实验结论，然后再对各组实验结论进行对比研究，做出总的实验结论。

4．实验调查法的优缺点

（1）实验调查法的优点

实验调查法的最大优点是它的实践性，即调查的结论不只是眼看、口问、耳听得来的，而是通过亲手做、通过实验激发改变实验环境促使实验对象发生变化而得来的。实验调查是一种直接的动态调查，它能够直接掌握大量的第一手资料——不仅包括实验对象、实验环境的静态资料，而且包括实验对象、实验环境在运动、变化、发展过程中的动态资料。

实验调查是事先主动地改变和控制一些营销因素的变化来了解它们对市场的影响，而不是被动地等待某种情况发生后再去收集结果资料，因此，实验调查法可以为相关因素之间的因果关系提供更有说服力的依据。

（2）实验调查法的缺点

实验调查法的主要缺点表现在：一是市场变化是由多种因素共同作用的结果，有宏观的，也有微观的，有企业外部的，也有企业内部的，许多因素，如政治、文化、自然等因素是无法人为控制的，所以实验调查的结果不可能完全准确无误；二是在实验室或局部市场范围进行的实验，由于其条件的局限性，其结果未必适合大范围市场条件下的情况；三是实验调查法的时间较长，成本偏高，操作上难度较大。因此，不适宜大范围的市场调查。

三　网络调查法

网络调查是指在互联网上针对调查问题进行调查设计、收集资料及分析咨询等活动。网络调查主要有两种方式：一种是利用互联网直接进行问卷调查，收集第一手资料，可称为网上直接调查；另一种是利用互联网的媒体功能，从互联网收集第二手资料，称为网上间接调查。而网络调查方法又包括计算机网络访谈法、E-mail 问卷调查法、BBS 在线访谈法、站点问卷调查法、搜索引擎法。

（一）网络调查的方法

1．计算机网络访谈法

计算机网络访谈法也称为联机访谈法或网络访谈法，是指在计算机网络上，使用已经建立的网站，通过事先的邀请，让确定的若干名网友在指定的时间登录一个特定的网站而进行市场调查的方法。网络访谈的具体操作包括以下 3 个步骤。

（1）选择调查对象。在需要进行一次网络小组焦点访谈的市场调查活动时，首先调查人员应该搜索他的数据库,利用已有的顾客资料,按照既定的条件筛选可以作为访谈调查的受访者名单,建立一个受访者的数据库;然后向受访者发送电子邮件,邀请他们届时接受访谈。

(2)事先通知访谈内容。凡进行计算机网络访谈,都应该事先通知参与访谈的对象,告知访谈的内容、要求。有的事先提供访谈指南或调查的详细题目,以便访谈对象事先做好准备。

(3)正式开展访谈。访谈主持人在指定的时间前打开网站迎接受访者,讲解问题和再一次讲解讨论要求,并且与他们进行轻松的交流。主持人通过在网络上输入讨论的问题来控制访谈。

2. E-mail 问卷调查法

E-mail 问卷调查法主要是指利用计算机网络调查对象的电子信箱进行问卷发放和完成市场调查的方法,也包括简单的调查问卷以电子广告的形式,在计算机网络上进行公开调查的方法。进行 E-mail 调查时,调查主持者在自己的终端机上制定调查问卷,而后,按照已经知道的 E-mail 网址发出问卷(电子调查邮件),或者直接粘贴在自己的网站上。受访者在自己的信箱中或计算机网络上看到问卷后,直接把答案寄回到调查者的信箱,或者立即进行点击回答。调查主持者通过事先设计好软件程序进行调查结果的统计。E-mail 问卷调查与邮寄问卷的性质和效果类似,只是邮寄问卷和回收问卷的方式都通过电子邮件的形式来完成,大大提高了调查的效率,同时由于回答和邮寄方便,因此,回收率相对于传统邮寄问卷调查有所提高。

案例启示

美国消费者调查公司(American Opinion)是美国的一家网上市场调研公司。通过互联网在世界范围内征集会员,只要回答一些关于个人职业、家庭成员组成及收入等方面的个人背景资料问题即可成为会员。该公司每月都会寄出一些市场调查表给符合调研要求的会员,询问诸如"你最喜欢的食物是哪些口味的;你最需要哪些家用电器"等问题,在调查表的下面注明了完成调研后被调查者可以获得的酬金,根据问卷的长短及难度的不同,酬金在 4~25 美元之间,并且每月还会从会员中随机抽奖,至少奖励 50 美元。该公司会员注册十分积极,目前已有网上会员 50 多万人。

3. BBS 在线访谈法

BBS 在线访谈法是指网络调查员利用网上聊天室或 BBS 与不相识的网友交谈、讨论问题、寻找帮助、获取有关信息。在线访谈法与传统的访问调查法类似,不同之处在于调查员与被调查对象无须见面,可以消除彼此顾虑,自由发表意见。适用于探测性调查,对有关问题进行定性分析。可以采取网上个别访问或组织网上座谈会等形式。

4. 站点问卷调查法

站点问卷调查法是指将调查问卷以 HTML 文件附加在一个或几个网络站点的 Web

上，通过浏览这些站点的网上用户在 Web 上回答调查问题，再通过自动方式从网上传回。站点问卷调查法是一种被动的调查方法，也是目前网上调查通用的方法，可以在企业自己的网站进行调查，也可以通过其他公开网站进行调查。

5. 搜索引擎法

搜索引擎法主要是利用网络的搜索服务功能进行二手资料的收集，网上二手资料内容丰富，如企业网站、学校网站、服务机构网站、政府机关网站，这些网站上有大量市场、政策、教育等有价值信息，通过收集，再进行加工处理，同样可以成为企业获取外部信息的重要途径。

企业可以利用上述方法直接进行网上调查，还可以委托市场调查机构开展网络调查，主要针对企业及其产品的调查。调查内容通常包括网络浏览者对企业的了解情况；网络浏览者对企业产品的款式、性能、质量、价格等的满意程度；网络浏览者对企业的售后服务的满意程度；网络浏览者对企业产品的意见和建议等。

（二）网络调查的优势与缺陷

1. 网络调查的优势

网络调查能够设计出多媒体调查问卷，可以直观地通过文字、图形和其他丰富多彩的表现形式做出选择和答题。还可以通过视听技术，使网络调查人员与网上受访者进行自由交流与沟通，可以获得更加全面和可靠的信息资料。网络调查作为一种新兴的调查方法与传统调查相比，有很强的优越性。具体比较如表 4-6 所示。

表 4-6　网上调查与传统调查对比

比较项目	网上调查	传统调查
调研费用	较低，主要是设计费和数据处理费。每份问卷所要支付的费用几乎是零	昂贵，要支付包括问卷设计，印刷，发放，回收，聘请和培训访问员，录入调查结果，有专业市场研究公司对问卷进行统计分析等多方面费用
调查范围	全国乃至全世界，样本数量庞大	受成本限制，调查地区和样本均有限制
运作速度	很快，只需搭建平台，数据库可自动生成，几天就可能得出有意义的结论	慢，至少需要 2 个月才能得出结论
调查的时效性	全天候进行	不同的被访问者对其可进行访问的时间不同
被访问者的便利性	非常便利，被访问者可自行决定时间、地点填写问卷	不方便，要跨越空间障碍，到达访问地点
调查结果的可信性	相对真实可信	一般有督导对问卷进行审核，措施严格，可信性高
实用性	适合长期的大样本调查；适合要迅速得出结论的情况	适合面对面地深度访谈；食品类等需要对访问者进行感观测试

2. 网络调查的缺陷

由于网络调查的优势，使得它越来越受到人们的重视，有人称，网络调查必将取代传统的调查方式，这是调查业发展的趋势和方向。但在现阶段，一个最主要的问题是：互联网调查的客观性，即网络调查的结果究竟在多大的程度上是可信的。

国内的网络调查最具代表性的是 CNNIC（中国互联网络信息中心）的调查。从 1997 年以来，它对互联网在中国的宏观发展状况进行过 35 次调查，这些调查报告受到了国内外的重视，也是有关中国互联网发展统计引用率最高的调查报告。CNNIC 的调查是典型的网络调查：把问卷放在网上，然后由访问者自愿填写。虽然成本低，而且简单易行，但却无法保证其客观性。例如，根据什么标准对问卷进行处理，用什么方法进行抽样，等等。

调研结果的可靠性、客观性，主要是统计数据的信度问题。所谓统计数据的信度，就是统计数据的可信程度，更直观的表示就是统计数据的误差问题。网络调查的信度主要表现在以下方面。

（1）网络调查研究的总体问题，即覆盖范围误差问题。覆盖范围误差指的是个体被抽样框所忽略的情况。覆盖范围的误差通常被视作网络调查的最大误差源，指的是目标总体与抽样框之间的差距。目标总体是研究想要涉及的总体，抽样框是研究者在研究中可以调查的个体的集合。抽样框的典型例子，如住宅电话号码簿（电话调查）和个人电子邮箱账户（网络调查）。由于调查是在网上进行，因此在网上接受调查的是网民，那么网络调查研究的总体应当是网民。但是目前中国的网民只占中国人口的一部分。因此，网络调查的对象是有限的。对诸如"对中国网络媒体的发展状况的满意度"等问题的调查，网络调查无疑是很合适的，但若要进行更大范围的调查，如"城镇居民对公交车收费意见"、"某城市居民对城市环境的满意度"等的调查中，网络调查就显得不合适了。因为这种调查的总体相当广，并不仅限于网民，因此网络调查的结果无法代表真实的大众观点和态度。

（2）样本的代表性误差问题，即抽样误差问题。抽样误差是在从抽样框中选择个体的过程中产生的。抽样误差指的并不是抽样框中的每一个个体均接受调查。如果在一个抽样框中多次进行个体的选择过程，各个样本之间必然存在差异。如将全体网民作为全及总体，将参与调查的网民作为样本总体，那么在这两者之间存在一个代表性问题。以网上问卷为例，若把问卷放在网站上，由访问者自愿填写，它面临许多问题，如是否能吸引到足够多的人填写问卷，填写问卷的人是否符合调查对象的要求，是否有人多次填写同一问卷，以及如何估计无回答误差等，这些问题都是调查人员无法控制的。例如，每次网上选评优秀电影、优秀电视剧和优秀节目主持人就不尽如人意，难以杜绝假票的问题。若用 E-mail 发送问卷，则必须有足够多的邮件地址，以便从中挑选调查对象，否则不具代表性，回馈率也不会很高。

（三）解决网上调查问题的主要手段

网络调查虽然很方便，但存在许多影响调查结果的准确性和精确度的问题。现阶段，已有一些技术手段可以尽量减少这些问题的影响。

任务 4
确定市场调查的方法

1. 网上用户身份的检验

在采集调查信息时，为了尽可能消除因同一个被调查者多次填写问卷给调查结果带来的代表性偏差，可以利用"IP+若干特征标志"的办法作为判断被调查者填表次数唯一性的检验条件。在设计指标体系时，所有可以肯定的逻辑关系和数量关系都应充分利用，并被列入调查质量检验程序，以实现网上用户身份的唯一性，排除干扰。

2. E-mail+Web

在采用电子邮件邀请和在线调查相结合的方法时，调查者给被调查者提供一个含有密码的链接，每一个被调查者的密码都不一样，而且只能使用一次。当被调查者点击链接时，程序会读取密码并与数据库核对，这样可避免不合乎标准的人填写问卷，防止被调查者的多次填写。

3. 随机 IP 自动拨叫

可以用随机 IP 自动拨叫技术进行主动的网上抽样调查。通过一个随机 IP 地址发出软件产生一批随机 IP，再由一个 IP 自动拨叫软件向这些 IP 发出呼叫，传送一个请被调查者参加调查的信息。收到该信息的网上用户可以按照意愿决定是否参加调查。

4. 设置特征标志"过滤器"

利用特征标志作为"过滤器"：根据具体调查问题选取有效的指标，如年龄、性别、学历、职业、职务、地区及其他品质标志和数量标志等作为特征标志，通过特征标志将调查表中代表性差的样本过滤出去。

此外，网络调查还应注意其他一些细节。

首先，要合理设计问卷。问卷不可过长或过于复杂，以免被调查者没有足够的耐心填写，或者导致有歧义、错误的回答。因此调查问卷的设计要注意问题的数量和问卷的格式，控制好答题时间，使问卷能得到有效的回答。

其次，不要侵犯或泄露被调查者的个人隐私。许多免费下载软件对用户的网上监测是在网民不知情的情况下进行的，这会招致网民的抗议与反对。在问卷调查中，也要注意避免提可能让网民暴露隐私的问题。

最后，要想办法减少无回答误差，提高调查的回答率。可以向被调查者提供一定补偿，如有奖问答或赠送小礼品等，吸引网民自愿参加网络调查。

作为一种新兴事物，网络调查与目前的各种调查方式存在许多不同之处。先进的通信技术使它具有传统调查无法比拟的优势，但它存在的问题也是不可忽视的。

市场调查新视界

沉浸式调研

宝洁的汰渍品牌多年来围绕产品功能的广告令人印象深刻，但消费者感到汰渍品牌自以为是、非常男性化，其品牌竞争力也呈下降趋势。汰渍的营销团队认为，其品牌需要传递新的信息，急需与其核心市场——女性消费者——沟通，赢得她们的芳心。要做到这一点，传统的焦点小组访谈和问卷调查法显然是不够的。于是，长期与宝洁公司合作的广告商盛世与宝洁的市场营销经理、战略制定者一起进行了为期两周的消费者沉浸式调研。在美国选择了两座代表性的城市，随机挑选了一些女性消费者，调查人员与女性消费者形影不离，观察她们工作、购物和做家务，旁听她们谈论重要的事，他们的调查深入到不可思议的程度，希望理解洗衣服在女性的生活中意味着什么。但调查人员并不与消费者直接谈论她们的洗衣习惯和做法，而只与她们聊生活，感悟她们的需要、作为女人的感受。这种沉浸式调研让营销者获得了大量以前没有注意到的信息。对没能参加这两周消费者实地调研的汰渍团队的成员和盛世的创意人员，宝洁将沉浸式调研过程拍成了录像，编撰方案并雇用演员在名为《她们的生活片段》的生活剧中扮演消费者，让女性的许多特点表现得淋漓尽致，激发了营销人员、广告设计人员的灵感。

从消费者沉浸式调研中，宝洁的市场营销者充分了解到，汰渍和洗衣在消费者生活中并不是最重要的事情，但女性对自己的衣物充满了感情。例如，"调研中，一位离异的肥胖女性描述当她穿上那件超性感行头在男友面前亮相，博得一声尖叫时，脸上满是喜悦。"由此可见，服装在女性的生活中具有特殊意义，能够通过各种联想打动她们。女性喜欢打理衣物，因为它们充满了情感、故事、感情和记忆。生活中的各种衣物，从牛仔裤到床单，都可以让她们来表达个性，展现自己作为女性的不同侧面和看法。

宝洁的营销者决定，汰渍应该不仅解决女性的洗衣问题，而且在她们真正关心之处——感动生活的衣物——上进行差异化。基于这些消费者调研信息，宝洁公司与盛世广告商策划并实施了一次以"汰渍最懂衣物"为主题的广告运动，结果大获全胜。

这次广告运动放弃了过去汰渍广告常用的示范和比较方法，而是运用丰富的视觉形象建立感人的情感联系。其中一则电视广告中，一位孕妇将冰激凌滴落到最后一件勉强合身的衬衫上，是具有漂白功能的汰渍使它恢复如新，广告暗示"衣物能够见证梦想实现"。另一则广告表现了一位女性首次生育的感人场景，她与丈夫浪漫地拥抱在一起，齐声说"是我的宝宝"。广告宣称，汰渍和纺必适衣物芳香剂一起让"闻上去像妈妈的女性很有魅力"。

正是这些感人的广告，激起消费者情感共鸣，让消费者接受汰渍是最懂衣物的品牌，汰渍重新获得洗衣粉市场的领导者地位，其功劳应该归于宝洁营销团队组织的沉浸式调研。

（资料来源：[美]菲利普·科特勒，市场营销原理<第13版>，整理改编）

复习与思考

一、简答题

1. 什么是文案调查？它的主要作用和局限性表现在哪些方面？
2. 访问调查有几种形式？面谈调查法有何优缺点？
3. 什么是观察调查法？有何优缺点？
4. 什么是实验调查法？有何优缺点？
5. 什么是网络调查法？网络调查的常用方法有哪些？

二、思考题

1．比较访问调查法中各个调查方式的优缺点。
2．通过访问调查法了解在校学生对本校食堂服务的意见。
3．利用文案调查法整理出本市连锁企业的发展动态。
4．讨论实验调查法的适用范围有哪些方面。
5．讨论网络调查法的适应范围有哪些方面。

案例分析

美国的大型超级商场雪佛龙公司聘请美国亚利桑那大学人类学系的威廉·雷兹教授对垃圾进行研究。威廉·雷兹教授和他的助手在垃圾堆中，挑选数袋垃圾，然后把垃圾的内容依其原产品的名称、重量、数量、包装形式等予以分类。如此反复地进行了近一年的垃圾的收集研究分析。雷兹教授说："垃圾袋绝不会说谎和弄虚作假，什么样的人就丢什么样的垃圾。查看人们所丢弃的垃圾，是一种更有效的行销研究方法。他通过对土番市的垃圾研究获得了有关当地食品消费情况的信息，做出了如下结论：①劳动者阶层所喝的进口啤酒比收入高的阶层多，并知道所喝啤酒中各牌子的比率；②中等阶层人士比其他阶层消费的食物更多，因为双职工都要上班，以致没有时间处理剩余的食物，依照垃圾的分类重量计算，所浪费的食物中，有15%是还可以吃的好食品；③通过垃圾内容的分析，了解到人们消耗各种食物的情况，得知减肥清凉饮料与压榨的橘子汁是高等阶层人士的良好消费品。

讨论问题
1．该公司采用的是哪种市场调查方法？该方法有什么特点？
2．该公司根据这些资料将采用哪些决策行动？

【实操训练4】 收集二手资料

1．实训目的

（1）通过实训能掌握文案调查的基本方法与技巧。
（2）能够学会应用各种工具和方法快速获取与调研主题有关的各种二手数据及资料。
（3）能够在从各种资料中去粗取精、去伪存真地鉴别有价值的二手资料。

2．实训条件

（1）图书馆书库及阅览室的相关资源。
（2）企业提供与调研相关的文案资料，包括宣传单、DM、POP等文案资料。
（3）专业教师针对相关问题进行有针对性的指导。
（4）学生要利用一定的课余时间完成部分工作，此任务1周内完成。
（5）已经完成了前述的实训二，或者至少有明确的调研主题和目的。

3. 实训任务

任务编号	任务名称	任务准备	任务执行明细	任务成果	评价标准
T401	利用图书馆资料进行文案调研	（1）学习读书笔记写法 （2）准备摘抄笔记本 （3）明确需要查询的图书、杂志、报刊	（1）查找与调研主题有关的图书、报刊、杂志 （2）将其中与调研主题有关的关键信息抄下来，注明信息来源 （3）不少于10页 （4）摘抄的项目分类	二手资料手抄记录	（1）与调研主题的相关性 （2）资料对于企业的价值 占本任务总分的30%
T402	利用互联网资料进行文案调研	学习搜索技巧、基本的论坛操作技巧等	（1）熟悉与调研主题相关的行业网站或企业网站 （2）围绕选题搜索下载互联网资料，不少于200页 （3）分类整理互联网资料至少50页	互联网文案调查资料Word整理文档	（1）资料挖掘的程度对商家的价值 占本任务总分的30%
T403	利用各种企业相关资料开展文案调研	（1）与企业沟通 （2）掌握竞争者宣传资料发放途径	（1）从企业收集他们的宣传资料 （2）从企业获取与调研主题相关的各类文件、资料 （3）通过各种展会或促销活动获取与调研主题相关的企业和竞争对手资料 （4）分类汇总文案资料	企业宣传资料分析记录	（1）宣传资料收集的齐全性、针对性 （2）企业资料总结分析的情况 占本任务总分的25%
T404	汇总文案调查资料	团队各成员提供自己收集到的各类资料，共同完成	结合手抄调查资料、互联网资料、企业及竞争对手宣传资料一并编写成20页左右的最终文案调查资料	文案调查资料汇总	对商家的价值占本任务总分的15%

4. 实训评价

（1）依据任务完成的情况，按照上表的评价依据进行评价。

（2）对于图书馆文案资料的调查考核时注意考查二手资料的出处。要求学生记录清楚资料来源。对于互联网资料的收集注意考查资料整理的程度、与调研主题的相关性、整理的条理性等。对于企业提供的及竞争对手的宣传资料等重点考查资料提炼分析的程度。

（3）可以采取小组汇报的形式，分组展示二手资料收集整理的结果。

【学生实训成果示例】

文案调查资料汇编

任务 5
设计市场调查问卷

任务目标

知识目标
1. 了解市场调查问卷的作用；
2. 掌握市场调查问卷的类型和结构；
3. 了解问卷设计中应注意的问题。

能力目标
1. 能够设计整体调查问卷；
2. 能够设计问句并合理安排问句顺序；
3. 能够科学设计问卷答案。

案例导入　　　万科精装修房调查问卷

女士/先生，你们好！

作为中国住宅行业的领跑者，万科致力于通过自己的专业能力和在行业的领导力推进中国住宅产业化的进程，精装修房是住宅产业化的标准之一。2015年10月1日，长沙万科紫台楼盘的1、2、3号栋，高层精装修房开售，开售当日成交量达到30%，在目前房地产市场不景气的情况下，这是一个不错的结果。但有些用户对精装不能满足个性需求提出了许多意见。为了更准确掌握精装户型、装修风格及发展趋势，关注您的生活习惯和您的风格喜好，公司决定进行一次市场调查。在此，感谢您的宝贵意见，这将是我们工作和努力的方向。

1. 您觉得入住精装修房和入住毛坯房，哪个方便？（单选）
   □精装修房　　□毛坯房
2. 您购房时，会考虑选择精装修房吗？（单选）
   □会　　□不会
3. 您可以接受的装修价格为每平方米多少钱？（单选）

□1000元/平方米　□800~1000元/平方米　□700~800元/平方米　□500~700元/平方米　□300~500元/平方米　□300元/平方米以下　□其他

请在您选择的价格前提下完成以下问卷：

4. 如果每平方米装修成本增加200元，您更愿意将这些钱花在什么地方？（请在"空间"和"部位"各选择三项打钩）：

空间：□入户玄关　□客、餐厅　□主卧　□次卧　□书房　□厨房　□卫生间　□储藏间　□阳台

部位：□地板　□洁具　□墙面　□家电　□家具　□吊顶　□五金件

5. 您认为鞋柜至少需要放多少双鞋？（单选）
□10~20双　□20~30双　□30~40双　□40~50双

6. 您认为家里需要入户玄关吗？（单选）
□需要　□不需要

7. 请问您衣柜中放置的衣服哪种最多？（可多选）
□休闲外套　□职业装　□运动服　□冬季外套
□毛衣　□床上用品　□夏季外套　□围巾领带等衣物

8. 在您的装修过程中比较倾向以下哪种衣柜？（单选）
□嵌入式衣柜　□单独购置衣柜

9. 您认为以下部件中哪些是卫生间的必备设施？（可多选）
□马桶　□洗面盆　□洗手台（浴室柜）　□镜前灯　□浴缸　□淋浴屏花洒
□毛巾挂杆　□厕纸架　□排气扇　□剃须镜　□装置冷热水龙头

10. 您希望卫生间配置哪些电器？（可多选）
□电热水器　□燃气热水器　□电吹风　□浴霸

11. 您希望您的卫生间淋浴花洒是哪一种？（单选）
□手持花洒　□头顶花洒　□侧喷花洒

12. 以下您最可能选择的洁具是哪一种？（单选）
□坐便器　□蹲便器

13. 以下哪种类型的厨房最适合您家？（单选）
□封闭的厨房　□敞开式的厨房

14. 您希望厨房的厨具是什么品牌的？（单选）
□西门子　□海尔　□华帝　□方太
□松下　□老板　□帅康　□德意

15. 您希望厨房配置哪些家电或用具？（可多选）
□吸油烟机　□燃气灶　□消毒碗柜　□燃气热水器　□微波炉

16. 您希望客厅和卧室的墙体和地面是怎样的色调？（单选）
□浅色　□深色　□中性色

17. 您家客厅的墙面会选择下面哪一种？（单选）
□涂料　□墙纸　□涂料+墙纸　□瓷砖　□石材

18. 您家卧室或书房的墙面会选择下面哪一种？（单选）

□涂料　□墙纸　□涂料+墙纸　□瓷砖　□软包

19. 您家客厅的地面会用什么材料呢？（单选）

□实木地板　□实木复合地板　□强化复合地板　□瓷砖　□石材

20. 您家房间（卧室或书房）的地面会用什么材料呢？（单选）

□实木地板　□实木复合地板　□强化复合地板　□瓷砖　□石材

再次感谢您对我们工作的支持和配合！

思考

1. 万科通过调查问卷可解决什么问题？
2. 以上问卷的结构是否完整，问题设计是否合理？

理论指导

一、调查问卷的结构

（一）调查问卷的含义

调查问卷又称调查表，是调查者根据事先确定好的调查目的和要求精心设计的，由一系列问题、备选答案、说明及代码组成的调查表格，是用来收集第一手资料和信息的常用工具之一。

调查问卷分为自填式问卷和访问式问卷两大类。自填式问卷是指由调查者发给（或邮寄给）被调查者，由被调查者自己填写的问卷。访问式问卷则是由调查者按照事先设计好的问卷或问卷提纲向被调查者提问，然后根据被调查者的回答进行填写的问卷。一般而言，访问式问卷要求简便，最好采用两项选择题进行设计；而自填式问卷由于可以借助于视觉功能，在问题的制作上相对可以更详尽，更全面。

（二）调查问卷的基本结构

一份完整的调查问卷主要包括 10 个部分的内容，即问卷的标题、问卷的编码、作业记录、访问员保证、致受访者说明信、甄别问卷、主体问卷、受访者背景资料、问句的编码和结束语。其中主体问卷是问卷的核心部分，是每一份问卷都必不可少的内容，而其他部分则根据设计者需要可取可舍。

1. 问卷的标题

问卷的标题是概括说明调查研究主题，使被调查者对所要回答什么方面的问题有一个大致的了解。确定标题应简明扼要，易于引起回答者的兴趣，如"万科精装修房调查问卷"、"我与广告——公众广告意识调查"等。而不要简单采用"问卷调查"这样的标题，它容易引起回答者因不必要的怀疑而拒答。

2．问卷的编码

为了方便日后调查资料的统计和分析，一般在问卷封面的右上角进行问卷编码。在实施调查时，在问卷编码处对每份问卷按顺序填上编号，便于识别问卷及问卷的数量控制等。

3．作业记录

在问卷的封面上，一般还要设计可供记录的访问作业的条目。这一部分有两项内容。一项是供访问员、复核员、编码员、录入员填写姓名或工号的表格，如下表所示。

访问员	复核员	编码员	录入员

另一项是用来记录受访者姓名、联系电话、家庭地址和访问员访问受访者的开始时间、结束时间等内容的条目。这一项也可以列在问卷的最后。即使放在问卷的封面上，其填写时间也在问卷结束时。

受访者姓名	联系电话	家庭地址	访问开始时间	访问结束时间
			年 月 日 时 分	年 月 日 时 分 共计： 分钟

4．访问员保证

在问卷的封面通常还设计"访问员保证"，这一部分的目的在于通过访问员自愿作出的承诺，使其自律。

> 访问员保证：我保证本问卷所填写的各项资料皆由我本人依照作业程序规定访问所得，绝对真实无欺，若有一份作假，我所完成的全部问卷一律作废，并赔偿公司损失。

5．致受访者说明信

说明信是调查者向被调查者写的一封信。首先，要说明调查者的身份；其次，要说明调查的大致内容和进行这项调查的目的；最后，要说明对调查结果进行保密及填写说明等，一般放在问卷的开头。例如：

先生/女士：您好！

我是×××市场研究公司的访问员，正在本地进行一项有关香烟的市场研究，对您的访问是由我们的研究人员通过科学抽样所决定的。您的意见对我们的研究将会有很大的意义，希望能够得到您的支持！该问卷不记名，回答无对错之分，回答结果也不公开，请按实际情况回答。谢谢！

6. 甄别问卷

在使用问卷进行询问调查中，受访者是从调查目标对象的总体中按一定抽样方法抽取的个体单位，即样本。为了尽可能从总体中选取能代表总体特征的样本，往往在正式访谈问卷前设一组问句，对受访者作进一步的甄别与筛选。这一组问句通常称为甄别问卷。用S作为问题的代号。

例如：

S1．您本人或您家里是否有从事下列行业的人员？
（1）广告/市场调研　（2）电视台/电台/报纸/杂志社　（3）酒类生产/销售/经营
（A．有——终止，B．无——继续）

S2．您在最近一周中是否接受过市场调查机构的访问？
（1）是——终止　（2）否——继续

S3．您在过去一周中是否去过卡拉OK/夜总会/酒吧？
（1）去过——继续　（2）没去过——终止

S4．您去卡拉OK/夜总会/酒吧，每月几次？
（1）一次——继续　（2）一次以上——继续
（3）不经常去\偶尔——终止　（4）不一定——终止

S5．您在卡拉OK/夜总会/酒吧主要喝什么酒？
（1）饮料——终止　（2）啤酒——终止　（3）洋酒——继续　（4）其他——终止

S6．您的年龄多大？（访问员要注意配额）
（1）30岁以下——终止　（2）30~45岁——继续　（3）45岁以上——终止

S7．您的月收入为多少？
（1）3000元以下——终止　（2）3000元以上——继续

经过上述一系列甄别，最终将抽取符合本次调查要求的年龄在30~45岁，月收入3000元以上，每月都要去卡拉OK或夜总会、酒吧喝洋酒的受访者。

7. 主体问卷

主体问卷是调查问卷的核心部分，其内容主要包括各类问题、问题的回答方式及其指导语，是问卷设计的主要内容，其设计水平的高低将直接影响受访者的回答率、问卷的回收率和信息的有效性。问卷中的问答题从形式上看，可分为开放式、封闭式和混合式三大类。

至于指导语，也就是填写说明，用来指导被调查者填写问题的各种解释和说明。

案例启示

某地区消费者权益保护意识调查中的主体内容
1．当您发现买到假货后，您的第一想法是：
A．认倒霉　　　　　　　　　　B．立即找卖主理论

C. 找产品生产者赔偿　　　　　　　　D. 到消费者协会投诉
2. 如果您与销售商私下调解不成，您会先去找哪个部门？
A. 派出所　　　　B. 居委会　　　　C. 消费者协会　　　　D. 法院
3. 当发现厂商或经销商公然侵犯您的合法权益时，您会采取什么行动？
A. 放弃向该厂商或经销商购买　　　　B. 私下解决
C. 媒体曝光　　　　　　　　　　　　D. 诉诸法律

8. 受访者背景资料

收集受访者背景资料的目的是为了在分析研究调查结果时作为分层统计分析的依据。如按收入水平可以分为高、中、低三组进行消费水平、消费结构、消费心理和消费习惯等方面的深入研究。

受访者如果是个人，收集的主要基本信息有性别、年龄、婚姻状况、文化、职业、职称、个人或家庭所在地区等。如果受访者是企事业单位，主要收集的基本资料有企业类别、所有制性质、注册资金、年（月）销售额或销售量、营业面积、经营品类、地址、职工人数等。对于涉及受访者隐私的或匿名的调查问卷，则不宜设置该类调查项目，以免侵犯受访者的权利。

9. 问句的编码

问句编码一般应用于大规模的问卷调查中。因为在大规模问卷调查中，调查资料的统计汇总工作十分繁重，必须借助于编码技术和计算机简化这一工作。

问句编码是将调查问卷中的调查项目及备选答案给予统一设计的代码。一般做法就是在每一个问句前面按分组、顺序编号，有备选答案的问句，还要在每个备选答案的前面或后面依次编号，并在问句的后面设置空格，供受访者填写选定的答案编号。

10. 结束语

结束语一般放在问卷的最后，用来简短地对被调查者的合作表示感谢，也可征询一下被调查者对问卷设计和问卷调查本身的看法和感受。并写上提醒访问员赠送给受访者小礼品的话语。

完整的问卷见本任务最后案例分析：卷烟市场研究项目零售户调查问卷。

二 调查问卷设计的步骤

问卷设计的过程一般包括4个阶段10个步骤，如图5-1所示。

```
准备阶段              初步设计阶段           试答修改阶段        制作问卷阶段
确定所需信息      →   确定问题的措辞     →   问卷的测试      →  制作问卷
确定问卷类型          确定问题的顺序         问卷的定稿         问卷评价
确定问题内容          问卷排版和布局
```

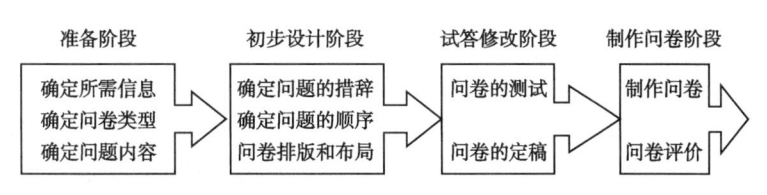

图 5-1　调查问卷设计步骤

（一）准备阶段

1. 确定所需信息

确定所需信息是问卷设计的前提工作。调查者必须在问卷设计之前确定调查主题的范围和调查项目，把握所有达到研究目的和验证研究假设所需要的信息，决定所有用于分析使用这些信息的方法，如频率分布、统计检验等，并按这些分析方法所要求的形式来收集资料，分析哪些是主要资料，哪些是次要资料，哪些是调查的必备资料，哪些是可要可不要的资料，并分析哪些资料需要通过问卷来取得，需要向谁调查等。

2. 确定问卷类型

根据研究课题性质和目的的不同，问卷可分为无结构型问卷和结构型问卷两大类。

（1）无结构型问卷又称为开放式问卷，它的特点是在问题的设置和安排上，没有严格的结构形式，被调查者可以依据本人的意愿作自由的回答。无结构型问卷一般较少作为单独的问卷进行使用，往往是在对某些问题需要作进一步深入的调查时，和结构型问卷结合使用。通过无结构型问卷，可以收集到范围较广泛的资料，可以深入发现某些特殊的问题，探询到某些特殊的调查对象的特殊意见，也可以获得某项研究的补充和验证资料。有时候研究者可以根据被调查者的反应，形成另一个新问题，作进一步的调查，使研究者与调查对象之间形成交流，使研究更为深入。

对于文化程度不高、文字表达有一定困难的调查对象，不宜采用无结构型问卷进行调查，而且问卷所收集到的资料也难以数量化，难以进行统计分析。研究者需要具有较高的研究分析能力，才可能从回收的问卷中作出判断和分析。因此，这类问卷适合于作进一步深入调查时使用。

（2）结构型问卷又称为封闭式问卷，它的特点是问题的设置和安排具有结构化形式，问卷中提供有限量的答案，被调查者只能选择作答。

结构型问卷由于已设置了有限的答案供受访者选择作答，因此它适用于广泛的、不同阶层的调查对象；同时有利于控制和确定研究变量之间的关系，易于量化和进行数据的统计处理，因此，这类问卷被普遍使用。

但是，正因为限制性的选答，所以通过回收的问卷也难以发现特殊的问题，难以获得较深入、详尽的资料，因此，通常在结构型问题为主的情况下，可以加入一两个无结构型问题，两种类型的问卷结合使用可以获得较好的效果。

3. 确定问题内容

确定问题内容似乎比较简单,然而事实上不然,这其中还涉及一个个体的差异性问题,也许在你认为容易的问题在他为困难的问题,在你认为熟悉的问题在他为生疏的问题。因此,确定问题的内容,最好与被调查对象联系起来。分析一下被调查者群体,有时比盲目分析问题的内容效果要好。

(二)初步设计阶段

1. 确定问题的措辞

很多问卷设计者可能不太重视问题的措辞,而把主要精力集中在问卷设计的其他方面,这样做的结果有可能降低问卷的质量。一般在斟酌措辞时要注意以下方面。
(1) 尽量使用语意具体、简明、清晰、准确的词语,使被调查者容易回答。
(2) 尽量少使用专业术语,使提问更加通俗易懂。
(3) 尽量避免使用令人难堪的词语提问。

2. 确定问题的顺序

问卷中的问题应遵循一定的排列次序,问题的排列次序会影响被调查者的兴趣、情绪,进而影响其合作积极性。所以一份好的问卷应对问题的排列作出精心的设计。

一般而言,问卷的开头部分应安排比较容易的问题,这样可以给被调查者一种轻松、愉快的感觉,以便于他们继续答下去。中间部分最好安排一些核心问题,即调查者需要掌握的资料,这一部分是问卷的核心部分,应该妥善安排。结尾部分可以安排一些背景资料,如职业、年龄、收入等。个人背景资料虽然也属事实性问题,也十分容易回答,但有些问题,诸如收入、年龄等同样属于敏感性问题,因此一般安排在末尾部分。当然在不涉及敏感性问题的情况下也可将背景资料安排在开头部分。

还有一点就是注意问题的逻辑顺序,有逻辑顺序的问题一定要按逻辑顺序排列,即打破上述规则。

3. 问卷排版和布局

问卷的设计工作基本完成之后,便要着手问卷的排版和布局。问卷排版和布局总的要求是整齐、美观、便于阅读、作答和统计。问卷的内容排序按问卷的基本结构顺序进行组织,问卷各部分之间要有明显的间隔,这样就能给受访者留下层次分明、条理清晰的良好印象。

（三）试答修改阶段

1. 问卷的测试

问卷的初稿设计工作完毕之后，不要急于投入使用，特别是对于一些大规模的问卷调查，最好的办法是先组织对问卷进行可行性测试，如果发现问题，再及时修改。测试通常选择20~100人，样本数不宜太多，也不要太少。如果第一次测试后有很大的改动，可以考虑是否有必要组织第二次测试。

2. 问卷的定稿

当问卷的测试工作完成，确定没有必要再进一步修改后，可以考虑定稿。对于专业市场调查研究公司来说，设计好的问卷必须送交委托调查的企业有关主管审查、认可。对于企业市场调查部门来说，问卷则要报请市场部主管审查批准。问卷批准后就可以交付打印，正式投入使用。

（四）制作问卷阶段

1. 制作问卷

制作问卷就是将最后定稿的问卷，按照调查工作的需要打印复制，制成正式问卷。如果采取移动设备进行调查，也可以将问卷输入手机或 iPad 等移动电子设备，这样既能够节省问卷印制成本，同时也能够将调查结果直接输入计算机，用软件加以整理与统计分析，减少调研资料整理与分析的工作量，提高市场调查与分析的质量。

2. 问卷评价

问卷的评价实际上是对问卷的设计质量进行一次总体性评估。对问卷进行评价的方法很多，包括专家评价、上级评价、被调查者评价和自我评价。

（1）专家评价一般侧重于技术性方面，如对问卷设计的整体结构、问题的表述、问卷的版式风格等方面进行评价。

（2）上级评价则侧重于政治性方面，如在政治方向方面、在舆论导向方面、可能对群众造成的影响等方面进行评价。

（3）被调查者评价可以采取两种方式：一种是在调查工作完成以后再组织一些被调查者进行事后性评价；另一种方式则是调查工作与评价工作同步进行，即在调查问卷的结束语部分安排几个反馈性题目。比如，"您觉得这份调查问卷设计得如何？"

（4）自我评价则是设计者对自我成果的一种肯定或反思，为将来进行问卷设计提供参考。

三 问题与答案的设计

（一）问题的设计

问卷的语句由若干个问题所构成，问题是问卷的核心，在进行问卷设计时，必须对问题的类别和提问方法仔细考虑，否则会使整个问卷产生很大的偏差，导致市场调查的失败。

1．提问方式的设计

（1）从提问的形式上可分为直接性问题、间接性问题和假设性问题。

① 直接性问题是指在问卷中能够通过直接提问的方式得到答案的问题。直接性问题通常给回答者一个明确的范围。

比如，您最喜欢什么牌子的洗发水？

回答：_____。

② 间接性问题是指那些不宜于直接回答，而采用间接的提问方式得到所需答案的问题。通常是指那些容易让被调查者对所需回答的问题产生顾虑，不敢或不愿真实地表达意见的问题。

比如，有人认为妇女权利得到保障的问题应该得到重视，你对这种看法的意见是：

A．完全同意　B．有保留的同意　C．不同意

③ 假设性问题是通过假设某一情景或现象存在而向被调查者提出的问题。

比如，如果在购买汽车和住宅中您只能选择一种，您可能会选择哪种？

回答：_____。

（2）从回答的思维导向可分为开放式问答题、填空式问答题、单项选择题、多项单选题、多项限选题、多项顺位式问答题和矩阵式问题等，除开放式问答题外，其余均可称为封闭式问题。

① 所谓开放性问题，是指只提问题，不提供具体答案，要求被调查者根据自身实际情况自由作答。开放性问题一般提问比较简单，回答比较真实，但结果难以作定量分析。开放性问题主要限于探索性调查，在实际的调查问卷中，这种问题不多。开放性问题的主要优点是被调查者的观点不受限制，便于深入了解被调查者的建设性意见、态度、需求问题等。主要缺点是难于编码和统计。一般应用于以下几种场合：作为调查的介绍；某个问题的答案太多或根本无法预料时；由于研究需要，必须在研究报告中原文引用被调查者的原话。

例如：为建立节水型社会，请谈谈您的建议：_____

_____。

② 所谓封闭性问题，是指已事先设计了各种可能答案的问题，被调查者只要或只能

从中选定一个或几个现成答案的提问方式。封闭性问题由于答案标准化，不仅回答方便，而且易于进行各种统计处理和分析。但缺点是回答者只能在规定的范围内被迫回答，无法反映其他各种有目的的、真实的想法。

例如：如果在公共场所看到水龙头没关紧，您会采取何种行为？
A．关紧水龙头　　B．觉得不好　　C．不当一回事

以上是从不同的角度对各种问题所做的分类。应该注意的是，在实际调查中，几种类型的问题往往是结合使用的。

案例启示

"'3·15'诚信维权宣传月"中，太平人寿正在进行大型的调查与咨询维权活动，烦请您用两分钟时间协助工作人员完成这份调查问卷。非常感谢您的参与！您的真知灼见会让我们做得更好！

1. 您在过往的消费过程中，是否遇到过需要消费维权的情况？（　　）
   A．遇到过　B．没有遇到过
2. 您对理财类消费产品的满意度。（　　）
   A．很满意　B．满意　C．一般　D．不太满意　E．十分不满意
3. 您在理财计划中，资金主要分布或用于哪些方面？（　　）
   A．银行储蓄　B．购买保险　C．证券投资　D．购买地产　E．其他
4. 您以前是否购买过人寿保险？（　　）
   A．没有　B．公司为我买了　C．买过
5. 您在购买保险后是否遇到过理赔？（　　）
   A．遇到过　B．没有遇到过
6. 如果您投资人寿保险，您主要侧重考虑（　　）。
   A．养老　B．子女教育　C．健康保障　D．避税　E．其他
7. 您对目前保险行业有什么建议？_____
   _____。

2．问题的表述

问卷设计中，无论开放式问题还是封闭式问题，都要用文字表述出来。问卷中问题的表述应注意以下几点。

（1）**避免一问两答**。在问卷中，一个题目不要包括两个或两个以上问题。否则，会使被调查者不知所措。

例如：您对该产品的价格和服务质量满意还是不满意？

该问题实际上包括价格和服务质量两个方面的问题，结果"对价格不满意"、"对服务质量不满意"或"对价格和服务质量不满意"的被调查者可能回答"不满意"，该结果显然得不到企业想了解的信息。该问题应分为两个问题询问。

例如：①"您对它的价格满意还是不满意？"

②"您对它的服务质量满意还是不满意?"

这样,企业可以分别得到某产品的价格和服务质量方面的信息。

(2) **避免使用含糊不清的句子**。

例如:"你最近是出门旅游,还是休息?"出门旅游也是休息的一种形式,它和休息并不存在选择关系,正确的问法是:"你最近是出门旅游,还是在家休息?"

(3) **避免使用不易理解的词语**。问题不要超过被调查者的知识、能力范围。

例如:某保险公司调查顾客对本公司业务的印象时,询问了这样两个问题:

① 请问你对本公司的理赔时效是否满意?

② 请问你对本公司的展业方式是否满意?

许多被调查者不明白什么是"理赔时效"和"展业方式",即便给出答案也没有意义。

(4) **问题的表达要具体而不抽象**。只要可能,问题应该提到具体的、特定的事物,并要有特定的答案。

例如:"您认为当前农村的情况怎样?"这种问题就过于笼统,它是指农村的农业生产情况,还是指农村的人口情况、劳动力情况、收入情况,使被调查者不清楚,也就不能具体回答。

(5) **避免问题带有诱导性**。由于诱导可能使回答者的回答有偏见,从而人为地增加了作某一特定回答的机会。如果提出的问题不是"执中"的,而是暗示出调查者的观点和见解,力求使回答者跟着这种倾向回答,这种提问就是"诱导性提问"。

例如:消费者普遍认为××牌子的冰箱好,你的印象如何?_____。

诱导性提问会导致两个不良后果:一是被调查者不假思索就同意所引导问题中暗示的结论;二是由于诱导性提问大多是引用权威或大多数人的态度,被调查者考虑到这个结论既然已经是普遍的结论,就会产生心理上的顺向反应。此外,对于一些敏感性问题,被调查者在诱导性提问下,不敢表达其他想法。因此,这种提问是调查的大忌,常常会引出与事实相反的结论。

(6) **注意时间范围的表达**。时间过久的问题容易使人遗忘。

例如:您去年家庭的生活费支出是多少?_____;用于食品、衣服分别为多少?_____,_____。

以上问题除非被调查者连续记账,否则很难回答出来。

一般可问:"您家上月生活费支出是多少?"显然,这样缩小时间范围可使问题回忆起来较容易,答案也比较准确。

(7) **避免提令被调查者难堪的问题**。如果有些问题非问不可,也不能只顾自己的需要,穷追不舍,应考虑回答者的自尊心。

例如:您是否离过婚?离过几次?谁的责任?

如果直接询问女士年龄也是不太礼貌的,可列出年龄段:20岁以下,20~30岁,30~40岁,40岁以上,由被调查者挑选。

(8) **要避免问题与答案不一致**。所提问题与所设答案应一致。

例如:"您经常看哪个栏目的电视?"

①经济生活 ②电视红娘 ③电视商场 ④经常看 ⑤偶尔看 ⑥根本不看

显然,这里的问题与答案之间不符合逻辑关系,④、⑤、⑥是答非所问,这样就达不到预设本题的调查目的。

(二)答案的设计

开放性问题只提问题不提供具体答案,也就不存在设计答案问题。封闭式问题在问卷中占有重要的地位,而问题中的答案设计又是其中的重中之重。

1. 封闭式问题的答案形式

(1)填空式

在问题的后面画一横线,由被调查者将问题的答案写在横线上。

例如:您家里每月用水大约____吨。

(2)两项选择式

两项选择题提出的问题仅有两种答案可以选择。"是"或"否","有"或"无"等。这两种答案是对立的、排斥的,被调查者的回答非此即彼,不能有更多的选择。

例如:"您家里现在有吸尘器吗?"

　　　A．有　B．无

又如:"您是否打算在近五年内购买住房?"

　　　A．是　B．否

两项选择式的优点是简单明了;缺点是所获信息量太少,两种极端的回答类型有时往往难以了解和分析被调查者群体中客观存在的不同态度层次。

(3)多项单选式

多项单选是从多个备选答案中选择一个。

例如:你的学历是(　　　)。

　　　A．大学本科及以上　B．大学专科　C．中专或高中

　　　D．初中　E．小学及以下

(4)多项限选式

多项限选是从多个备选答案中选择一个或几个答案。这是各种调查问卷中采用最多的一种问题类型。

例如:"您喜欢下列哪一种品牌的牙膏?"(在您认为合适的"□"内打"√")

　　　中华□　佳洁士□　高露洁□　黑人□

　　　康齿灵□　美加净□　黑妹□　洁银□　其他□

但设计时要注意备选答案不宜过多,原则上不能超过 10 个,而且应是选中可能性最高的 10 个,其余被选程度较低的答案则统统归入"其他"。若备选答案太多,会使受访者无所适从或记忆不清。

(5)多项顺位式

多项顺位式问答题又称序列式问答题,是在多项选择的基础上,要求被调查者对询问的问题答案,按自己认为的重要程度和喜欢程度顺位排列。

例如:"您选购空调的主要条件是什么?"(请将所给答案按重要顺序 1,2,3……填写在"□"中)

价格便宜□　　外形美观□　　维修方便□　　品牌有名□
经久耐用□　　噪声低□　　制冷效果□　　其他□

多项顺位法便于被调查者对其意见、动机、感觉等做衡量和比较性的表达,也便于对调查结果加以统计。但调查项目不宜过多,过多则容易分散,很难顺位,同时所询问的排列顺序也可能对被调查者产生某种暗示影响。

多项顺位式问答题的优点是便于回答,便于编码和统计,缺点主要是提供的答案的排列次序可能引起偏见。这种偏见主要表现在以下 3 个方面。

第一,对于没有强烈偏好的被调查者而言,选择第一个答案的可能性大大高于选择其他答案的可能性。解决办法是打乱排列次序,制作多份调查问卷同时进行调查,但这样做的结果是加大了制作成本。

第二,如果被选答案均为数字,没有明显态度的人往往选择中间的数字而不是偏向两端的数字。

第三,对于采取 A、B、C 字母编号而言,不知道如何回答的人往往选择 A,因为 A 往往与高质量、好等相关联。解决的办法是使用其他字母,如 L、M、N 等进行编号。

(6)矩阵式

将同类的若干问题及答案排列成矩阵,以一个问题的形式表达出来,并可用列表的形式。其优点是可以大大减少问卷的篇幅,如表 5-1 所示。

表 5-1　消费者对水质的态度调查

问　题	不注重	一般	注重	非常注重
您对生活水质的标准	□	□	□	□
您对水中微量元素的认识	□	□	□	□
您对生活用水与饮用水的差别	□	□	□	□
水质对衣物餐具的危害	□	□	□	□

在现实的调查问卷中,往往是几种类型的问题同时存在,单纯采用一种类型问题的问卷并不多见。

2. 答案设计的原则

为了保证问卷设计的质量,在设计问题答案时必须遵守以下原则。

(1)互斥性原则。互斥性原则是指每个问题中所有备选答案必须互不相容、互不重叠。其目的是为了避免被调查者在选择时出现双重选择的现象。

例如:您平均每月支出中,花费最多的是哪项?
①食品　②服装　③饮料　④日用品　⑤报刊　⑥娱乐　⑦其他
备选答案中食品和饮料属于包含关系,影响被调查者的选择。

（2）**完备性原则**。完备性原则是指所列出的答案应包括问题的全部表现，不能有遗漏。这是为了使所有被调查者都能在给定的备选答案中至少选择出一项适合自己回答的答案，不至于因所列出的答案中没有合适的答案而放弃回答。

例如：您家目前的收支情况是：

①较多节余　②略有节余　③收支平衡

对该问题若只设计以上三个备选答案就违背了完备性原则。这三个答案反映的都是"顺差"的情况，而对于"逆差"的情况却没有反映。因此，必须加上第四个答案"入不敷出"，这样答案才完备了。

3．问卷设计中的常用量表

在问卷调查中，除了上述一般问卷，人们还常常使用一种特殊类型的问卷，即量表。量表是一种测量工具，它试图确定主观的、有时是抽象的概念的定量化测量的程序，对事物的特性变量可以用不同的规则分配数字，因此形成了不同测量水平的测量量表，又称为测量尺度。

量表的主要特点有以下几点。

① 量表的主要作用在于能通过间接的、定量的方式测量那些难以直接观测和客观度量的人们的主观态度，特别是测量态度和观念的不同程度和差异。

② 量表通常由多项测量内容综合而成，也就是说，它测量的是变量的综合指标。

③ 量表通过对变量的不同变异赋予相应的分值，使不同选项能够反映变量变异的强弱，也就是说，量表所列指标的指标值必须以按一定强度顺序排列的分值来表示，这是量表和问卷等其他测量工具之间最大的区别。

量表在现代社会调查研究中应用十分广泛，其类型也多种多样。从内容上看，最主要和最常用的类型是态度量表，此外还有能力量表、智力量表、性格量表、工作成绩量表、社会地位量表等多种类型。从形式上看，目前最流行的是评比量表、总加量表、语义差异量表，下面就介绍这几种主要形式量表的应用。

（1）评比量表

评比量表是市场调查中最常用的一种量表。是对提出的问题，以两种对立的态度为两端点，在两端点中间按程度顺序排列不同的态度；由被调查者从中选择一种适合自己的态度表现。评比量表用不同的数值来代表某种态度，目的是将非数量化的问题加以量化，而不是用抽象的数值随意排列。

例如：某企业想要了解消费者对某产品的喜欢程度。

① 运用评比量表，拟定了 5 个阶段，画出相应的评比量表图，如表 5-2 所示（请在对应的数字上画"√"）。

② 通过市场调查，对回收的 1820 份有效问卷进行整理，得到的数据如表 5-3 所示。

③ 计算各段人数的比重及该品牌的平均得分，如表 5-4 所示。

表 5-2 评比量表

态度	非常喜欢	比较喜欢	一般	比较不喜欢	非常不喜欢
分数	1	2	3	4	5

表 5-3 市场调查汇总资料

态度	非常喜欢	比较喜欢	一般	比较不喜欢	非常不喜欢
分数	1	2	3	4	5
人数	346	578	410	348	138

表 5-4 市场调查汇总资料

态度	非常喜欢	比较喜欢	一般	比较不喜欢	非常不喜欢	合计
分数	1	2	3	4	5	—
人数	346	578	410	348	138	1820
比重（%）	19.01	31.75	22.53	19.12	7.59	100
合计得分	346	1156	1230	1392	690	4814

平均得分为：4814/1820=2.645

由此可知，消费者持非常喜欢、比较喜欢、一般、比较不喜欢、非常不喜欢态度的人占被调查者的比例分别为：19.01%、31.75%、22.53%、19.12%、7.59%，说明绝大多数消费者比较喜欢该产品，平均得分为 2.645，界于比较喜欢和一般之间。

应用评价量表时必须注意两点：

第一，应注意设计量表时的定量基础，并将调查得到的态度测量结果在定量基础上进行分析，判断其高低。

第二，应注意量表所测定的数量只说明态度的不同，并不说明其他。

（2）语义差异量表

语义差异量表又称语义分化量表，被广泛用于文化的比较研究、个人及群体间差异的比较研究及人们对周围环境或事物的态度、看法的研究等。

语义差异量表是设计一系列形容词和它们的反义词，作为极端对立的两端，在每一对形容词和反义词之间又设计若干等级（一般为 7~11 个），分别赋予一定分值，让被调查者选择，以此了解人们对观念、事物或人的态度和看法。

例如：某商场想要了解顾客对其的综合看法，采用语义差异量表进行测定，测定项目如下。

××商场

服务质量好：＿＿：＿＿：＿＿：＿＿：＿＿：＿＿：服务质量差
价格合理：＿＿：＿＿：＿＿：＿＿：＿＿：＿＿：价格不合理
商品品种全：＿＿：＿＿：＿＿：＿＿：＿＿：＿＿：商品品种少
购物环境好：＿＿：＿＿：＿＿：＿＿：＿＿：＿＿：购物环境差
商品质量好：＿＿：＿＿：＿＿：＿＿：＿＿：＿＿：商品质量差

① 由处于两端的两组意义相反的形容词构成,每一对反义形容词中间分为7个等级。

② 每一等级的分数从左至右分别为7、6、5、4、3、2、1,也可设计为+3、+2、+1、0、-1、-2、-3。

③ 被测量的概念或事物(如某一群体、某种问题、某个国家等)放在量表顶端。

④ 调查时要求被调查者根据自己的感觉在每一对反义形容词构成的量表中的适当位置画记号,如画"√"。

假如某人在问卷上标记,如下所示:

××商场

服务质量好:____:√:____:____:____:____:____:服务质量差
价格合理:____:____:____:√:____:____:____:价格不合理
商品品种全:____:____:____:____:√:____:____:商品品种少
购物环境好:____:____:____:√:____:____:____:购物环境差
商品质量好:____:√:____:____:____:____:____:商品质量差

由此可知,该被调查者对商场总评价得分为 6+4+3+5+6=24,综合评价满意度为68.57%(个人评价分/总分=24/35)。

(3)总加量表

总加量表主要用来测量人们对某一事物的看法和态度,主要形式是提供关于某一问题的若干陈述,每一陈述都设定不同等级的答案,其中的每一个答案都被赋予一个分值,由被调查者判断和选择。总的分值就可以说明被调查者的表态程度。例如:请根据你对下面20个问题的看法,选择相应的答案,1——完全不同意,2——有点不同意,3——无意见,4——有点同意,5——完全同意。

① 职工中工作做得非常好的,其工资应立即增加。
1□ 2□ 3□ 4□ 5□

② 管理人员应关心职工的工作条件。
1□ 2□ 3□ 4□ 5□

③ 管理人员应在人们当中尽力造成友好的气氛。
1□ 2□ 3□ 4□ 5□

④ 工作绩效高于标准的员工,应予以表扬。
1□ 2□ 3□ 4□ 5□

测试结果及意义:

① 如果你的得分为41~60分,说明你十分了解激励对于管理工作的重要性,并运用得很好。

② 如果你的得分为21~40分,说明你知道激励对于管理工作的重要性,但是做得还不够。

③ 如果你的得分为0~20分,说明你不知道如何激励员工,这是十分危险的。

四、综合评估和制作问卷

经过调查小组的努力,一份精心设计、科学论证的调查问卷初稿就完成了。但是进行数据收集之前,为了谨慎起见,还应该对问卷进行一次综合评估与修正,直到取得委托方、行业专家等多方认可,才能投入实际调查使用中。问卷编写评估包括以下步骤。

(一)检查问卷中的问题是否必要

问卷中应该有足够数量和类型的问题,以满足管理者决策的信息需求。每个具体的调查项目都应该有相应的提问,不能遗漏。而且,每个问题都必须服从一定的目的,要么是过滤性问题,用于甄别被调查对象的资格,与抽样方案设计中规定的样本单位要求一致;要么是培养兴趣的,引起被访者兴趣而愿意回答问卷中的问题;要么是过渡用的,要么直接或清楚地与所陈述的特定调查目标相关。如果问题不能达成上述目标中的一个,就是不必要的问题,应该删除。

(二)检查问卷的长度是否合适

问卷设计完成后,应该进行试答测试,判断回答的时间。一般根据不同的调查方式来确定问卷的合适长度。例如,街上拦截访问或电话访问,由于受环境影响,一般问卷设计不宜太长,最好把时间控制在 20 分钟内,否则,可能访问时遭拒绝的概率较高。而入户访问的问卷可以稍长一些,在 40 分钟左右,但要赠送的礼品价值要稍高一些。如果是一些专业性问题,必须访问一些行业专家,而且时间较长,就必须给受访者一定的报酬来获得配合。例如,调查医生、教师或其他职业人员,时间在 1 小时以上,一般可能要给相当金额的报酬。其他一般是赠送一些小礼品,如毛巾、袜子之类,而街头拦截到中心点访问,则要求选择一个环境优雅的场所,如咖啡厅、茶吧之类的地方,同时,还应给予一定报酬,才能获得被访者的配合。

(三)检查邮寄或留置问卷外观是否美观

邮寄或留置问卷是由应答者自行填写的,因此,问卷的制作上要特别注意外在的美观,外在美观是影响被访者是否愿意填写的一个重要因素。问卷一般要求格式规范、各部分间隔明显,应用高质量的纸印刷。如果要回收率高可以采用折叠信封式的样式,折叠起来是一封信,打开是一份问卷。方便作答和邮寄回来。

（四）检查问卷版面安排是否规范

问卷的四周要留有足够的空白、行间和列间不应太紧，以便访问人员或应答者选择适当的行或列，使各部分问题都非常明晰。

开放式问题应给回答者留下足够的空间，否则，得不到完整的信息。另外，还要考虑问卷的着色编码、字体。如果调查项目以访问特定群体的应答者为基础，则需要对问卷进行着色编码。例如，一球拍制造商将一种新材料制造的球拍样品分发给 300 个至少每周进行两次球类运动的人。抽取包括 3 组，每组 100 人，即羽毛球运动员、网球运动员和乒乓球运动员。尽管调查目的都在于球拍材料情况的评价，问题却因运动项目不同而变化，为了避免访问员混淆，可以将网球问卷设计成绿色，羽毛球问卷设计成蓝色，而乒乓球问卷设计成白色。各部分的字体大小、字体类型也可以不同。

（五）检查问卷测试结果是否正常

问卷设计好之后，并不能马上大量投入进行市场调查，必须进行预测，对预测结果进行分析，对于预测过程中发现设计不合理的问题或设计不完整的情况要进行修正。预测并不是简单的访问者之间相互模拟访问调查，而是真正的到目标调查对象中去，寻找小量的样本进行正式的市场调查，调查中发现问卷中的错误解释、不连贯的地方、不正确的跳跃模式等都可以进行重新设计。

（六）印刷装订问卷

问卷内容确定之后，进行问卷排版，检查问卷编码、问题编码和答案编码，以及问卷各部分是否有遗漏和错误。问卷的页数超过两页，就必须进行装订，以便访问员进行访问调查时携带。

市场调查新视界

问卷设计应遵循的原则

问卷调查是一项有目的的研究实践活动，无论一份问卷设计的水平高还是低，其背后必然存在着特定的研究目的。设计问卷前，首先，设计者要做好充足准备，与委托方进行充分沟通，明确其调查研究的主题是什么，需要通过调查获取的信息有哪些；其次，问卷设计者最关注的主要内容就是问题设计。下面就问题设计应该遵循的原则进行探讨。

1. 可问可不问的坚决不问

因为被调查者的时间有限，因此问卷容量是有限的。理想的调查问卷应该通过最少的问题获取最大的研究信息，因此，调查问题设计时可问可不问的坚决不问。

2. 无关研究目的的坚决不问

问卷设计必须紧紧围绕调查研究的目的而展开，是为委托方的需要获得的信息与数据服务的，千万不要本末倒置，与研究目的无关的问题坚决不问。

3. 创造性的设计问题

委托方的研究目的是抽象而宏观的，而要设计的问卷则是通过具体的提问将研究目的进行微观层面上的分解，因此，如何通过询问一个个背后有理论支撑与研究目的的问题来获取想要的信息，就需要问卷设计者在问题设置上下工夫了。

4. 逻辑性的设计问题

问卷调查研究是通过询问一个个问题来获取信息的，而人的思维并不是杂乱无章的，倘若所问的问题是突兀的、无逻辑的，不仅让回答者难以回答，等到后期进行问卷分析时，对于研究者而言，也是一个不小的麻烦。

问卷如何进行逻辑式的设计？研究主题的特征是抽象和宏观的，那么落实到具体的研究工作中则要想办法将其逐步地具体化。"逐步地具体化"就表明了研究工作是慢慢深入的，不可能一蹴而就，这也是和人的思维是类似的：人的认识是逐渐深化的，研究也是这样。所以我们之前的工作一定要做好，调查研究同伴之间的每一次讨论都应是有目的地讨论，明确最终的讨论结果，并记录在案，即大的层面上形成"研究共识"：研究应该涉及哪些方面。这样在后期设计问卷时，大家就可以围绕着所形成的研究共识展开问题的设计了。否则单打独斗式的设计虽然用时少，但也极有可能出现思维漏洞，而集体讨论则可避免这一缺陷，并且有时参加头脑风暴还可碰撞出个人不可能产生的思维火花。

复习与思考

一、简答题

1. 在设计调查问卷时应注意哪些问题？
2. 设计调查问卷的步骤有哪些？
3. 调查问卷的基本结构一般包括哪几个部分？
4. 问题的主要类型有哪些？
5. 在设计问题答案时必须遵守哪些原则？

二、思考题

1. 结合专业特点，选择你熟悉的一种商品，设计一份问卷。
2. 你认为调查问卷设计者至少应该具备哪些方面的知识？
3. 如果让你为企业调查项目设计一份问卷，你将从哪些方面入手，需要企业哪些支持？

案例分析

项目代号：syc09004

问卷编码：_____（ID001）

访员编号：_____（ID002）

卷烟市场研究项目
零售户调查问卷

访问地区：湖北省【填写序号+名称】_____ 地级市/省直辖市 ID003/
【填写序号+名称】_____ 县/区 ID004/【填写名称】_____ 镇/乡 ID005/

01	鄂州市	06	荆州市	11	天门市	16	孝感市
02	恩施州	07	潜江市	12	武汉市	17	宜昌市
03	黄冈市	08	神农架林区	13	仙桃市	18	恩施市
04	黄石市	09	十堰市	14	咸宁市		
05	荆门市	10	随州市	15	襄阳市		

受访者姓名：_____ ID006/
受访者联系方式：手机_____ ID007/
　　　　　　　　店中电话_____【必须填写区号】ID008/
所属地域：1. 城市　2. 农村　　　　　　　　　　　　　　　　ID009/
具体访问地点：_____ ID010/
访问时间：___月___日 ___:___ ～ ___:___ （用24小时制）
访问网点类型：ID011/

1 便利店　　　　　　2 超市　　　　　　　3 商场
4 食杂店　　　　　　5 烟酒商店　　　　　6 娱乐服务场所
7 其他

受访零售户等级：　　　　　　　　　　　　　　　　　　　　ID012/

1 一星级　　　　　　2 二星级　　　　　　3 三星级
4 四星级　　　　　　5 五星级

上月销量：_____ 条/月　　　　　　　　　　　　　　　ID013/

访问员承诺：
我清楚本人的访问态度对调查结果的影响；
我保证本份问卷的各项资料都是由我本人按照公司规定的访问程序进行访问和记录的，绝对真实无欺；
我知道若发现一份作假，本人访问的所有问卷将全部作废，并需对因此而给公司造成的损失做出赔偿。

访员签字：_____　访员中心：_____

问卷审核记录	
第一审核	
第二审核	
QC 审核	

零点市场调查公司　　2009 年 5 月

您好，我是零点公司的访问员。我们受某大型烟草厂家的委托进行一项有关烟草市场的研究，想通过了解市场上各种卷烟销售店的销售情况，来了解整个卷烟市场的基本状况及需求。这次研究在湖北抽取了2000多家像您这样的卷烟零售店访问。您是我们按照科学方法随机抽中的访问对象，您的看法和意见对我们的研究很重要。我们的访问大概需要20分钟，访问结束后我们将送您一份纪念品。非常感谢您对我们工作的支持。

G. 过滤题

G1. 请问您是本店铺/柜台的负责人吗？
是 …………………… 1 →【继续访问】
否 …………………… 2 →【请帮助找到店内负责人或联系约定另外的访问时间】

G2. 请问您从事卷烟的销售工作有多长时间了？　　　　　　　　　　　G001/
半年以下 ………………………………… 1
半年到一年 ……………………………… 2　　→【结束访问，表示感谢】

1～2（含）年 …………………………… 3
2～3（含）年 …………………………… 4
3～4（含）年 …………………………… 5　　→【继续访问】
4～5（含）年 …………………………… 6
5年以上 ………………………………… 7

G3. 请问您在过去六个月内有没有参加过任何形式的市场调查活动？
没有……　1　→【继续访问】　　有　　　　2　→【结束访问，表示感谢】

G4.【出示卡片 G4】请问您本人或您的家庭成员及与您非常亲密的朋友中，有没有在以下提到的地方工作或曾经工作过？
市场调查机构/咨询公司/公司的市场研究部门　　1
广告策划公司或公司的广告策划部门…………　2　→【终止访问】
电视、广播、报纸、杂志等媒体机构…………　3
以上都没有　　　　　　　　　　　　　　　　　4　→【继续访问】

G5. 您的店铺总体营业面积是多少？　　　　　　　　　　　　　　　　G002/
10平方米及以下 ………………………… 1
10～30（含）平方米 ………………… 2　　50～100（含）平方米 ……………… 4
30～50（含）平方米 ………………… 3　　100平方米以上 ……………………… 5

G6. 您的店铺2008年全年的卷烟销量是多少？_____条　　　　　G003/

A. 卷烟销售状况

A1. 请问2009年前4个月（1～4月份）您店中总共卖出多少条卷烟？_____ a001/
【1箱=3件；1件=50条；1条=10包】

A2. 其中，省内卷烟和省外卷烟的销量各占多少？省内烟____% a003/; 省外烟____% a005/

【两项相加为100%】

A3. 请问,您店里以整条形式和单包形式卖出卷烟的销量各占多少?整条___% a007/;单包____% a009/【两项相加为100%】

A4. 如果把过去一年的四个季度销量按照从大到小的顺序排序,您觉得应该怎么排?哪个季度销量排第一,哪个季度排第二?【填入表A4】【访员注意:如没有明显差异可并列排名,如二、三季度都排名为1,此时接下来的排名为3,而非2】

表 A4

季度	第一季度 (1~3月)	第二季度 (4~6月)	第三季度 (7~9月)	第四季度 (10~12月)
排名	a011/	a013/	a015/	a017/

A5a.【出示卡片A5a】与去年同期相比,您店中今年的卷烟销量有什么变化?a019/

卡片 A5a

有较大幅度增加	略有增加	保持不变	略有下降	有较大幅度下降
5	4	3	2	1

A5b.【出示卡片 A5a\A5b】与去年同期相比,您店中以下价位的卷烟销量发生了怎样的变化?

表 A5b/卡片 A5b

【将卡片A5a中对应的选项序号填入表A5b】a020/~a030/

单价【元/条】	与去年同期相比 变化状况	单价【元/条】	与去年同期相比 变化状况
22元以下	— a020/	87(含)~105	— a026/
22(含)~28	— a021/	105(含)~190	— a027/
28(含)~38	— a022/	190(含)~320	— a028/
38(含)~48	— a023/	320(含)~580	— a029/
48(含)~58	— a024/	580及以上	— a030/
58(含)~87	— a025/		

A6.【出示卡片A6】您店里一共销售多少种烟?_____种规格

具体地,您的店中出售以下哪些卷烟品牌/规格?【多选,圈选相应卷烟规格对应的序号。如表格中没有,请填写详细的名称】a031/ a032/……a081/

卡片 A6

序号	A6. 卷烟规格	序号	A6. 卷烟规格	序号	A6. 卷烟规格	序号	A6. 卷烟规格
01	大丰收（福临门）	22	红河（硬甲）	43	红河（硬66）	64	黄鹤楼（软蓝）
02	红三环（喜庆）	23	红金龙（硬佳品）	44	红金龙（硬红精品）	65	黄鹤楼（硬红）
03	五牛（绿）	24	红金龙（硬九州腾龙）	45	七匹狼（金）	66	黄鹤楼（硬雅香）
04	黄金龙（软精制）	25	红旗渠（银河之光）	46	红河（软88）	67	玉溪（硬）
05	红金龙（软虹之彩）	26	猴王（金）	47	娇子（X）	68	玉溪（软）
06	双叶	27	黄果树（佳品）	48	小熊猫（软红世纪风）	69	云烟（软珍品）
07	五牛（硬绿新）	28	黄山（硬一品）	49	中南海（5mg）	70	黄鹤楼（软红）
08	红金龙（硬喜）	29	七匹狼（豪情）	50	红金龙（软精品）	71	黄鹤楼（硬满天星）
09	红旗渠（软红）	30	三峡（WY20）	51	三峡（WX20）	72	黄鹤楼（软满天星）
10	红山茶（软）	31	真龙（娇子）	52	大红鹰（软新品）	73	玉溪（硬和谐）
11	红金龙（硬虹之彩）	32	中美（硬蓝12mg）	53	帝豪（硬金黄）	74	黄鹤楼（硬珍品）
12	红旗渠（长河之韵）	33	钻石（硬蓝）	54	红河（硬88）	75	中华（硬）
13	哈德门（精品）	34	红金龙（硬神州腾龙）	55	红金龙（硬红火之舞）	76	苏烟（软金砂）
14	红金龙（软蓝九州腾龙）	35	双喜（软国际）	56	红金龙（硬火之舞）	77	红河（硬V8）
15	红金龙（硬特制）	36	真龙（软娇子）	57	红塔山（硬经典100）	78	黄鹤楼（软论道）
16	红梅（软黄）	37	中南海（金8mg）	58	娇子（软阳光）	79	黄鹤楼（软珍品）
17	红梅（硬黄）	38	红金龙（硬特醇）	59	娇子（硬阳光）	80	中华（软）
18	黄金叶（世纪之光）	39	红双喜（硬）	60	云烟（软如意）	81	黄鹤楼（软漫天游）
19	石林（硬）	40	红塔山（软经典）	61	云烟（紫）	82	黄鹤楼（硬漫天游）
20	中南海（10mg）	41	红塔山（硬经典）	62	利群（新版）	83	黄鹤楼（软1916）
21	红河（软甲）	42	娇子（时代阳光）	63	黄鹤楼（硬金砂）	84	黄鹤楼（硬1916）

其他【请注明】_____

A7a.【出示卡片A6】您店中最近卖得最好的烟/畅销烟是哪几种？【限选5种，填上对应卷烟的序号】

_____、_____、_____、_____、_____   a082/a083/……a086/

A7b.【出示卡片A6】您店中哪些是卖不动的烟/滞销烟？【限选5种，填上对应卷烟的序号】

_____、_____、_____、_____、_____   a087/a088/……a091/

A7c.【出示卡片A6】您店中断货比较严重/进不来货的卷烟是哪几种？【限选5种，填上对应卷烟的序号】

_____、_____、_____、_____、_____   a092/a093/……a096/

A7d.【出示卡片A6】除了现在您店中出售的卷烟外，您还想卖哪些品牌的卷烟？【限选3种，填上对应卷烟的序号】

_____、_____、_____　　a097/a098/…a102/【如表中没有,请详细确认规格号,并填写规格名称和单包零售价格】

B. 公款（集团）采购状况

B1. 除了卖给一般的烟民（自己花钱买烟）外,您是否接触过公款（集团）采购卷烟的情形?【公款（集团）采购具有以下几个特征:1. 购烟量相对较大;2. 购烟款（费用）来自于社会团体/企业/组织等,而非购烟者自掏腰包;3. 卷烟的最终消费者一般为购烟团体/企业/组织内部的人,或者有其规定的用途,而非购烟者自用】　　　　b001/
　　是…………　　1　→【继续访问】　　　否…………　　2　→【跳答至C1】

B2. 您店中最近一次接待的公款采购,一次的采购量和采购金额分别是多少?
_____条 b003/; _____元 b005/
【出示卡片B2】采购卷烟的价位是多少钱的?【圈选】　　　　　　　　　　b007/

卡片B2

单价【元/条】b007/		单价【元/条】b007/	
22元/条以下…………………………	01	87（含）～105元/条………………	07
22（含）～28元/条…………………	02	105（含）～190元/条………………	08
28（含）～38元/条…………………	03	190（含）～320元/条………………	09
38（含）～48元/条…………………	04	320（含）～580元/条………………	10
48（含）～58元/条…………………	05	580元/条及以上……………………	11
58（含）～87元/条…………………	06		

B3.【出示卡片A6】这种公款采购的卷烟,一般主要集中在哪几个品牌/规格?
_____、_____、_____　　【限选三项】b009/ b011/ b013/

B4.【出示卡片B4】什么性质的单位采购比较多?
【限选三项,将选项序号写在横线上】_____、_____、_____ b015/ b017/ b019/

卡片B4

政府机关……………………	01	三资企业……………………	05
事业单位……………………	02	私营企业……………………	06
国有企业……………………	03	社会团体……………………	07
集体企业……………………	04	其他【请注明】_____	

B5. 一般情况,这样的公款采购您店中一年能碰到几次?_____次【保留到个位】b021/

B6. 一年当中,您店中公款采购的销量占到您店总销量的比例是多少?_____% b023/
公款采购的销售额占到店总销售额的比例呢?_____% b025/【保留到个位】

C. 卷烟价格波动状况

C1.【出示卡片A6】最近5个月,您店中哪些卷烟的整条零售价格发生过变化?
【多答,将卷烟序号填入表C1】c001/～c008/

C2a.【针对前一题提到的每一规格依次询问】这个卷烟规格价格是上涨了还是下降了?

【填入表 C1】c009/~c016/

C2b. 【出示卡片 C1/C2】该卷烟规格零售价格变动的主要原因是什么?

【限选三项，填入表 C1】c017/~c040/

表 C1

C1. 卷烟规格	C2a. 变化状况	C2b. 变化原因
_____C001	1. 涨价；2. 降价　　c009	____、____、____　c017/ C018/ C019/
_____C002	1. 涨价；2. 降价　　c010	____、____、____　c020/ c021/ c022/
_____C003	1. 涨价；2. 降价　　c011	____、____、____　c023/ c024/ c025/
_____C004	1. 涨价；2. 降价　　c012	____、____、____　c026/ c027/ c028/
_____C005	1. 涨价；2. 降价　　c013	____、____、____　c029/ c030/ c031/
_____C006	1. 涨价；2. 降价　　c014	____、____、____　c032/ c033/ c034/
_____C007	1. 涨价；2. 降价　　c015	____、____、____　c035/ c036/ c037/
_____C008	1. 涨价；2. 降价　　c016	____、____、____　c038/ c039/ c040/

卡片 C1　涨价的原因列表

烟草公司供货不足…………………………	01	集市货源少…………………………………	05
烟草公司进货价格上涨………………………	02	集市价格上涨………………………………	06
卷烟大户所售卷烟价格上涨…………………	03	畅销，自己调高价格…………………………	07
无烟证商户所售卷烟价格影响………………	04	竞争产品退出………………………………	08
其他【请注明】_____			

卡片 C2　降价的原因列表

烟草公司供货充足…………………………	01	集市货源充足………………………………	06
烟草公司进货价格下降………………………	02	集市价格下降………………………………	07
卷烟大户所售卷烟价格下降…………………	03	非渠道（非法）卷烟流入……………………	08
无烟证商户所售卷烟价格影响………………	04	滞销，自己下调价格…………………………	09
回收资金流、清仓出货………………………	05	竞争产品加入………………………………	10
其他【请注明】_____			

C3.【出示卡片 A6】有哪些卷烟出货利润很低甚至不赚钱?

【限选三项，将卷烟序号写在横线上】_____、_____、_____ c041/ c043/ c045/

S 部分　满意度

S1. 【出示卡片 S1】总体上看，您觉得今年的烟草生意与往年比，是更好做了，还是更不好做了? 　　　　　　　　　　　　　　　　　　　　　　　　　　　　s001/

卡片 S1

	好多了	好做些	一样	不好做了	差多了	说不清	原因
经营环境满意度	5	4	3	2	1	9	——

【回答为 1 和 2 的要追问原因】您觉得哪些方面差了/不好做了？　　　　　　s003/

S2.　【出示卡片 S2】在卷烟供应的各项内容中，请您对以下各方面进行评价，5 分为满意、4 分为比较满意、3 分为一般、2 分为不太满意、1 分为不满意，说不清为 9。

卡片 S2

卷烟供应各项内容		满意	比较满意	一般	不太满意	不满意	说不清
一次订货总量的限制	s005/	5	4	3	2	1	9
提供卷烟品牌的丰富性	s006/	5	4	3	2	1	9
紧俏卷烟分配的透明度	s007/	5	4	3	2	1	9
紧俏卷烟分配的公平性	s008/	5	4	3	2	1	9
对高档烟的供应情况	s009/	5	4	3	2	1	9
对中档烟的供应情况	s010/	5	4	3	2	1	9
对低档烟的供应情况	s011/	5	4	3	2	1	9
根据以上各方面的情况，请对卷烟供应进行总体评价	s012/	5	4	3	2	1	9

S3.　【出示卡片 S3】在卷烟配送的各项内容中，您对以下各个方面的评价是满意、比较满意、一般、不太满意还是不满意？

卡片 S3

卷烟配送各项内容		满意	比较满意	一般	不太满意	不满意	说不清
卷烟订货的便利性	s013/	5	4	3	2	1	9
卷烟配送的及时性	s014/	5	4	3	2	1	9
卷烟配送的准确性	s015/	5	4	3	2	1	9
卷烟保管的完好性	s016/	5	4	3	2	1	9
根据以上各方面的情况，请对卷烟配送进行总体评价	s017/	5	4	3	2	1	9

S4.　【出示卡片 S4】在服务工作的各项内容中，您对以下各个方面的评价是满意、比较满意、一般、不太满意还是不满意？

卡片 S4

服务工作的各项内容		满意	比较满意	一般	不太满意	不满意	说不清
烟草公司服务态度	s018/	5	4	3	2	1	9
烟草公司服务效率	s019/	5	4	3	2	1	9
意见投诉渠道和处理	s020/	5	4	3	2	1	9
维护市场规范性的水平和效果	s021/	5	4	3	2	1	9
根据以上各方面的情况，请对服务工作进行总体评价	s022/	5	4	3	2	1	9

S5.【出示卡片 S5】就您和烟草公司的接触过程来看，请您对与烟草公司接触的总体感受进行评价。5 分为满意、4 分为比较满意、3 分为一般、2 分为不太满意、1 分为不满意，说不清为 9。s023/

卡片 S5

	满意	比较满意	一般	不太满意	不满意	说不清	原因
总体满意度	5	4	3	2	1	9	—

【2 分及以下要追问原因】您感觉不满意的原因主要有哪些？　　　　　　　　s025/

S6. 您在经营卷烟生意的过程中还遇到哪些困难或不如意的地方？　　　　　s027/

_____

_____

为了感谢您的合作，我们准备了一个小礼品，请您收下，谢谢！

讨论问题：

1. 以上问卷主要调查目的是什么，你能从问卷设计的问题中作出推断吗？
2. 讨论这份问卷结构是否完整。你认为哪些方面设计比较好？
3. 你认为这份问卷还有需要改进的地方吗？

【实操训练 5】 设计调查问卷

1. 实训目的

（1）掌握访问问卷的设计的基本思路和方法。
（2）掌握根据企业特定的营销决策、特定的调研需求设计收集信息的问卷。
（3）培养学生专业综合应用能力。

2. 实训条件

（1）不同类型的专业调查问卷样本。
（2）专业教师对于问卷设计有一定经验，能针对相关问题进行专业指导。

(3)企业能配合问卷设计的全过程。
(4)学生要利用一定的课余时间完成部分工作,此任务1周内完成。
(5)学生能熟练运用office等办公软件。

3. 实训任务

任务编号	任务名称	任务准备	任务执行明细	任务成果	评价标准
T501	设计问卷的问题与答案	研读调研方案,进一步明确要收集的信息	(1)明确要通过问卷收集的信息内容 (2)学习专业调查问卷样本 (3)设计问卷的问题 (4)决定问卷的用词 (5)设计问卷的答案	调查问卷初稿	问题对于收集信息的作用是否明显 占本任务总分的30%
T502	确定问卷的组织与安排	团队成员分工协作,共同设计一份完整的问卷,并对其他成员的设计做出评价	(1)将过滤性问题放在前面 (2)设计一个能引起应答者感兴趣的问题开始访谈 (3)按类别分版块放置各种问题 (4)处理难度较大的、思考性的问题 (5)在关键点插入提示 (6)把敏感性、威胁性问题和个人背景信息放在最后	调查问卷修改稿	问卷编排是否合理 占本任务总分的40%
T503	综合评估和制作问卷	熟悉专业调查问卷	(1)检查问卷中的问题是否必要 (2)检查问卷的长度是否合适 (3)检查问卷版面设计是否符合规范 (4)对问卷进行预先测试并适当修正 (5)印制问卷	调查问卷定稿	(1)问卷的总体商业价值 (2)可行性 占本任务总分的30%

4. 实训评价

(1)根据上表中的各项要求来评价学生的表现。
(2)在设计问卷问题及答案的环节,要注重考查问题及选项的商业价值,每个问题及选项对于收集有价值的商业信息的作用。
(3)对于问卷质量的控制与评价,可以参考各方意见。如企业市场部门的意见、专业调研公司项目督导的意见、被访者的意见等。

【学生实训成果示例】

市场调查问卷

问卷调查情况统计表

任务 6

组织实施市场调查

任务目标

知识目标

1. 了解访问员队伍组建的过程；
2. 掌握访问员培训的主要内容；
3. 了解督导的基本素质要求与职责；
4. 掌握入户访问和街头拦截访问的基本知识。

能力目标

1. 能够开展实际市场调查访问活动；
2. 能够管理与控制市场调查项目实施。

案例导入　　　　　访问员的招聘与培训

湖南省长沙市新美德市场调研有限责任公司在进行访问员招聘时，实行两次招聘制，即每半年进行一次访问员的招聘活动。招聘访问员经面试、筛选与签署兼职访问协议，接受调研公司安排的一定时间的基础培训后为其建档，成为调研公司的备选访问员（A级访问员），公司建立了动态的访问员储备库，这被称为第一次招聘。在调研公司操作项目时，根据具体项目要求从访问员储备库中选取适当级别的访问员，并与选中的访问员签署有关项目操作的协议，这被称为第二次招聘。

访问员招聘的对象主要为长期合作的大、中专院校在校学生，公司优先聘用营销专业的学生作为访问员。调研公司将访问员划为A、B、C、D、E 5个等级。接受了基础培训成为 A 级访问员，这个级别的访问员只能从事一些简单的调研活动，如甄别拦访工作，或者在陪访督导的陪同下进行问卷的街访工作。他们的工作都会被记录并有相关督导给出评价，在参与两三个项目之后，表现优秀者再接受专项培训，可升为 B 级访问员。B 级访问员较 A 级访问员在业务上有较大提升。而当 B 级访问员工作一定时间后，参与多个项目表现优秀的人员再经过公司高级培训，晋升为 C 级访问员。C 级访问员参与若干项目表现优秀者经过强化培训，晋升到 D 级。当访问员达到 E 级时，已经积累了丰富的访问经验，经过了多次深度培训，具有一定自我学习能力。

思考

1. 访问员招聘的基本程序是什么？
2. 为什么调研公司大量招聘兼职访问员，而不设立专职访问员职业岗位？

理论指导

经过前面的学习与实践，我们已经完成了市场调查方案设计、选定了适当的调查方式、确定了合适的调查方法并制作好了调查问卷，接下来就要进行市场调查资料收集工作，即开始组织实施市场调查活动。一个好的调查方案只有付诸实施，才能保证调查目标的达成。

组织实施市场调查的关键是拥有一支高素质、高效率、快速反应的市场调查人员队伍。因此，招聘访问员、培训访问员、管理与控制市场调查现场就成为市场调查实施的主要工作内容。

一、访问员队伍的组建

（一）建立访问员队伍的标准

只有明确了组建访问员队伍的标准，才能在访问员队伍建设中有针对性地展开工作。一支好的访问员队伍的标准大致可以从以下几个方面来加以衡量。

1. 访问员的数量

访问员数量主要根据公司业务状况来确定，访问员数量过多或过少都不利于访问员队伍的建设。一般一个调查业务每年为100个项目，调查区域主要在省内的公司，按每次需要调查人员20人左右计算，可以储备500名左右的访问员。

2. 访问员队伍结构

（1）访问员队伍的等级结构，即不同等级的访问员数量。前面案例中提到访问员可以分成A、B、C、D、E 5个等级，有的公司也分初、中、高级访问员。一般来讲，在访问员队伍中，高、中级的访问员数量应该占绝大多数，这样可以承接一些复杂性的调查项目，保证调查工作的质量。

（2）访问员队伍的文化层次结构，即不同文化层次的访问员数量。目前访问员队伍中，主要是以在校大学生居多。一般而言，访问员的文化层次应尽可能在高中以上，否则会影响访问质量和对访问要求的理解。

（3）访问员队伍的来源结构，即不同来源的访问员数量。为了保证不同类型项目的顺利进行，在招聘访问员时，应该考虑从不同的途径和渠道招聘访问员。目前，主要来源是当地大学、职业院校的在校大二、大三学生，下岗职工，但有的项目需要行业专业人士参加，因此，需要在访问员队伍中适当储备一些兼职的行业人士。比如，在访问员队伍中可以有一些医务工作者和教育工作者，这样对于一些特殊类型的项目就可以克服进入的障碍。

3．访问员可用于现场工作的时间

在招聘访问员时，必须要求访问员详细登记他们的空余时间，主要包括在1周的什么时间有空闲，1周有多少空余时间，等等。一般来讲，一支好的访问员队伍，访问员的空余时间基本上能够均匀覆盖现场工作时间。

4．访问员对现场工作和公司的认同度

一支好的访问员队伍，其中绝大多数的访问员应该对现场工作和公司有很强的认同度。只有认同公司，才能自觉接受公司的文化和管理制度，才能树立信念和信心，在现场实施中克服各种困难，完成工作。

（二）访问员的基本要求

访问调查实际是一项复杂的工作，需要与不同文化层次、不同职业、不同个性特征的人打交道。需要较高的基本素质和职业道德精神，才能做好这项工作。

招聘访问员时要考虑一些基本条件，通过培训，使访问员能够达到以下基本要求。

1．外表形象和善，有较高的亲和力；
2．为人诚实可靠，有高度的责任感；
3．工作认真细致，能服从督导安排；
4．有较好的人际交流沟通能力；
5．有较强的逻辑思维和理解问卷的能力；
6．有灵活运用访问技巧的能力；
7．有较好的文字记录能力；
8．有较好的心理素质和抗挫折能力。

（三）招聘访问员的程序

访问员的工作直接关系到调查资料和调查信息的质量，访问员招聘必须按照规范程序进行操作，才能保证招聘到合格的访问员。一般包括以下5个步骤。

刊登招聘启示 → 报名和面试 → 基础培训 → 基础考核 → 试用访问

1．刊登访问员的招聘启事

通常由访问员督导到当地大、中专院校和居委会张贴和分发招聘启事，或者到各求职中心填写招聘要求，也可以在求职报上刊登广告，现在网络招聘非常发达，更多的调研公司在招聘网上发布招聘信息。一般在招聘启事上需要写明招聘访问员的目的、访问员工作的简单描述、应聘访问员的基本要求、应聘方式、联系方式、联系时间和联系人。

到大学招聘时一般考虑如下因素。

① 专业背景：通常调查公司倾向于选择文科类专业的同学，特别是心理学、社会学、市场营销专业的学生。

② 性格特征：通常调查公司优先考虑性格外向、反应快、语言表达能力较好的同学，特别是在一些方言地区开展调查，要求访问员不仅要普通话好，还要会当地方言。

③ 品质背景：通常招聘那些在校表现优秀、品质较好的学生。特别是一些家庭条件困难，肯吃苦耐劳，希望通过调查工作锻炼自己意志的学生。

④ 经验背景：通常有一定社会实践经验，特别是参加过调查实践的人更好。

⑤ 性别：由于青年男性在入户访问或其他场合给受访者造成较多的不安全感，因此，公司通常招聘女性访问员为主，当然，这并不代表不用男性访问员，如一些异地访问、晚上访问、农村地区访问，可能男性访问员更合适。

2．访问员报名和面试

让应聘者通过电话或网上报名，并预约面试时间。面试是筛选访问员的第一道程序，首先，让应聘者填写个人基本信息，即访问员应聘登记表（表6-1），通过填写登记表可以了解应聘者的基本情况及书写能力。然后，由访问员督导与其进行交谈，通过交谈可以了解其基本素质，交谈的内容可以参考访问员基本素质要求。最后，由面试的督导填写访问员面试记录表（表6-2），确认初步合格后，通知其参加基础培训的具体时间。

表6-1　访问员应聘登记表

访问员编号：

姓名：	性别：	年龄：	照片
出生年月：	文化程度：		
联系电话：（家庭）　　　（手机）			
现在住址：			
单位/学校名称：	职务：		
具体通信地址：	邮编：		
身份证号码：			
个人简历：			
爱好特长：			
每周可兼职的时间：	可兼职的区域：		
家庭主要成员及职业：			
公司意见：			

经手人签字：
　　　年　月　日

入档时间：　年　月　日

表 6-2　访问员面试记录表

被面试人姓名：

他/她在以下方面适合做访问员的情况		非常合适 3 分	比较合适 2 分	一般 1 分	不合格 0 分
	外表印象				
	仪表、礼貌				
访问部分	吐字清楚程度及音量 读字的节奏流畅 读题的完整性 应变能力				
自我介绍	表述能力 态度、神情 亲切感、信任感 陈述的详尽程度				
其他适合条件	动机是否适合 时间方面是否适合 勇敢性是否适合 毅力责任感是否适合 理解访问员工作性质				
总的来说他/她是否适合做访问员					
面试人记录：					

面试督导签名：　　　　　　　　　　　　　　　　　　　　日期：　年　月　日

3．基础培训

基础培训是访问员的入门培训，其目的是帮助访问员了解公司文化、理念、现场工作的意义、现场工作的快乐和辛劳、介绍和描述现场工作的一些基本技能。

4．基础考核

基础培训后，由访问员督导分批通知参加过基础培训后的应聘者进行基础考核。考核主要分为笔试和口试两部分。基础考核的目的是为了发现基础培训是否达到预期的目的和效果，同时再次筛选应聘者，从中录用真正合格的应聘者。

5．试用访问

基础考核通过者可编号录用，但是这批访问员必须经过试用期后才能成为正式访问员。在试用期间，如果发现有的访问员不能胜任访问工作，必须让其重新接受基础培训和考核。

二、访问员的培训

培养一个优秀的访问员需要经过培训、实践、再培训、再实践的过程。具体来说就是要对访问员进行基础培训、技能培训、技巧培训、项目培训。

基础培训是指访问员被任用后，所接受的最开始的入门培训，是访问员队伍建立的重点，需要投入大量的时间和精力。一般基础培训的时间不少于 7 个小时，主要内容包括行业的基本知识、工作准则、访问的基本要求等方面。

（一）培训准备

1. 选择一个足够大的空间

培训的地点可以是公司的会议室或培训教室，必须能够满足受训访问员与培训督导、其他陪同培训的人员及访问员之间进行互动。通常采用圆桌式安排座位，使每个访问员在模拟示范时都能相互看到，座次安排如图 6-1 所示。

2. 配备投影仪或者多媒体设备

培训督导的一些讲授内容、以前访问的现场照片、模拟中一些错误的访问行为都可以通过多媒体演示出来，使培训具有可视性，引起访问员的兴趣和注意。

3. 准备签到表及访问员培训资料

因为访问员多数为在校大学生，因此，培训时间通常安排在晚上。必须提前通知落实是否能来，通知时语气要专业，让他们感到是公司给的机会，应该珍惜。访问员名单一经确定，就要严格按公司制度管理，明确培训纪律。准备访问员签到表、基本问卷、访问员工作守则、访问员基本协议、督导培训教材、公司简介、入户情况登记表和抽样地图、其他草稿纸和笔分发到每个参加培训的学员手中。

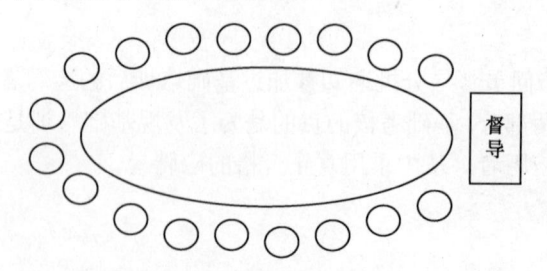

图 6-1 访问员培训座次安排

（二）培训内容与方法

访问员培训的主要内容包括基础培训、技能培训、技巧培训和项目培训4个方面，每个方面又有许多具体的内容和要求，不同内容培训的方法也有一些差异，主要采取集中讲授、模拟示范和个别指导相结合的方法。访问员培训的内容与方法如表6-3所示。

表6-3 访问员培训的内容与方法

培训内容		培训方法
基础培训	（1）本公司基本情况简介 （2）市场调查的基本知识 （3）如何确定访问对象 （4）市场调查问卷的性质 （5）访问员态度和行为准则 （6）受访者的心态把握 （7）如何处理访问中发生的特殊情况	（1）集中讲授：基本知识由督导讲授 （2）模拟示范：具体问题结合问卷进行模拟示范，由督导充当被访者，访问员进行现场访问，演练过程以录像记录下来供大家分析，发现问题。全部演练完成后进行培训总结
技能培训	（1）如何使用接触表 （2）如何使用随机表 （3）如何提问和追问 （4）如何记录受访者的答案	（1）集中讲授：由督导结合案例进行讲解 （2）模拟示范：结合调查问卷进行模拟示范，以录像记录模拟演练全过程，最终分析总结，发现问题及时纠正
技巧培训	（1）访问前的技巧 （2）访问中的技巧 （3）访问结束时的注意事项	（1）模拟示范：由督导作为被访者，访问员访问时督导进行指导 （2）个别指导：由经验丰富的访问员在现场进行指导，如陪访员进行现场指导
项目培训	（1）针对具体的调查项目进行的培训 （2）该项调查项目的内容和调查目的 （3）该项调查项目的问卷结构、问卷的内容 （4）该项调查项目的调查时间、调查步骤和调查注意事项	（1）集中讲授：由督导交代本次调查的任务、要求，配额分配，完成时间 （2）个别指导：由督导陪同试访问后，发现问题进行指导 （3）加强管理：在特定调查项目实施现场督加强对访问员的监督，并对交回的问卷及时复核，实施过程监控

（三）基础培训的操作

1. 培训督导自我介绍

培训督导通过介绍姓名、职务、主要工作及公司联系方式，拉近与访问员之间的距离，营造一种轻松、愉快的培训气氛。

2. 访问员自我介绍

自我介绍可以自由发挥，但鼓励大家多介绍自己的方方面面，充分体现口头表达能力。

介绍时可以做一种游戏,让访问员记住同伴的姓名。游戏可以这样设计:以督导为参照,从右手边开始,顺圆桌座次按逆时针方向进行介绍,每个人先必须按顺序说出他(她)前面所有介绍过的人的姓名,再介绍自己。比如,第一个介绍:我是张三丰……;第二个介绍:我是张三丰右边的李二小……;第三个介绍:我是张三丰右边的李二小右边的王六一……;第四个介绍:我是张三丰右边的李二小右边的王六一右边的赵宁……依次类推进行介绍,直到最后一位。通过这种方式一方面考查受训人员的记忆力,另一方面增强彼此之间的交流与沟通。

3．公司基本情况介绍

介绍公司成立时间、业务范围、发展规模、人员构成、在行业内的竞争力,公司的文化、管理制度。让访问员认可公司,对公司充满信心和信任,以能加入公司为荣。

4．现场讲解

讲解访问类型及流程、注意事项和访问技巧。如入户访问、街访等;问卷的各种题目类型、操作方法和技巧、访问记录方式。

5．模拟访问

督导员充当被访者,多出难题,多设圈套,培训访问员的应变能力和解决问题的能力;每位访问员都必须通过模拟访问才能上岗进行正式访问。

6．讲解访问员工作要求

(1) 树立正确观念

访问员的职责是用专业知识和技巧,以严谨的态度去收集市场信息。一个职业的访问员应该建立下列观念。

① 保持积极的访问心态,认识到访问是有意义的工作。市场研究是通过收集消费者的意见,使企业可以不断改良产品和服务,更好地为广大消费者服务。访问员恰恰是主要资料的直接收集者,是市场研究最关键的环节。因此访问员承担的工作是一项极富意义的工作。

② 坚持规范的访问态度,认识到真实的信息才是有用的。实行标准的访问规范可以保证访问质量,保证所取得的信息真实地反映消费者自己的意见,真实的才是有用的。

③ 树立整体的访问观念,认识到只有相互沟通才能共同进步。每一位访问员都是整个项目的有机组成部分,其工作的质量直接影响到整体的工作水准。在工作中要服从督导的安排,多与督导沟通,共同克服困难,以便做好每一次访问。

(2) 遵守访问准则

访问员直接与受访者接触,其言行与态度直接影响受访者对问卷的理解。为了减少人为的影响,确保调查结果的准确性,制定严格的访问准则是非常必要的。访问员在进行现场访问时必须做到以下几点。

① 必须保持客观和中立的态度,不能掺入个人的意见和观点来影响受访者;

② 不要携带任何与研究无关的产品去做访问；

③ 客观地询问受访者本人，不要妄自推测受访者的回答，让受访者"同意"自己的看法，即不要想当然；

④ 只要被访者理解题意，给出的答案无对错之分，要按照统一规范的方法进行访问；

⑤ 完全按照问卷上打印的问题次序，逐字逐句地提问。

案例启示

普瑞辛格调研公司给《中国财富》出示了两组数据，来说明调研的严谨性。同样的调研问卷，完全相同结构的抽样，两组数据结论却差异巨大。国内一家知名的电视机生产企业，2004年初设立了20多人的市场研究部门，就是因为下面的这次调查，部门被注销、人员被全部裁减。

调查问题：Q_n 列举您会选择的电视机品牌。

其中一组的结论是：有15%的消费者选择本企业的电视机；另一组得出的结论却是：36%的消费者表示本企业的产品将成为其购买的首选。巨大的差异让公司高层非常恼火，为什么完全相同的调研抽样，会有如此矛盾的结果呢？公司决定聘请专业的调研公司来进行调研诊断，找出问题的真相。

普瑞辛格的执行小组受聘和参与调查执行的访问员进行交流，并很快提交了简短的诊断结论：第二组在进行调查执行过程中存在误导行为。调研期间，第二组的访问员佩戴了公司统一发放的领带，而在领带上有本公司的标志，其标志足以让被访问者猜测出调研的主办方；其次，第二组在调查过程中，把选项的记录板（无提示问题）向被访问者出示，而本企业的名字处在候选题板的第一位。以上两个细节，向被访问者泄露了调研的主办方信息，影响了消费者的客观选择。

这家企业的老总严肃批评调研部门的主管："如果按照你的数据，我要增加一倍的生产计划，最后的损失恐怕不止千万。"

从这则案例看出，访问员必须严格遵守访问守则，不能在行为和态度上有任何的诱导、暗示倾向，否则将影响调查结果的准确性，最终导致调查结果的失真，而给决策者提供错误信息，影响决策效果。

（四）访问技能培训

访问员的基本技能包括如何使用接触表、如何找到受访者、如何提问、如何追问、如何记录受访者的答案。

1. 如何使用接触表

接触表是用来记录与受访者接触情况的表格，根据项目类型的不同分为入户接触表（表6-4）、街访/中心地设点接触表、电话接触表，各类表格的内容大同小异，这里主要介绍入户接触表的使用。

入户接触表又称入户登记表或地址表，它是按事先经过科学抽样方法抽取的，按一定要求抄录的一定数量的受访者地址。它关系到样本的代表性，所以访问员必须正确使用，即按地址表顺序逐户访问，不得打乱地址顺序挑选访问或随意涂改地址；每访问一户必须填写相应的入户情况。

表6-4　入户接触表

区属名称：<u>香樟路居委会</u>　地址块编号：<u>43</u>　项目名称：<u>某日化用品消费者行为调查</u>

访问员姓名：<u>王二小</u>　　访问员编号：<u>003</u>　项目编号：<u>095386</u>

序号	样本详细地址	未成功访问										成功访问				
		住户原因				被访者原因											
							拒访											
		无人在家	住户拒访	不是居民户	其他	被访者不在家	男	女	符合条件但配额已满	过滤不合格	中断访问	其他	男	女	受访者姓名	受访者电话	访问日期	其他
1														√	文	85316—	2015—09—07	

入户情况通常包括两大类：未成功访问和成功访问。

（1）未成功访问的处理

未成功访问又分为住户的原因和被访者的原因。

① 住户原因。

　　a．无人在家。通常在敲一户人家的门时，如果确认没人在家，并不是简单放弃这个地址，而是要记录敲门的日期，另外还要安排两次不同时间的敲门。要注意一天内同一户不能超过两次。经过三次不同时间敲门后确实无人在家，才可放弃该地址。

　　b．住户拒访。有人在家，但拒绝访问。

　　c．不是居民户。地址上的住户是单位、铺面等。

　　d．无法接触。地址上的住户无法接触，如有密码门、门卫不让进等。

② 被访者原因

　　a．拒访。找到合格的被访者，但拒绝访问。

　　b．配额已满。被访者同意接受访问，但此类人的配额已做满。

　　c．中断访问。由于访问时间太长，或者受访者临时有事中断访问。

　　d．被访者不在家。符合条件的被访者不在家，可与其他家人预约时间。

　　e．过滤条件不符合。被访者条件不合格。

　　f．其他。合格的被访者外出，无法预约等。

（2）成功访问的记录

对符合条件的、能够接受访问的被访者，要记录相应的被访者姓名、性别、问卷编号、访问日期及电话号码等。

任务 6
组织实施市场调查

案例启示

湖南省新美德市场调查公司承接了一项关于"某日化用品消费者行为调查"的调研项目，该项目调查范围在长沙，采取随机抽样方式、入户访问方法进行调查。

① 第一次抽样：抽样框由城区五个区共 306 个居委会的名单组成（开福区 77 个居委会、芙蓉区 58 个居委会、雨花区 67 个居委会、天心区 65 个居委会、岳麓区 39 个居委会）。将 306 个居委会名单进行编号，并按编号顺序排列，采取等距离抽样方式，随机抽取第一个居委会名单后，再按 28 的间距进行抽取。共抽取了 25 个居委会，组成了新的抽样框，如表 6-5 所示。

表 6-5 抽样框

城区	抽取居委会名称		
1 芙蓉区	1. 东牌楼居委会	2. 韭菜园居委会	3. 燕山街居委会
	4. 晓园居委会		
2 天心区	1. 天心阁居委会	2. 路边井一居委会	3. 涂新居委会
	4. 目莲冲居委会	5. 东瓜山二村居委会	6. 梅岭居委会
3 岳麓区	1. 牌楼口居委会	2. 湖西居委会	3. 望新小区管委会
	4. 麓山门居委会		
4 雨花区	1. 赤岗二居委会	2. 内配居委会	3. 香樟路居委会
	4. 下麻园湾居委会	5. 体院路居委会	6. 官塘冲居委会
5 开福区	1. 长化居委会	2. 建湘新村一居委会	3. 东风三村居委会
	4. 九尾冲居委会	5. 三角塘居委会	

② 第二次抽样：将按第一次抽取的居委会组成的抽样框名单来收集居民户名单，建立以居民户名单和住址地图组成的抽样框，从该样本框中按各居委会居民户总数量进行等比例抽样，抽出各居委会应访问的居民户配额。

假定第二次抽样中正好抽到了民政学院 6 栋 602 室，这时访问员根据抽样调查员提供的样本名单和地址，就可以进行入户访问。

③ 入户访问接触登记，入户访问成功后要进行入户登记，以为审核配额提供依据。

2. 如何使用随机表

一般的研究要求，在一个抽样地址中只确定并实施一个具体的访问对象。而实际项目操作过程中，一个抽样地址可能同时存在若干名符合项目要求的潜在被访者，为避免人为因素的影响，需要采用随机表按随机原则确定该抽样地址中唯一的、最终的被访者。

通常采用的抽取方法为随机表抽样，以下举例说明随机表的使用方法，如表 6-6 所示。

141

表 6-6　随机表

编号	与本人关系	年龄	性别	\multicolumn{10}{c}{请顺着已圈好的号码向下找，并在与最小成员相对应的号码上画圈}
	年龄为18～55周岁的家庭成员			1	2	3	④	5	6	7	8	9	10
1	父亲	55	男	1	1	1	1	1	1	1	1	1	1
2	母亲	50	女	2	1	1	2	1	2	2	1	2	1
3	本人	27	男	3	2	1	2	1	3	1	3	2	3
4	妹妹	20	女	4	1	2	③	3	4	1	2	4	2
5				5	4	3	1	2	2	3	4	5	1
6				6	5	1	2	4	3	1	4	5	6
7				7	1	4	3	6	2	5	3	1	2
8				8	4	5	7	1	2	6	2	8	3
9				9	3	7	8	5	6	7	3	9	8
10				3	2	6	9	7	8	10	4	5	1

（1）随机号的确定

一般对有随机表的问卷，需事先在随机表的第一行数字上选好一个数字，并画上一个圈，被圈好的这个数字就是这份问卷的随机号，如上表的"④"。随机号的选择一般由小到大或循环给出。最简便的方法是用问卷编号的最后一个尾数作随机号。

（2）选出被访者

将所有符合基本要求的家庭成员按从大到小的顺序列入随机表中，以事先做好的随机号为纵坐标、以最小家庭成员为横坐标，交叉处对应的数字即为最终被访者的序号，如上表的 3 号，27 岁的男性为被访者。但必须注意，并不是被选出的被访者都可以访问，如果选出的被访者是：盲、聋、哑、有重病、有精神病的人，语言不通、无法沟通的人，不识字的人，住户雇用的保姆，不在该地址住的家庭成员，则终止访问。

3．如何提问

一个项目的访问通常由一定数量的访问员完成，如果每个访问员都按照自己的理解去访问，可能会得到有偏差的答案，甚至可能与题目本身的意思风马牛不相及。为了保证访问按照统一的标准进行，通常要求访问员按照如下的原则去提问。

（1）清晰完整地按照问卷题目的原话读出："问题+题目中包含的解释"；

（2）按照问题的原有顺序提问；

（3）让被访者理解提问内容，不可误导被访者，不可过度解释；

（4）重读下画线的关键词；

（5）较复杂的问题，适当地完整重复问题；

（6）读题及读示卡时留出适当的时间让被访者理解；

（7）提问过程中留意被访者的反应；

（8）过渡句完整读出，以引导被访者集中注意力；
（9）发音清晰，音量和速度控制在适中水平。

4．如何进行追问

由于被访者可能不太了解项目的真正目的，所以给出的回答比较随意、模糊、不完整。为了真正和深入地了解他们的意思，尤其是针对开放性问题，需要采用追问的方式。追问的原则是深入、客观地挖掘被访者所要阐明和理解的意思，但又不至于诱导产生偏差。追问的次数通常是 1 次提问，2 次追问。追问的主要方法及注意事项如下。

（1）重复问题

当被访者听到问题后保持完全沉默时，可能是没有理解问题，或者还没有决定怎样回答，重复所问的问题，有助于被访者理解问题，并鼓励其回答。

（2）重复被访者的回答

访问员边记录回答，边重复被访者的话，这样可以刺激被访者进一步谈出他们的看法，拓展他们的回答。

（3）观望性停顿

访问员要学会察言观色，当看到被访者有更多的话要说时，要停顿或沉默，并伴随观望性注视，鼓励被访者搜集思想，并给出完整回答。

（4）中性的追问语句

采取向被访者提一个中性问题进行追问，了解被访者的真正动机或一个模糊词语的真正意思。如："您的意思具体指什么？""您可否进一步解释一下？""您为什么这样说？""您认为它在哪方面好？"等。

例 1　问题：您喜欢这种冰箱的什么呢？

第一次回答：品牌。

追问：您喜欢品牌的意思是？

第二次回答：知名度高。

追问：您还喜欢什么呢？

第三次回答：服务好。

例 2　问题：您喜欢这种冰箱的什么呢？

第一次回答：喜欢，不错。

追问：您说的"喜欢，不错"是指什么？

第二次回答：服务好。

追问：您说的"服务好"是怎么个好法？

第三次回答：48 小时保证上门维修，公司提供备用冰箱。

以上同一开放式问题，采取不同追问方式，得到了不同的信息。第 1 例是勘探性追问，通过追问，拓展了被访者的回答，获得了更多信息，完整地记录了被访者所喜欢的内容。第 2 例是明确性追问，因为，第一次回答的"喜欢，不错"，意思比较模糊，通过追问找出了更明确、具体的答案，尽管最后回答中仍有两个方面喜欢，但说明冰箱对于这位受访者服务和品牌同样看重。

追问时特别要注意：①不可以使用提示或诱导性的字眼。例如，常见错误："如您不喜欢这种品牌？您认为是质量不好吗？"；正确的追问应该是："如您不喜欢这种品牌？主要是不喜欢哪些方面呢？"②不要咄咄逼人，甚至有些像盘问证人。例如，"您为什么不喜欢这种品牌？请讲出理由。"③每次追问后要给被访者留足够时间思考，不要让被访者感到压力，产生急躁情绪。

5. 如何记录问题的答案

收集被访者回答的答案，是每个实施项目的真正目的。所以要求访问员准确进行记录，以保证信息的准确、完整。针对不同的问题记录方法不一样。下面就封闭题与开放题的记录方法进行简单介绍。

（1）封闭题记录

① 在与答案对应的数字上画圈；如被访者选择的答案对应的序号为3，则在3这个序号上画圈，如"③"。

② 如果圈错地方或被访者又选出另外一个答案而否定原答案，则在错误答案上画双斜线，以示删除，同时圈出正确答案。

③ 如果删错答案，在已删答案旁写出对应答案的数字，再重新圈出。

（2）开放题记录

① 先听清楚被访者的回答，按原话逐字逐句记录，不要概括，包括他（她）们的语法错误和俚语。

② 如果被访者说得太快，可通过请求被访者"请放慢些，以便我记录"或边重复对方说话边记录。

③ 若听不清或记得没把握，可重复一下被访者的回答。

④ 有问必答，所有问题一经提问，必须记录被访者的回答；即便回答是"不知道、不清楚"等，也要加以记录。

⑤ 按题目正确提问和追问，取得最终答案后，在答案后注明（已追问）。

⑥ 对于模糊的答案或不完整答案要进行深度追问，深度追问最多不超过3次。对每次追问答案用不同的符号表示出来。如第一次追问的答案用"（）"；第二次追问的答案用"[ ]"；第三次追问的答案用"{ }"。

6. 示卡的运用

示卡是帮助被访者回答问题的辅助工具。在访问中的一些封闭式问题中，有的题目答案选项较多，访问员在读给被访者听的时候，被访者不能清楚地了解选项内容。这时将答案写在一张卡片上出示给被访者，让其自己看。

（1）出示示卡的要求

① 示卡必须单面出示；

② 示卡前，在自己面前准确翻好后，再出示给被访者，不要把示卡摊在桌子上乱翻，被访者看完后应及时收回，不要让被访者随意乱翻；

③ 翻动示卡的幅度尽量小些，避免显得手忙脚乱，令被访者提前看到后边的内容，

从而造成误导；

④ 先出示卡片，然后看着卡片内容，边指边一个答案一个答案地读出，令被访者听到的同时也能看到；

⑤ 要求被访者直接回答出与所选答案相对应的编号；

⑥ 如果被访者给出的答案恰好处于两个答案的中间值，请与被访者确认。

案例启示

以下是截取的有关空调机的调查问卷前两个问题，示范怎样出示卡片，辅助受访者回答，在出示卡片前，要先念出问题。

Q1 你听到空调机时想到的名称是？

第一联想①_____

还有呢？（第一次追问）

第二联想②_____

还有呢？（第二次追问）

第三联想③_____ ④_____

【出示卡片】

Q2 你最喜欢的空调品牌是_____

【卡片】

01 大将军	02 大金	03 金星	04 三星	05 TCL
06 康佳	07 海尔	08 格力	09 春兰	10 美的
11 奥克斯	12 三菱	13 史密斯	14 格兰仕	15 万宝

当答案很长时，如果读出答案供选择，肯定是不行的，但是让受访者自动选择，可能示卡上各品牌名的排列位置对选择有影响，这将影响到最终的调查结果的准确性，如何才能排除示卡上名称排序对选择结果的影响呢？

（2）示卡出示的四种情况

① 第一种情况，逐一读出，逐一确认。要求访问员按示卡的顺序，读一个答案，让被访者确认一个答案，直到读完所有答案。常用于关键题目的回答，如被访者所在的行业等。

② 第二种情况，顺序读出示卡上的答案，不用读出所有答案。按示卡内容顺序读出，直到被访者给出答案，即可停止读示卡，常用于单选题。

③ 第三种情况，读出示卡上的所有答案，让被访者选择，常用于简单的选择题。

④ 第四种情况，无须读出示卡上的答案，让被访者看示卡上的答案，并选出所选答案的相应编号，常用于个人资料题。

（五）访问技巧培训

每一次访问能否顺利完成，不仅需要访问员具有一定专业知识和基本技能，还必须掌握一定的访问技巧。技巧的运用常贯穿整个访问过程,主要包括访问前、访问中、访问后三个阶段,下面以入户访问为例来说明访问中常用的技巧。

1．访问前的技巧

(1) 注意仪表,着装是否大方整洁;头发、手指甲是否干净;所带的手袋不要过大,正好装下示卡、问卷和礼品等访问工具即可。

(2) 成功入户,随着社区规范化管理,多数楼房安装了电话对讲系统或有物业管理的门卫,以及人们防卫心理增强,给入户增加了一定难度。如何成功入户呢?可以采取以下办法与应对措施,如表 6-7 所示。

表 6-7　入户应对措施

选择好入户的时间		入户应对措施
星期一至星期五	晚上 6：30～9：30	被铁闸阻挡	(1) 若有人开门进去或出来,可跟随入内 (2) 与已接受过访问的人家联络,帮助开门 (3) 直接按门铃说明来意 (4) 善意的说谎,如忘带钥匙,检查煤气管道安全等
星期六 星期日	早上 9：00～ 晚上 9：30	被门卫阻挡	(1) 出示证件,力求说明自己的身份和目的,如经过耐心说服仍未能入内,则礼貌地退出并速与督导联系 (2) 收好资料,若无其事地从门卫前经过 (3) 说出已经接受过访问的被访者姓名

(3) 入户的开场白:介绍本人身份、报出单位名称、主动出示证件(预先佩戴好胸卡)。自我介绍是访问员与被访者第一次沟通,是能否获得被访者合作的关键。一般要求话语简单明了,态度友善、有礼貌。

案例启示

以下是一位访问员自我介绍的案例。

您好,我叫张明,是湖南长沙新美德市场调研公司的访问员,这是我的工作证件。我们正在进行一项有关日用品方面的研究,也就是包括衣食住行多个方面,想了解消费者的意见,为企业促进产品和服务改进提供参考。需要耽误您一点时间,请教您几个问题。可以进来同您谈一谈吗?谢谢。

从以上开场白看,你不仅要说明访问对公司的作用,同时还应站在被访者角度,说明访问的社会价值和对消费者的利益。在被访者门口,访问员不应问一些容易让被访者拒绝的问题。比如:"您现在忙吗?"被访者一定会说:"是的,现在很忙"。这样你入户的可能性就没有了。又如:"我可以迟一些再来吗?"被访者一定会说:"可以,以后再说"。这样你不但没有进入的机会,而且下次什么时候再来也没有确定。

2．访问中的技巧

入户以后，每个家庭的人数、环境都会成为影响访问顺利、有效进行的干扰因素。所以控制局面非常重要，通常从以下几方面进行控制。

（1）环境的控制，座位的选取。入户的第一件事就是选取一个有利于开展访问的位置坐下。正确坐法是与被访者面对面坐，或者坐在被访者右手边，并主动提出想坐在桌子或茶几的旁边，以利于记录。为了减少噪声和被访者分心，选择远离电视机及音响的位置或请求被访者坐在背对电视机的位置，尽量减少旁人干扰。

（2）访问的控制，在访问中经常会出现被访者翻动示卡、问卷，家人发表意见，被访者出现不耐烦情绪等情况，这时访问员应该采取应对措施，集中被访者注意力，消除外来干扰。访问中的应对措施如表 6-8 所示。

表 6-8　访问中的应对措施

出现的情况	应对措施
被访者翻阅问卷、示卡等	问卷、示卡都控制在自己手上，其他的资料放到袋子内，解释："这些资料待会在访问过程中您都可以看到"，或者说："访问结束后，您再慢慢看"
家人发表意见	提醒被访者只是想了解他本人的意见，如"××先生或女士，我们这次是想了解您自己的意见，请您仔细想想……"；或者有礼貌地提醒其他家人不要打扰，如"××先生或女士，现在我们只想听他个人的意见，若您有什么意见，待会我们再聊"；或者说："大家都讲话，我来不及记录"
被访者出现不耐烦情绪	要随时注意被访者的情绪变化，如果发现有不耐烦情绪出现。可以这样处理："您辛苦了，需不需要休息一下我们再继续？"或者说："您的意见对我们非常重要，因为生产厂家将根据您的意见对产品进行改进。您看您的意见是多么重要。下面还有一些内容，希望您再合作一下，非常感谢您"等
另有访客	向被访者说明访问时间。如被访者觉得有不便时，与他（她）另约访问时间

要想顺利完成访问任务，访问时要与被访者进行良好的沟通，取得被访者的积极配合；学会用声音、眼神、态度、积极的心态与被访者沟通；控制访问节奏，做到快慢有序；提问后，给被访者适当的思考时间；访问时保持与被访者及其周围人的礼貌和沟通，营造一种融洽的访问氛围。

3．访问结束时的注意事项

问卷问题全部调查完成，并不代表访问的结束，规范的做法如下。

（1）自审一下问卷，看是否有漏问的地方；

（2）请被访者签名、留下电话号码；

（3）记录访问结束时间；

（4）记录《访问情况登记表》；

（5）检查用品、资料是否收拾齐；

（6）赠送礼品，感谢被访者的合作并礼貌地离开。

（六）项目培训

项目培训的目的在于让访问员了解某特定调查项目的有关要求和正确的访问操作方式，使所有访问员都能以统一的口径和标准的做法进行访问，保证访问结果的准确性；同时，进一步明确访问纪律和操作规范。项目培训主要包括以下几方面内容。

1. 行业背景知识

由于市场调查涉及各行各业，每个行业都有各自不同的专业知识，如日用品、汽车、医药等，而访问员对每个行业未必都熟悉，因此，适当地介绍一些相关的行业背景知识，可以帮助访问员理解每一个问题的含意，同时也可以使访问员更能听懂被访者的回答。

例如，调查护肤用品时，被调查者回答某产品深层护理效果较好，什么是深层护理呢？培训时应该让访问者了解皮肤的结构、护肤品的功能等相关产品知识。

2. 调查项目要求

针对某特定项目，督导培训时重点让访问员明确样本量大小、被访者条件、调查方式及时间进度的要求，抽样框和抽样方法、配额分配情况等。

3. 调查项目工具

培训督导要对访问时必须携带的工具、礼品进行简单介绍，包括示卡、问卷、照片、抽样样本的地址表、录音录像设备等访问工具，并进行现场示范，如何正确使用这些工具。

4. 问卷内容的详细讲解

培训督导应该向访问员解释每一个问题的含意及问题之间的逻辑关系，使所有访问员按照统一和正确的理解进行访问。问卷内容讲解是项目培训的关键，主要从以下几个方面进行。

（1）问卷的整体结构。概括每部分的内容，使访问员有一个大致的了解。

（2）问题的讲解。完整读出问句，分析题意，讲解一般的做法，引入特殊例子，强调关键处理原则。

（3）问卷的逻辑关系。对前后关联的题目，可以采用流程图的方式突出逻辑关系，帮助调查访问员了解问卷的逻辑关系。

（4）及时总结。问卷的每个部分结束后，明确本部分的逻辑关系和操作难点，并解答访问员提出的疑问；整份问卷讲解完成后，进行要点总结；同时要介绍对于访问中常见问题的处理技巧，强调访问中应遵守的规则。

5. 模拟访问

模拟访问是查验访问员是否正确理解每个问题的测试方法。通过模拟访问可以预先锻炼访问员处理现场实施中出现各种情况的应变能力。模拟效果的好坏取决于扮作被访者的督导是否会设计情景，是否善于积极引导。模拟访问操作步骤如下。

（1）由有经验的督导充当被访者，模拟小组中的每位访问员分别提问问卷中的几道题目，每位访问员逐题记录答案，共同完成一次访问。

（2）从门入户开始，一个人提问，其他人补充，共同得出一个标准解释，从而让访问员互相学习，一个人的错误引导大家去思考。

（3）督导控制模拟的进度，密切留意每个访问员的理解程度，及时做好各部分小结。在容易出错的地方可以多让几个人练习，并由督导讲解各种可能情形。

（4）对一些访问技术要求高的项目，在小组模拟完成后，实行督导与访问员一对一的模拟，力求访问员操作统一、规范。

（5）模拟结束后，结合模拟过程有重点地做整份问卷的总结。

三 督导的基本素质与职责

（一）督导的基本素质

督导是对现场调查进行监督、控制，保证访问员按要求进行访问的现场管理者。督导的能力关系到一个项目能否顺利、高效地进行实施。一个好的督导除了具有逻辑思维、口齿清楚、耐心细致、能克服困难、认真负责等基本素质外，还应具备以下能力。

1. 管理能力

在现场数据收集过程中，各种各样的干扰因素都会影响数据采集的进程和质量，为了获取满意的采集结果，科学、有效地管理控制这一过程就显得尤其重要。一个督导管理能力的强弱基本上决定了一个项目能否按时及成功完成，所以管理能力是督导首要的基本素质。在现场实施过程中，督导的管理能力主要表现在以下几个方面。

（1）对访问员的管理。在项目执行过程中，督导必须管理好所有参加项目的访问员的数据收集工作，保证数据采集的有效性和准确性。

（2）对项目执行信息的管理。督导应该能够把项目执行过程中产生的各种信息，系统、有序地收集、整理和归档，并且及时地向与项目有关的人员和客户递交。项目执行中的主要信息有配额完成情况、项目实施进度、实施中出现的问题等。

（3）对意外事件的处理。在项目执行过程中，访问员可能遇到各种复杂情况，督导作为现场负责人，有责任对出现的意外情况做出迅速处理。例如，现场调查受到保安或其他人员的干涉，督导可以与他们进行接触，征询合作。

2. 沟通能力

在现场实施调查过程中，督导会和各种与项目有关的人员产生工作上的联系，如和研究部、数据处理部的同事交换信息，向执行现场实施的访问员了解访问中的各种情况，会和委托项目的客户发生联系，还会与被访者进行交往。在这样多方向的联系和信息交换过程中，督导必须具备很强的人际交往和沟通能力。

3. 培训能力

培训能力是督导的一项极为重要和基本的能力。访问员对市场及行业的认识、对调查公司的认识、对公司文化的理解和认同、对现场实施工作的理解和实施技能的掌握、对具体项目要求的理解等，都是通过各类培训获得的。因此，良好的培训能力对于督导工作的有效开展是至关重要的。在现场实施中，培训主要包括基础培训、项目培训和访问员的再培训。这三种培训针对的对象和目的各不相同，因此各自的侧重点会有所差异，对督导培训能力的要求也会有所侧重。要求督导熟练掌握各部分培训内容，并进行实际训练。

4. 专业能力

专业能力是衡量一个督导是否合格的重要因素。作为一名督导，专业能力的高低可以决定其在工作上的成就。督导的专业能力主要包括以下几个方面。

（1）良好的专业知识。了解和掌握市场调查的基本知识、现场实施的基本概念和要求、各类访问的类型特点和基本要点等。

（2）过硬的访问能力。熟悉各类访问工作，并且有相当丰富的实践经验，能够胜任任何一种类型的现场实施调查工作。

（3）具有良好的计算机操作技能，其他与现场实施有关的操作能力。

5. 良好的职业道德

良好的职业道德是指督导在现场工作中必须遵守行业规范和公司的章程。一个不具备良好职业素养的督导是不可能胜任现场实施这一工作的。具体来讲，良好的职业道德表现在以下几个方面。

（1）必须有职业感和工作使命感。在操作项目时，能够全身心地投入，并且站在客户利益的角度来发现问题、解决问题。

（2）必须具备基本的是非标准。在具体实施中，必须遵循科学的原则来判断问题和解决问题，而不是以个人的喜好、外界的干扰来评判。

（3）必须有严格保密意识。坚决替客户保守商业机密，不向被访者、访问员、其他客户或他人（包括家人）泄露客户的商业机密。对被访者的个人资料保密，不利用任何被访者资料进行一切与项目无关的活动。保守公司的机密，在未经公司允许的情况下，不得向任何第三方提供公司的一切情况和资料。

6．团队协作能力

一个项目的完成涉及各个部门的通力合作，因此，督导的团队合作能力也是影响其工作成效的一个极为重要的因素。督导的团队协作能力主要表现在以下几个方面。

（1）必须学会倾听他人的诉说，诸如研究部门的项目说明、访问员对项目问题的陈述、各种相关人员的建议等。

（2）必须学会站在他人的角度来看待问题和思考问题。比如，在项目执行过程中，应该学会站在客户的角度来看待项目的进程，这样就会理解执行时间紧迫的原因，从而积极推动项目进程。

（3）必须学会知道别人需要什么，这包括知道研究人员需要什么、什么是数据处理人员需要的产品、什么是客户想知道的信息等。

（二）督导的职责

督导在调查中负责管理访问员，按管理职责分为现场督导和常规督导。

1．现场督导的职责

现场督导一般在街头访问或电话访问的场合工作，由于街头访问很难对被访者的身份进行事后复核，如果没有有效的现场督导，访问员的作弊基本上无法被证实。利用现场督导是一种事前控制误差发生的方法。现场督导的主要职责包括以下几点。

（1）监督访问员是否进行真实调查。大多数街头访问是由一名督导带领若干名访问员，在同一个调查点进行访问。督导在不影响访问员工作的情况下，在访问现场附近观察访问员与受访者接触的情况，并计算访问时间，以判断访问员工作是否认真负责，监督访问员是否进行真实调查。

（2）及时检查访问质量，纠正可能的偏差。在访问结束后，督导也可以对受访者现场进行复核，询问其接受调查的主要内容，监督访问员是否进行真实完整的调查。如果发现访问员对问卷理解错误或其他失误，可以及时进行解释，帮助访问员及时纠正。在电话调查中，督导从电话监听中发现访问员的叙述方式不合理，可以在电话结束后及时指出，避免访问员再次出错。现场督导还可以对调查进度进行控制，尤其是进行配额控制，从而使整个调查工作得以有序地进行，避免等到调查结束时才发现进度、配额等方面的问题。

（3）处理现场意外情况。在调查现场比较复杂的情况下，督导可以作为现场负责人进行处理。例如，现场调查受到保安或其他人员的干涉，督导可以与他们进行接触，征询合作。现场意外还包括现场调查环境与预想情况不同。例如，当访问员达到某居民区后，发现该居民区正在拆迁，住户已经离开。这些情况应该怎样处理，都需要现场督导进行决策。

（4）为访问员提供现场服务。现场督导要做好访问员的服务工作。例如，为异地访问的访问员安排食宿、交通工具等。在按时计酬的调查项目中，督导应判断访问员的工作强度,适时地安排访问员休息。在入户调查的形式中,有时一名访问员负责一个居民点调查,为每名访问员安排现场督导是不现实的,此时现场督导可以采取热线电话支持的形式。督导人员向访问员提供一个固定的电话号码,要求访问员定时报告调查进度,当出现意外情况时,及时进行联系,这种方式能有效避免错误的积累,但对访问员素质要求较高。

2. 常规督导的职责

常规督导不出现在调查现场,主要负责访问员的招聘、培训及充当访问员的联络人。其主要工作职责有以下几点。

(1)访问员招聘与组织。大多数调研公司都采用兼职访问员的方法,常规督导保持与当地大、中专院校紧密联系,通过人才市场或直接到大、中专院校学生实践部招聘兼职访问员。在具体的项目中,督导负责向访问员交代工作内容、报酬标准,在调查结束后,督导负责核定访问员的工作量,并且发放报酬。

(2)培训访问员。常规督导主要负责对访问员进行基础培训和项目培训,组织模拟访问,根据项目要求选派合适的访问员,确保顺利、高效完成专项调查任务。

(3)回收并审核问卷。回收并审核问卷是常规督导的一项重要工作,由于访问员人数较多,每名访问员完成访问后交回的问卷需要进行审核,工作量非常大,一般采用的方法就是若干名访问员编为一个小组,安排一名督导负责,访问员的所有问卷都由督导回收后进行逐份审核,确定有效问卷数,发现问题时需要责令访问员返工。

督导应由有调查经验的人员担任,所有担任调查督导的人员必须经过调查实践操作,因此,许多调研公司的督导都是从公司内部的访问员队伍中晋升上来的。

四 调查项目执行手册

访问调查作为收集第一手资料的重要手段,具有工作量大、工作过程难以控制等特点,收集的资料真实性和准确性与访问操作程序的规范化有很大关系,因此,每个具体调查项目都会制定相应的访问员手册和督导手册,或者将访问员与督导手册合二为一,编写项目执行手册。

(一)访问员手册

访问员手册是访问员在执行访问任务过程中必须遵守的准则和操作规程的汇编。调查课题与调查目标不同,调查范围和调查对象不同,调查方法不同,都会使调查操作程序差异很大,必须通过访问员手册明确调查的具体操作规程,才能让不同访问员按统一标准进行操作,确保收集的信息资料准确、完整。编写访问员手册主要包括的内容:①访问员在访问过程中应遵循的基本原则,适应于任何一个访问项目;②问卷使用的一般要求,问卷填写时常见情况的处理规则，如缺失答案的统一编码；③针对具体调查问卷的填写说明，特别对于一些难以理解或在试访问中问题出现较多的问题进行详细解释，给访问员适当提醒。访问员手册范本如下。

湖北卷烟市场调查项目
访问员手册（节选）

一、访问员应遵循的原则

1. 在访问开始前，访问员要完全按照问卷中的开场白来介绍自己及此次调查的目的，"您好，我是零点公司的访问员。我们正在进行一项有关卷烟与生活方面的研究，想向您请教一下关于香烟消费方面的一些亲身感受和意见……"同时为了打消被访者的顾虑，也可以再解释一下访问所得数据的应用方法，数据仅供统计汇总，不涉及个人。

2. 自始至终，在任何情况下都保持礼貌的语言举止。

3. 访问过程中，访问员最好与访问对象对面而坐或对面而立，避免访问对象看见问卷内容。

4. 访问时要求针对一名访问对象进行访问，不允许其他人员参与。

5. 当访问对象答题遇到困难时，请按培训中规定的方法，帮助其**准确理解问卷内容**，绝不能以自己的价值观影响诱导访问对象，不允许使用诱导性的语言，请记住你应该永远是中立的。

6. 在访问过程中，尽量不使用"调查"这样敏感的字眼，而用"访问""听取意见""请教"等。在称呼访问对象时，不要使用"你""你家"等，而应使用"您""您家"等。

7. 在访问结束后，填写问卷封页有关信息，并向访问对象表示真诚地感谢，并送上此次访问的纪念品。

8. 访问员在访问过程中如出现各种问题，可在与项目负责人（督导）通话后，讲明自己的姓名、具体位置及需要解决的问题，等待督导员的指示；有关技术性的所有问题，访问员只服从项目负责人（督导）的指导。

9. 访问员访问完毕后，需先根据问卷要求完成自检，检查无误后方可交予项目负责人（督导员）进行审核，如访问员所交回的问卷未完成自检则不予回收。

10. 当面对比较有顾虑的零售店店主，请访问员表明我们是受烟草厂家的委托进行的市场调查，主要是想了解各种卷烟的销售状况，我们将对数据进行处理汇总，而非针对零售店个体。

二、问卷使用的一般规则及要求

1. 本次项目主要采用入户访问调查方法，问卷应由访问员向访问对象宣读，由访问对象回答，由访问员负责记录，禁止由访问对象自己填写问卷。

2. 访问员应在访问前熟悉问卷，准确理解每一个问题及所列选项，保证问卷不出现逻辑性错误。访问中做到准确流利自然地提问，不给访问对象以照本宣科的感觉。

3. 访问员应向访问对象宣读问题及选项，但问卷中所有"**说不清，不了解**"的选项不要读出。问卷中个别题目针对"说不清"或其他无法回答的特殊情况，都有相关说明。例如，某道题目中提示"**如果被访者觉得'都一样/都差不多'填写'96'，'说不清楚'填写'99'**"，请按照说明准确填写，"无"可直接填写"无"。其他没有此类说明的题目，如果被访者坚决拒绝回答或实在想不清楚、不了解，应在问卷上注明，并及时向督导反馈，只有经过督导同意，才可填写问卷的通用**拒答编码"9998"**、通用的想不清楚编码**"9999"**，空下不填写将视为访问员没有询问。

4. 问卷中"【 】"内的黑体字是对访问员工作的特别提示，不必向访问对象读出，但访问员应严格按要求工作。例如，【横线上填写实际价位，并在所属区间上填写相应选项序号】。

5. 问卷中"( )"内的黑体字是对特殊词语的具体解释，帮助访问员和被访者加强对问卷的理解，可以视情况向被访者读出。例如，您家在一起住（**1周内至少有5天在此居住**）的有几口人。

6. 针对选择题（封闭题），（无特殊要求的话）如果已经预留出了横线，则请在横线处填写对应答案选项的序号或直接填写答案，用正楷字体填写清楚；例如：
◇ 您是出于什么考虑想戒烟？【限选3项，横线处填写选项序号】____、____、____
◇ 您的这次戒烟，持续了多长时间？____月

如果未预留横线，则在对应的选项序号上画圈。例如，请问您是否有在未来戒烟的打算？

是...............1 否...............2

但是请注意，个别选择题有特殊要求，既要填写实际数值又要圈选相应的选项。例如，
◇ 请问您是从多少岁开始抽烟的？__岁【横线上填写实际年龄，并在相应选项上画圈"○"】

7. 针对开放题，请先确认访问对象的回答是否有效（所答为所问）、具体，否则进行追问，然后将有效答案记录在答题横线上，记录访问对象的原话，不要加以概括整理。

8. 如果访问对象的回答在提供选项之外，请首先确认回答是否有效（所答为所问），然后将有效答案记录在"其他"项的横线上。访问中出现意外情况请详细记录在问卷空白处，不要硬将访问对象回答归入某一选项。访问结束后，访问员可与督导员联系，探询上述特殊情况的处理方法。

9. 问卷中有很多题要求【出示卡片】，访问员在访问中应及时协助访问对象参看卡片，未出示卡片的访问，将按作弊行为处理。同时问卷中也有【无提示】字样的题目，访问员就应完全让被访者独立回答问题，而不能提示问卷中的选项内容。

10. 问卷封页右上方的问卷编号栏请不要填写，问卷封页有关于访问员姓名、访问员编号、访问时间、访问对象的姓名、地址及电话等记录，在访问完成后访问员应用正楷填写清楚，如果上述内容填写不清，或者有错误，导致无法复核，问卷将按废卷处理。此次项目要求留有可与访问对象直接联系的电话：家庭电话或移动电话（注意请求访问对象及时回复，予以配合）。

三、问卷使用的详细说明（以消费者问卷为例）

1. 消费者问卷

受访者条件

（1）烟民（平均每天吸烟 1 根以上）；
（2）年龄在 15（含）～60（含）周岁之间；
（3）不从事烟草及市场调查相关工作；
（4）语言表达良好、思路清晰、回答态度认真。

封面部分

（1）请在全部访问内容结束后再填写此部分。
（2）请访问员按照封面的问题详细、真实地记录受访对象的个人资料。
（3）访问地区中**地级市/省直辖市及县/区**前的横线上请填写对应地区的**编号+名称文字**，而对**镇/乡**前的横线上直接填写名称文字。各地级市/省直辖市的序号直接参见封面，各县/区的序号参见卡片的第一页。
（4）受访者联系电话至少要填写其中一个。
（5）所属地域的判断原则，请参照《湖北卷烟消费市场调查执行手册》文件中对城市和农村的定义。重点注意城关镇区域属于城市（请督导提前确认）。
（6）请注意填写访问开始时间及结束时间。注意结束时间大于开始时间，字迹务必清晰工整。

Q 过滤题部分

（1）此部分的过滤量、累加数值需要严格准确记录。
（2）Q1 题主要是调查家庭人口总数，询问一起居住的**每周至少有 5 天居住在此**的人口数，按照性别分别记录。

重点注意，只要问卷没有全部完成访问，此问卷就不算成功样本，问卷还得继续使用，同时下一户访问时 Q1 题的记录量就需要累加。只有当问卷全部成功访问之后，并将 **Q1** 题中男性和女性的最大累加数值上画 "\\"，才表示累加结束。下一户的访问使用新的问卷，并重新计算过滤量（见问卷最后一页）。

原则：**问卷没完成，Q1 就累加**。

（3）Q2 题是调查家庭人口中烟民的数量，和 Q1 题一样，问卷内容没有全部访问完成，下一户访问时此题目就要累加记录。

原则：**问卷没完成，Q2 就累加**。

（4）Q3 题详细记录家庭中烟民的情况，包括性别、周岁年龄，填入表格的原则：按照年龄先分类，"15～60"周岁的填入上半表格，"14 周岁以下和 61 周岁以上"的填入下半表格。

（5）KISH 表的应用：将"15～60"周岁的烟民按年龄从小到大，再按先男后女的原则排序，然后参照 KISH 表的随机号，在随机号和最大成员交叉的号码上画圈，该号码代表的那位成员就是选定的受访者。如果此方法选定的受访者无法接受访问，可以顺次访问下一个符合条件的烟民。注意随机号由督导在访问前按照从 1 到 0 的顺序用红笔圈好，保证每个随机号被圈选的次数一致，同时不允许在随机号处有任何修改。

（6）针对访问不成功的情况。

① 如果该户无"15~60"周岁的烟民，则记录完 Q3 题（下半表格）后结束访问，继续进行下一样本户的调查。重点注意，此份问卷要继续使用，Q1 和 Q2 题要继续累加记录。Q3 题中也要在前一户的基础上继续填写。

② 如果利用 KISH 表确定的烟民无法接受访问，则顺次选择下一个"15~60"周岁的能够接受访问的烟民进行访问。

（7）重点注意，Q3 表格中填入的人数（上下表格相加）应该与 Q2 题烟民数是相等的。

原则：Q3 表中人数之和要等于 Q2 题烟民数。

A 部分　卷烟消费行为研究

（1）**A1、A2、A4a** 题有特殊要求，既要填写序号又要圈选相应的选项。

（2）**A3** 题卷烟类型的判断：现在市面上的卷烟一般为烤烟型；混合型的代表品牌有中南海、都宝、金桥、中美、万宝路；雪茄烟主要有三峡。

（3）**A6、A7、A8b** 题中都有"吸烟价位所属区间_____"的问题，需要访问员根据被访者回答的卷烟价格，对照卡片 A4 找到对应的价位区间序号，并将序号填到横线上。

（4）请注意，此部分问题的计量单位，价格均为元/包、吸烟量均为根，请访问员注意准确记录，如有需要请准确换算（1 条=10 包，1 包=20 根）。

（5）针对 A11a 题和 A12 题都选"1"的被访者才提问 **A13** 题，否则直接跳至 **B** 部分。

……

访问员手册是对访问问卷的每个问题需要注意的事项，以及对操作要求进行详细说明，访问员只有熟悉访问员手册中内容的情况下才能进行正确访问。访问员手册由调查项目策划公司制定。

（二）督导手册

督导手册是对督导工作的具体要求与操作规程的汇编。主要内容包括督导的基本职责，具体调查项目在实施中可能出现的问题，督导特别需要注意的事项。督导手册要明确现场复核内容与要求、督导管理的关键点、督导对访问员培训的内容。

（三）调查项目执行手册

调查项目执行手册，又称为项目执行指令，是项目执行的工具、环境要求、配额分配等具体内容的汇编。有的调研公司将访问员手册和督导手册内容也放入调查项目执行手册中，因此，项目执行手册就成为访问调查的行动指南。调查项目执行手册范本如下。

湖北卷烟消费市场调查执行手册

一、项目基本概况

本项目主要从消费者和零售户两个视角展开，整合研究湖北卷烟消费市场状况。在消费者调查中，调查研究的内容主要包括卷烟市场容量及结构、卷烟市场未来发展趋势及消费行为研究三大篇，同时充分考虑流动人口购烟及金融危机影响状况；在零售户调查中，主要以市场销量、价格异动及重点品牌市场表现调查为主，并辅以零售户对烟草公司的相关服务满意度调查。

本项目的执行期为2009年5月21日～6月12日，执行地点为湖北省的17个地市，覆盖了湖北省全部102个县级单位。总样本量达到17241个。其中零售户入户访问1914个，消费者入户访问14727个，特殊人群拦截访问600个。具有执行时间紧、样本量大、数据精度要求高等特点。

本次调查的部分样本由委托方参与调查执行，委托代理公司是通过项目招标最后确定的，竞标结果由招标小组成员综合评定产生。希望大家通力合作、多方努力，保证顺利而且高质量完成调查任务。

二、调查目的

湖北省卷烟消费市场容量及结构的测算及预测；湖北省卷烟销售市场现状、品牌表现、市场异动等情况调查；湖北省卷烟消费市场的未来发展趋势预测分析；对湖北省卷烟消费者特征及消费行为的分析研究；调查零售户对湖北省各地市烟草公司的服务工作的满意度。

三、受访者条件

1. 问卷调查内容

消费者问卷：主要调查消费者的卷烟消费量及主吸品牌、消费习惯等。

零售户问卷：主要从零售户角度了解卷烟市场销售状况及对烟草公司服务的满意度。

2. 消费者问卷受访者条件

烟民（平均每天吸烟1根以上）；年龄为15（含）～60（含）岁；不从事烟草及市场调查相关工作；语言表达良好、思路清晰、回答态度认真。

拦截访问：

青少年烟民：15～19岁；高档烟烟民：吸烟价位在28（含）元/包以上。

3. 零售户问卷受访者条件

零售店主要负责人，了解该零售店每月销售量、库存量、缺货量及卷烟价格等信息；不从事市场调查相关工作；零售户经营状况符合抽样要求；语言表达良好、思路清晰、回答态度认真。

四、关于执行方法

1. 访问方法

入户面对面问卷访问的方式。访问采用访问员读录法，由访问员读出问卷，受访者回答，访问员填写问卷。每个访问持续30分钟左右。访问完毕赠送调查对象纪念品一份。

2. 样本量分布

（1）本次调查的执行地点为湖北省17个地级市（包括省直辖市），共涉及全部102个县级单位（包括市辖区）区域。

（2）本次调查消费者的样本总量为17241个，其中零售户样本个数为1914个，消费者样本个数为15327个。

（3）消费者的入户调查主要采用PPS抽样，即根据各区域的人口数量分配样本量，县级单位（包括市辖区）人口数越多，分配的样本量越多。零售户的抽样分布与消费者保持一致，同时要符合各业态及销量的配额要求。

样本分布覆盖城市和农村两大区域。"城市"包含市辖区中的街道，以及县级市中县政府或县级市政府驻地所在的镇；"农村"是指除上述以外的全部地区，包含市辖区中的镇、乡及下属村，以及县级市中除县政府和县级市政府驻地所在的镇以外的其他所有镇、乡及下属的村。

① 消费者访问。消费者访问包括入户访问和拦截访问两种。其中，针对中低档小区、住宅区的访问，采用入户访问。拦截访问的主要目的是补充青少年及高档烟消费者的需求消费特征，拦截地点分别设在学校聚集区、商场附近等人口流动较大的场所，以及高档小区、写字楼门口等，样本量按照人口比例分配在17个地级市。

② 零售户访问。卷烟零售户的抽样分布与消费者入户保持一致。除保证每个地级市的总样本量以外，平均每成功执行7个入户访问，就需要在同一地区调查1个卷烟零售户（具体到乡镇），同时也要满足每个地级市业态及销量配额的要求。

五、抽样方法

1. 抽样原则

（1）本项目定量调查的抽样采取多阶段随机抽样方式。

（2）各地实际执行量按照样本分布数量扩大10%的比例后完成（具体到乡镇）。

（3）市辖区中的街道区域严格遵守地块抽样流程进行随机抽样，确定小区后按照右手原则进行具体样本户的选取。乡镇（包括城关镇）区域直接按照右手原则的方式进行抽取。其中每个小区随机抽取的样本不超过15户，每个乡镇最多不能超过60户。

（4）当被抽中的样本户中存在两个满足要求的被访者时，为确保家庭成员中的每一个这样的成员都有相等的概率被抽中，采用KISH表来确定。

（5）卷烟零售户样本的选取与消费者入户保持一致。除保证每个地市的总样本量以外，平均每成功执行7个入户访问，就需要在同一地区调查1个卷烟零售户（具体到乡镇）。

2. 具体的抽样方法

地块抽样法：

第一步，计算出每个市辖区街道区域需要完成的执行量。例如，武汉的江岸区在街道区域的样本量为194，按照扩大10%的比例计算，最终的执行量为213个。

第二步，计算出每个市辖区街道区域需要的地块。例如，要求每个社区完成样本为15户，则江岸区的街道区域至少需要213/15≈15个地块。

第三步，制作该行政区的地块图并选取。找出该行政区的地图，按所需地块数扩大5倍绘制抽样的地块图。例如，江岸区的街道区域需要15个地块，则在地图上至少要画出15×3=45个地块。用与经线和纬线平行的直线，将该行政区的地图分割成边长相等的小块。注意，要空出江河、大型广场等区域。

举例：

将每个地块进行编号，确定一个起始点，然后按照隔三抽一的原则抽取地块。例如，绘制好地块图后，假设将江岸区的市辖区街道区域分成了45个地块，对这45个地块逐一编号。假设起始编号为4，则按照隔三抽一的原则抽取 4、7、10、13、16……共 15 个地块。

第四步，在地块中抽出社区。针对选出的每个地块，画对角线，对角线交叉的地方为行走起始点。站在起始点，面朝西，然后按照右手原则进行行走，碰到第一个居民小区即可开始执行。

举例：

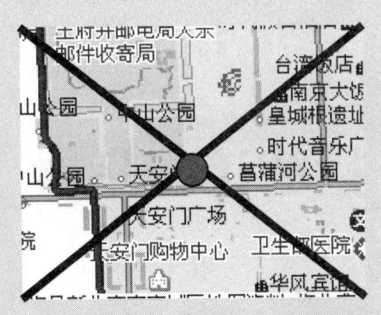

确定小区后按照右手原则进行样本户的选取。

六、质量控制方式

1. 项目执行督导、访问员必须受过专业培训并且经考核通过方可正式执行访问。
2. 各地代理公司在项目执行过程中，5月29日之前，三天汇报一次进度，5月29日之后，一天汇报一次进度。

3. 各地代理公司将第一天内完成的所有问卷（覆盖所有访问员）第一时间返回至武汉公司，由督导及项目经理进行审核。

4. 客户如果陪访，项目总督导通告代理公司督导，代理公司要提前做好准备工作，保证客户陪访不出问题。

5. 执行过程中总督导与项目经理和所有督导24小时保持联系。

6. 受访者条件与甄别条件是必须复核的内容。

7. 封面信息（根据督导手册要求）、跳答、逻辑题、开放题、漏答是必须审核的内容。

8. 代理公司100%审核问卷，并且保证电话复核不低于50%，实地复核不低于20%，电话复核和实地复核均须提交录音。

七、具体要求

1. 要求每一个访问员熟练掌握过滤题部分Q1~Q3题的过滤原则及记录方法，掌握KISH抽样法并且严格按照该方法抽样。

2. 请将详细的抽样方案（具体执行的镇及乡名称）在5月19日下班前发给总督导。审核通过后方可开始执行。

3. KISH表的操作：请访问员将符合受访条件的15（含）周岁至60（含）周岁的烟民按年龄从小到大，再按先男后女的原则排序，然后参照KISH表，在随机号和最大成员交叉的号码上画圈，该号码代表的那位成员就是选定的受访者。

4. 封面信息必须完整。正确圈选地级市（省直辖市）的序号，直接填写县级市/市辖区的名称，并详细填写具体访问地址。

5. 注意每个地市级（省直辖市）的配额要求，其中包括性别、吸烟量、卷烟类型、吸烟价位、居住年限等信息的配额要求。

6. 工作日期间，访问员尽量下午4点之后入户，保证访问成功率。

7. 访问启动后，各地代理公司要按时进行项目进度汇报，并在当天下班前，发邮件给项目总督导并抄送项目经理。项目总督导当天整理各地项目进度，汇总并发邮件给项目经理（不晚于第二天上午10点）。

五 拦截访问指导

拦截访问是调查访问中比较常用的方法，分为街头访问和设点访问。街头访问的现场操作比较简单，在质量控制要点上没有设点访问那样繁杂，这里主要介绍设点访问。

（一）操作流程

街头拦截访问的操作流程主要包括访问前准备、拦截现场工作、现场甄别、现场访问控制和问卷审核等过程,具体流程如图6-2所示。

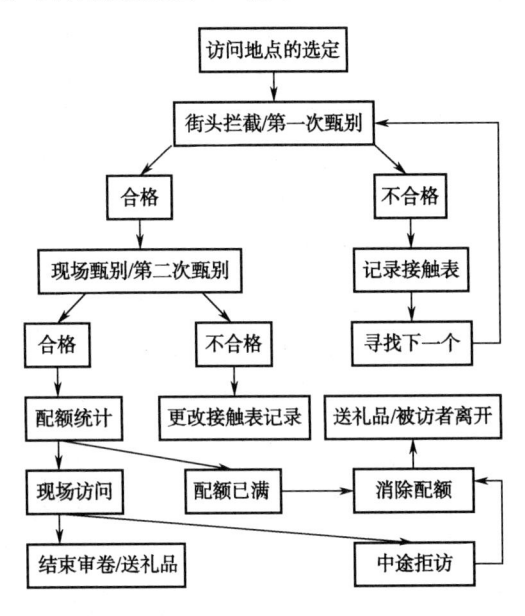

图6-2 拦截访问操作流程图

(二)访问前期准备

1. 访问场地的选取

(1)街访场地既要靠近热闹街道以保证拦截量,又要有独立不受干扰的场所来实施访问。一般会选择闹市中的餐厅、茶座、咖啡吧等,在安排场地时要注意充分利用场地进行合理布置,使工作有条不紊。

(2)访问流程及各岗位职责的培训。拦截访问流程如图6-2所示。市场中心设点的人员安排包括①拦截员,负责在拦截区域做拦截;②访问员,对符合条件并有意接受访问的被访者进行访问;③现场督导,巡视拦截区域及访问区域情况,对不正确的操作或出现的问题进行及时纠正;④甄别督导,对被访者进行第二次甄别,并对配额进行统计;⑤审卷督导,对问卷进行两次审核。当然,许多市场调研公司可能将一些职能合并,同一区域只有一个督导,若干名访问员和拦截员。

(3)访问项目及拦截技巧的培训。所有参与项目的访问员必须通过公司的基础培训、项目培训、模拟访问培训,才能进行正式访问工作。

2. 拦截现场工作

(1)确定拦截范围。拦截范围应由现场督导指定,一般应在巡视督导的视线范围内,不宜太分散,也不能太密集。

(2)严格按甄别问卷拦截。注意拦截员手中持有的甄别问卷应有别于正式问卷的甄别问卷。拦截用的甄别问卷中不应出现任何"终止访问""检查配额"等字样,以防止被访者看后作出不客观的回答。拦截用的甄别问卷，可能是对受访者的资格的基本认定，比如，在一次化妆品测试街访中，要求调查职业为教师、年龄为30～45岁的女性消费者。拦截时甄别问卷可能就是：您的职业是什么？（回答：教师，继续，否则终止）

（3）认真填写接触表（表6-9）。接触表掌握拦截情况，便于现场督导发现问题及时调整。如合理分配配额，控制拦截的进度与质量。

表6-9　街访/中心地测试接触表

项目编号_____　　　　访问员姓名_____
访问地址_____　　　　访问日期_____

序号	成功访问	非本地居民	重复访问	被访者拒访	其他拒访	条件不合格	配额已满	中途退出	其他（注明）
1									
……									

3．现场甄别

（1）将初次甄别合格的被访者请到控制台，由督导对甄别问卷中的每道题都要进行第二次核实。

（2）甄别督导要注意观察被访者的言谈举止，必要时增加一些相关的询问，以保证进入访问室的都是合格的被访者。例如，甄别被访者是否真的是教师，可以增加询问："您在哪所学校教书？"

（3）注意督导在第二次甄别时，不应有其他被访者及拦截员在场，避免拦截员作假。

（4）对甄别合格的配额及时进行统计，以便于及时控制和追加配额。

4．现场访问控制

（1）正式开始访问前要求所有的访问员先做现场试访，并在做完试访小结、熟悉整个操作过程后方可进行正式的访问。

（2）被访者在进入访问区域后，如不能马上安排访问，应让其在等候区域安静等候，不得随意走动，避免其看到访问过程并影响正在进行的访问。

（3）访问室安排督导现场观察访问员的访问过程及技巧，并处理一些突发事件。督导现场观察时要与访问员保持适当距离，以免影响受访者，在访问员进行访问时督导不要干涉，如果发现问题，等访问完成后再指出，保持访问员的独立性。

5．问卷审核

（1）问卷的一审和二审工作应在被访者离开前完成，以便及时进行补问。与入户访问不同，拦截访问的受访者是动态的，因此，审核一定要及时进行，由现场的审卷督导执行。

（2）统计已合格的问卷配额，与配额处每半天核对一次配额，以便控制配额及时进行补卷。配额是根据抽样方案设计要求，计算出一定时间、一定调查区域内需要的调查特定样本单位量。如某饮料在长沙市做调查的配额分配情况,按年龄、收入两个标志,根据抽样方案中规定的比例进行配额分配,并且在两周内完成调查任务,每周平均分配配额为75 样本单位(表6-10)。用长沙市地图作为调查地址图划块,并进行地块编号,再按随机原则,共抽出10 块,根据每块人口比例作为配额分配比例。得出表6-11、表6-12 分别为第20 周和第21 周在各地块要完成的配额明细表。

表6-10 长沙市配额分配总表

Age	12～19 yrs	24%	18								
	20～29	42%	31.5								
	30～39	35%	26.2								
Gender	Male	45%	67.5	33	34						
	Female	55%	82.5	42	41						
Household income	1300～1999	17%									
	2000～2999	25%									
	3000～3999	18%									
	4000 以上	40%									
	长沙		150		Male	Female	每周样本	男	女		
Age	12～19 yrs	24%	36	12～19 yrs	16.2	19.8	12～19 yrs	8.1	9.9	8	10
	20～29	42%	63	20～29	28.35	34.65	20～29	14.18	17.325	14	17
	30～39	34%	51	30～39	23.63	28.05	30～39	11.81	14.025	11	14
				总计	68.18	82.5					
Gender	Male	45%	67.5								
	Female	55%	82.5								
							每周样本				
Household income	1300～1999	17%	25.5				1300～1499	12.75			
	2000～2999	25%	37.5				1500～1999	18.75			
	3000～3999	18%	27				2000～2999	13.5			
	4000 以上	40%	60				3000 以上	30			

表6-11 配额表(周20)

块数	12～19 男	12～19 女	20～29 男	20～29 女	30～39 男	30～39 女	1300～1999	2000～2999	3000～3999	4000 以上
1	1	1	1	1	1	2	2	1	2	3
2	1	1	1	2	2	1	1	2	1	4
3	1	1	1	2	1	2	1	2	2	3
4	1	1	1	2	1	2	2	2	1	3

续表

块数	12~19 男	12~19 女	20~29 男	20~29 女	30~39 男	30~39 女	1300~1999	2000~2999	3000~3999	4000 以上
5	1	1	1	3	1	1	1	2	1	4
6	1	1	1	2	1	2	1	2	2	3
7	1	1	1	2	1	1	1	2	2	3
8	1	1	1	2	1	1	1	3	1	3
9	1	1	3	1	1	2	1	2	2	3
10	0	2	3	1	1	1	2	2	1	2
总计	9	11	14	18	12	15	13	20	15	31

表 6-12　配额表（周 21）

块数	12~19 男	12~19 女	20~29 男	20~29 女	30~39 男	30~39 女	1300~1999	2000~2999	3000~3999	4000 以上
1	1	1	2	1	1	2	1	1	2	4
2	1	1	1	1	1	2	1	2	1	3
3	1	1	2	1	1	2	1	2	2	3
4	1	1	1	1	1	2	1	2	1	3
5	1	1	1	1	2	1	1	2	1	4
6	1	1	1	2	1	2	1	2	2	3
7	1	1	1	1	1	2	2	2	1	3
8	1	1	2	2	1	1	1	3	1	3
9	1	1	2	2	1	1	1	2	2	3
10	0	2	2	2	1	1	2	2	1	3
总计	9	11	15	17	12	15	13	20	14	32

市场调查新视界

竞争情报的信息分类

竞争情报的研究人员把竞争情报信息分为初始源和再生源，初始源的信息主要存在于企业经营的各个环节中，如生产、研发、营销、人事活动等，即直接从调查企业产生的信息源；再生源指的是对原始信息进行加工处理后出现在各种载体上的信息。具体信息来源可从以下渠道获取。

一、初始源

1. 目标企业内部

要深入了解一个企业的各方面信息，大多数内容必须从调查企业内部产生，从调查企业的车间到销售部、市场部，接触大量的车间工人、企业主管和销售人员、推广人员、市场部经理等，从中了解竞争对手企业的大量第一手信息，这是最有价值的原始信息。

2. 目标企业合作伙伴

合作伙伴包括企业的经销商、代理商、上游供应商，还有广告公司、运输公司和银行等，这些机构是目标企业信息扩散的必经环节，如产品定位、广告投放、价格折扣、促销等信息，都可以通过目标企业的合作伙伴及其组织的经营活动来获取，而企业的经营财务状况、资金来往及信用状况等，通过银行也可以了解部分有价值的信息。

3. 政府管理机构

从政府管理机构获取目标企业的信息来源也是一条重要途径，主要有依法掌握企业资料的工商管理局、税务局和专利局等。有关企业登记档案、交税记录、专利申请等信息可以在这些机构获取。

从初始源获得的信息我们称之为第一手信息，是竞争情报的价值所在。但第一手信息并不意味着原始资料，很多企业把获取竞争对手的原始资料作为情报工作的目标，这是一种错误的认识和行为，容易触犯道德和法律的底线。我们定义的从初始源获取信息，更多的是用人际交流、访谈等方法从目标企业的工作人员中了解，通过人数众多的访谈对象所透露的信息，经过情报工作人员的判断、加工和分析，从而提炼出有价值的情报。

二、再生源

1. 传统的大众传播媒体

报纸、杂志、广播、电视这类传统的媒体受众面广、信息量大，特别是一些财经类报纸杂志和行业报纸杂志，对行业的信息挖掘较深，还有很多企业报道，从中能找到很多有价值的信息。

2. 互联网

互联网存在海量的信息源，几乎所有的行业信息、经营单位情况都可以在互联网上查询获取。更重要的是，互联网已成为一个信息交流平台，每天有数以千万计的人在网上交流沟通，某些行业人员会组成交流的小圈子，从中可以获得大量的情报信息。特别是博客和微博的出现，让信息的交流更加有针对性，值得竞争情报人员加强关注和利用。

3. 证券交易所

中国各行业有影响的企业都在上海、深圳、香港包括美国等各地交易所上市，只要是上市企业，其基本的经济活动都必须公开披露，还有一些企业重大的事件，如投资收购、重要人事变化，包括季度、月度的生产、销售数据、年度财务状况等都要公开披露，可以在证券交易所的网站里获取相关资料。

4. 信息服务机构

提供信息服务的信息中心或商业机构，它们专门从事信息收集、加工处理和分析研究工作，如行业协会、政府信息中心、科技信息中心（情报研究所）、商业化情报机构等，有些机构还通过网络销售各行业的行业报告，其中也有部分有价值的信息。

5. 文献

文献包括图书、年鉴、企业名录、黄页、专利文献、技术档案、科学报告等，文献的特点是信息量大、公开程度高，信息的可靠性和系统性较强，如统计年鉴、专利文献等，都是政府对外可以查询的信息来源。

6. 数据库

数据库是一种主要用来检索的现代信息资源，数据库产业在世界各国不断被开发利用，光美国就有上千种数据库可用。闻名于世的 DIALOG 数据库系统，其商业数据库部分就可以提供企业和产品目录、市场行情资信分析、投资可行性分析、竞争对手分析等各种信息。金融时报、路透社新闻、道琼斯金融等都有数据库，美国还有分行业数据库，包括化工、医药、金属等。中国的数据库建设滞后，但也有部分行业数据可以通过主管部委查询。此外，一些商业机构提供公司信息及资信数据库查询，如邓白氏、赛立信等。百度、腾讯也正在开发大数据分析的数据库业务。

（资料来源：http://library.3see.com/items/2011/09/27/22409.html）

复习与思考

一、简答题

1. 访问员招聘程序及各阶段的主要准备工作是什么？
2. 简述访问员培训的基本内容包括哪几方面。
3. 简述访问员基本培训的操作过程及内容。
4. 访问员技能培训与技巧培训内容的区别是什么？
5. 督导的素质与职责是什么？
6. 复核的主要内容是什么？

二、思考题

1. 你认为作为访问督导除了书上的基本要求外，还需要哪些方面的知识与能力？
2. 督导应该怎样设计访问员的培训内容？
3. 访问员在实施现场可能会出现哪些错误？
4. 电话访问的优点与缺点是什么？
5. 入户访问主要适用于哪些调查项目？
6. 街头拦截访问应该注意些什么？

案例分析　　中国人不喝"冰红茶"？

1999 年，北京一家生产饮料的企业曾经组织过一次这样的市场调查活动：在一间宽大的单边镜访谈室里（消费者行为研究与观察室，接受访谈的人坐在实验室里，看不到镜子的对面，而镜子对面的人却看得到受访者的一言一行），桌子上摆满了没有标签的杯子，有几个被访者逐一品尝着不知名的饮料，并且把口感描述出来写在面前的卡片上……这次调查的目的是公司试图推出新口味饮料，看这种新饮料能不能被消费者接受。

在这次调查之前，进行了一次大规模的街头拦截调查。结果显示：超过 60%的被访者认为不能接受"凉茶"，他们认为中国人忌讳喝隔夜茶，冰茶更是不能被接受。该企业调查小组认为，只有进行了实际的口味测试才能判别这种新产品的可行性。通过现场测试，拿到调查的结论，被测试的消费者表现出对冰茶的抵触，一致否定了装有冰茶的测试标本。

产品开发部门人员的信心被彻底动摇了,新产品在调研中被否定。

直到2000年、2001年,以旭日升为代表的冰茶在中国全面旺销,该饮料生产企业再想迎头赶上为时已晚,一个明星产品就这样经过详尽的市场调查与企业擦肩而过。说起当年的教训,新产品开发调查人员惋惜地说:"我们举行口味测试的时候是在冬天,被访问者从寒冷的室外来到现场,没等取暖就进入测试,寒冷的状态、匆忙的进程都影响了访问者对味觉的反应。测试者对温和浓烈的口感表现出了更多的认同,而对清凉淡爽的冰茶则表示排斥。测试状态与实际消费状态的偏差让结果走向了反面。"

(资料来源:http://www.docin.com/p-48579480.html)

讨论问题:

1. 该饮料企业新产品调查采取的是什么调查方法?
2. 调查组织实施中出现了哪些问题导致了调查结果的偏差?
3. 如果时间能够回到过去,请你重新组织一次茶饮料的口感测试实验。

【实操训练6】 街头拦截访问

1. 实训目的

(1) 培养学生拦截访问的基本能力。
(2) 培养学生应用访问员手册、样本配额控制的能力。
(3) 培养学生的团队协作意识和能力。

2. 实训条件

(1) 找到人流量较大的公共场所。
(2) 掌握了一些基本的沟通技巧、与陌生人打交道的方法和技巧。
(3) 教师对于拦截访问中可能遇到的问题进行针对性地指导。
(4) 落实好调研的相关小礼品。
(5) 需要利用课外时间开展调研。

3. 实训任务

任务编号	任务名称	任务准备	任务执行明细	任务成果	评价标准
T601	学习基本工具的应用	准备访问员手册范本、督导手册范本、调研样本分配表等	(1) 学习访问员手册范本 (2) 学习督导员手册范本 (3) 了解调研样本分配表	学习记录	是否掌握了基本知识和注意事项 占本任务总分的15%
T602	安排拦截访问的地点	分析调研方案,熟悉样本选择的要求	(1) 明确调研方案中的样本要求 (2) 确定访问的时间、地点 (3) 确定团队内访问员、拦截员等的分工	街头拦访安排表	安排合理性占本任务总分的15%

续表

任务编号	任务名称	任务准备	任务执行明细	任务成果	评价标准
T603	准确寻找被调查对象	(1)准备访问问卷 (2)团队成员做好分工	(1)寻找可能接受调查的目标对象 (2)分析街头行走人员的特征，判断接受访问的可能性	有完整、真实、有效信息的问卷	信息的完整性、真实性、有效性 占本任务总分的70%
T604	收集问卷信息	(1)模拟练习与陌生人打交道的方法 (2)掌握与陌生人沟通的方式	(1)上前询问，开始与被访者打交道 (2)邀请回答问卷，积极应对 (3)引导被访者回答所有问题 (4)注意被访者个人信息的收集		
T605	调查结束后的工作	准备礼品	(1)口头感谢和赠送小礼品 (2)询问对此次访问的建议		

4．实训评价

（1）以上表中的各项执行规范及评价依据为基本标准。

（2）评价要特别注重学生执行过程的考查。这就要求教师适当地进行现场的督导和考察。

（3）问卷的有效性和真实性、访问过程的规范性是考核的重要依据，在本实训成绩中占分值的绝大部分，达到70%。

【学生实训成果示例】

实地调查记录汇编

企业课堂

任务 7

整理与分析市场调查资料

任务目标

知识目标
1. 理解市场调查资料整理与分析的含义；
2. 了解市场调查资料整理与分析的程序；
3. 掌握市场调查资料整理与分析的基本方法。

能力目标
1. 能够正确运用市场调查资料整理方法进行资料处理；
2. 能够正确运用市场调查资料分析方法进行分析。

案例导入　　　　尿布与啤酒，神奇的购物篮分析

总部位于美国阿肯色州的世界著名商业零售连锁企业沃尔玛（Wal-Mart）拥有世界上最大的数据库系统。为了能够准确了解顾客在其门店的购买习惯，沃尔玛对其顾客的购物行为进行购物篮分析，想知道顾客经常一起购买的商品有哪些。沃尔玛数据库里集中了各门店的详细原始交易数据，在这些原始交易数据的基础上，沃尔玛利用NCR(全球关系管理技术供应商)数据挖掘工具对这些数据进行分析和挖掘。通过进行大量数据分析后，其中一个意外发现是："跟尿布一起购买最多的商品竟是啤酒！"

这是数据挖掘技术对历史数据进行分析的结果，反映数据内在的规律。那么这个结果符合现实情况吗？是不是一个有用的知识？是否有利用价值？

于是，沃尔玛派出市场调查人员和分析师对这一数据挖掘结果进行调查分析。经过大量实际调查和分析，揭示了一个隐藏在"尿布与啤酒"背后的美国人的一种行为模式：在美国，一些年轻的父亲下班后经常要到超市去买婴儿尿布，而他们中有30%～40%的人同时也为自己买一些啤酒。产生这一现象的原因是：美国的太太们常叮嘱她们的丈夫下班后为小孩买尿布，而丈夫们在买尿布后又随手带回了他们自己喜欢的啤酒。

既然尿布与啤酒一起被购买的机会很多，于是沃尔玛就在其一个门店将尿布与啤酒并

排摆放在一起，结果是：这家门店的尿布与啤酒的销售量双双增长。

按常规思维，尿布与啤酒风马牛不相及，若不是借助数据挖掘技术对大量交易数据进行整理分析，沃尔玛是不可能发现数据内在这一有价值的规律的。

（资料来源：高勇，啤酒与尿布：神奇的购物篮分析，清华大学出版社，2008）

思考

1. 尿布与啤酒的故事给你什么启示？
2. 资料的整理和分析对企业有何意义？

理论指导

一、市场调查资料整理的含义与程序

（一）市场调查资料整理的含义

市场调查资料整理是指将收集到的各类信息资料按一定的程序和方法，进行分类、计算、分析和选择，使之成为适用的信息资料的活动和过程。

市场调查资料整理的过程需要耗费市场调查与预测人员大量的智力劳动和财力、物力，还要投入各种软件，采用科学的方法、程序和技术，使收集到的一手和二手资料成为易于理解和解释的形式。

市场调查资料整理是市场调查与预测中十分必要的步骤，资料必须经过必要的加工处理后才能更系统化、实用化，方便后续的分析和使用。资料整理也能提高调查资料的价值，有利于新信息的产生，还能发现和纠正前期工作中存在的遗漏、欠缺和不足。

（二）市场调查资料整理的程序

调查工作一结束，就要着手资料的整理工作。市场调查资料的整理需要有科学的工作标准和认真、高效的工作态度。资料整理一般包括 5 个阶段的工作：编制整理方案、调查资料审核、资料编码与录入、拟定分析计划、编制整理结果表（图7-1）。

编制整理方案 → 调查资料审核 → 资料编码与录入 → 拟定分析计划 → 编制整理结果表

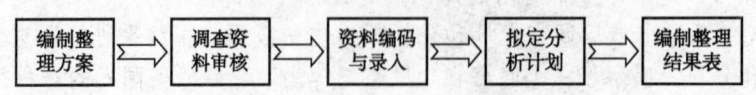

图7-1 市场调查资料整理程序

在调研策划时对于资料的整理已有了一个初步的方案，调查工作完成后，由于调查过程中的新问题或新思路的产生，需要对原有的方案进行细化或调整。整理方案通常需要考虑如下几方面的内容。

（1）确定汇总指标。即确定需要汇总哪些指标，编制何种汇总表或汇总图。

（2）制定审核措施。即考虑如何审核，确定审核的内容和方法，进行分工和组织保证。

（3）确定分组方法。即考虑分组标志的选择、分组分类的办法等。

（4）选择汇总方式。即考虑是手工或自动汇总。目前主要采用计算机汇总，所以要确定选择何种软件汇总。

（5）考虑与其他资料的衔接。即考虑本次汇总指标的设立与各项指标的计算口径、方法、单位等，保持与其他资料的衔接。

（6）确立组织安排方式。即确立整理的时间进度、费用、整理人员的培训、分工等。

二　调查资料的审核

调查资料的审核是资料整理中非常重要的一个环节，对保证调研结论的准确性和高质量起着重要作用。

（一）调查资料的审核内容

调查资料的审核主要包括4个方面：准确性、完整性、及时性和有效性。

1. 准确性审核

即审核调查者的操作是否按照调查的正常程序和规范进行，重要工作是否有记录、有备案、可查证，各流程职责是否明确。审核时，从每位访问员所做的调查中抽取10%～20%的问卷，通过电话或复核员再次访问被调查者进行复核。复核的主要内容有以下几点。

（1）查实问卷上的被访者是否真正接受了调查。比如，询问其在什么时候接受过有关调查。

（2）查实受访者是否符合过滤条件。比如，一项调查可能要求对居民家庭月收入在3000元以上的进行调查，那么复查中受访者再次被问到月收入时回答是否一致。

（3）查实是否按规定的方式进行访问。比如，拦截访谈应在指定的咖啡厅内进行，那么受访者是否在该咖啡厅内接受访谈；邮寄访问的问卷是否按时寄回等。

（4）查实问卷回答内容是否全面真实。比如，是否存在以下现象：访问员偷工减料，或者受访者中途退出访问，访问员代为填写后面的问题等。还有回收的问卷中发现所有的答案选择没有变化，如封闭式问题中的单项选择全部都是"A"，这可能说明访问的回答内容不真实。

2. 完整性审核

即审核问卷是否包括所有的信息，所有问题的答案是否完整。调查问卷的所有问题都应该有答案，答案缺失，可能是被调查者不能回答或不愿意回答，也可能是调查人员遗忘所致。对于不完整的问卷，资料审核者要决定是否接受，如果接受，就应立即向被访者进行再访问，或者由访问员回忆，填补空白答案，否则就只能放弃问卷资料。

3. 及时性审核

及时性是指各资料是否符合调查的时效性要求，如网络资料的发布日期、图书馆文献的记录日期、问卷资料填写和提交日期，审核所得资料是否为符合要求的资料。避免将无用、过时的信息资料用作决策的依据。

4. 有效性审核

即审核问卷上的信息资料有无造假、虚报行为、前后不一致等情况，以及问卷是否符合配额要求。比如，在一个调查问卷中，调查对象一方面表明其月薪低于 1000 元，而在同一张表中又表明其频繁出入高档酒店、购买高档商品，从逻辑上分析，前后不一致。有时候调查问卷本身没问题，但同类被访者的配额超过了规定，这部分问卷也只能视为无效，需要补齐其他样本配额。

在审核时，为了尊重资料、描述现实，并最大限度地利用资料，需要去粗取精、去伪存真。要从大量调查所得的资料中选择与调查项目相关的或有重要参考价值的资料，剔除与调查主题无关的或没有参考价值的资料，对调查资料中掺杂的虚假、错误资料，要根据知识、经验鉴别真伪，必要时找调查人员或被调查人员核实，剔除与事实不一致或相互矛盾的调查资料。所有这些工作都必须是在有充分依据和把握的情况下进行，切不可过于发挥想象、自以为是、主观臆断地修改调查资料。

（二）调查资料审核的一般程序

一般调查资料的审核需要经过五层审核，有些重要项目需要九层甚至更多层次的审核。

1. 访问员自审

访问员在被调查者填写或回答完毕后，要当场对问卷进行审查，看是否有遗漏，有无前后矛盾、逻辑错误等显而易见的问题，从而进行追问以确认答案，并要及时填写好问卷上要求填写的访问开始时间与结束时间、访问地点等信息，保证问卷的完整性。

2. 现场督导审核

现场督导得到所督导区访问员收集的问卷后，需要进行第二次审核，可采用电话复核和实地复核两种方式相结合，复核时间为问卷收回 24 小时内。复核人员不能为访问人员。其基本任务是把每一份问卷从头到尾看一遍，看问卷信息是否完整，前后是否一致，检查是否为无效问卷，访问员的工作是否规范，访问进度是否正常等。复核也可抽选一定数量的问卷，按被调查者留下的电话、地址进行电话复核或实地复核，如果被调查者电话是空号、停机、屡次无人接听，地址不存在，或者反映未接受过访问员的访问，或者反映访问时间未达到要求、与访问员填写的信息不一致等，则可视该问卷为无效问卷。不能通过审核，并需要及时与访问员核实，对访问员提出要求和指导，若由于问卷无效导致访问配额达不到要求，还需要尽快与访问员沟通增加访问量。为把握访问进度，访问期间督导应每天使用调查进度表进行登记，调查进度表的项目包括访问员姓名、调查地区、调查实施时间、问卷交付时间、实发问卷数、未答或拒答问卷数、丢失问卷数、不合格问卷数及合格问卷数等（表7-1）。也可通过此表监控访问员的调查质量，发现调查中存在的问题。

表7-1 某项目调查进度表

地区：长沙市岳麓区　　　　　　　　　日期：2014年8月1日

访问员姓名	调查地区	调查实施时间	问卷交付时间	实发问卷数	未答或拒答问卷数	丢失问卷数	不合格问卷数	合格问卷数
张梅	1片区	Pm5：00	Pm8：20	20	3	0	1	16
王勇	1片区	……	……	……	……	……	……	……
刘芳	2片区	……	……	……	……	……	……	……
……	……	……	……	……	……	……	……	……
合计		……	……	……	……	……	……	……

3．质量（QC）督导审核

执行调查公司的质量（QC）督导在访问开始后开展两天或三天一次的审核，以把握和控制现场访问的质量。QC督导主要通过问卷中事先设定好的逻辑性问题，对问卷真实性、准确性进行审核。QC督导也需要填写调查审核和进度表交付策划公司，以掌握进度、监控质量（表7-2），某项目问卷审核记录如表7-3所示。

表7-2 某项目QC督导调查进度表

日期	总体情况			当期——Q过滤量部分			当期——被访者	
	当期完成样本量	累计完成样本量	尚未完成样本量	样本中男性人口总数	样本中女性人口总数	……	居住半年以下人数	雪茄烟烟民数量	……
8月1~2日									
8月3~4日									
8月5日									
……									
合计									

表7-3 某项目问卷审核记录

问卷审核记录	
第一审核	
第二审核	
QC审核	

4. 策划公司审核

制订调查方案的策划公司阶段性地对执行调查公司提交的问卷进行抽查复核。一般复核比例为10%～50%。也可通过审核发现调查设计的难易程度、可行性等，并对不同调查团队的调查质量进行评估和控制。

5. 项目委托方审核

作为委托方的客户对调查资料进行审核，一般也是采取抽选复核的方式，以确保根据资料推断的结论的准确性和真实性，并视其为调查质量的主要方面（表7-4）。

表7-4 某调查项目问卷复核表格

被调查人：	电话：	地点：	礼品：
被调查人：	电话：	地点：	礼品：
被调查人：	电话：	地点：	礼品：
被调查人：	电话：	地点：	礼品：
……	……	……	……
……	……	……	……

复核数为总调查的5%～10%，即各城市不低于20份

（三）调查资料审核的一般方法

1. 分析判断法

分析判断法，就是运用知识和经验进行分析判断，找出夸大的数据，前后矛盾、含糊其词的信息可能存在的问题。如通过分析被调查者的工资与职位、年龄、行业、生活方式是否一致等判断被调查者完成的问卷质量。

2. 核对法

核对法，就是将信息资料与客观事实、权威资料进行对照，来判断调查问卷信息的真实性。如将被调查者填写的住房情况与楼盘资料对照确定是否真实，所填写的产品价格是否与实际市场价格一致等评价问卷调查的质量。

3. 比较法

比较法，就是将来自不同渠道或不同表现形式的信息资料进行比较，证实资料的准确性。如将所收集的资料随机分成两部分，比较其部分问题的分析结论是否趋向一致，或者将电话访问与拦截访问的问卷结果进行比较。

4. 佐证法

佐证法，就是通过调查、收集能验证原信息资料的真实性、准确性、适用性的佐证资料来鉴定调查质量。如通过对调查录音、被调查者笔迹、实地复核调查等方式来判断调查资料准确性和真实性。

（四）审核为无效问卷的类型

实际调查过程中由于调查工作人员或者调查对象的问题，以及其他一些不可预测情况的发生，导致调查问卷出现以下情况，应将其视为无效问卷。

（1）在同一份问卷中，有相当一部分题目没有作答的问卷。

（2）答案记录模糊不清，如字迹不清楚，无法辨认，或者把"√""○"打在两个答案之间等。

（3）不符合作答要求，如要求必须回答的问题问卷中未作回答等。

（4）调查对象不符合要求，如有的针对性较强的产品，在调查使用效果时，无关人员成为调查对象，则此问卷为无效问卷。

（5）问卷中答案之间前后矛盾或有明显错误，如没用过本产品，却对本产品的功效表达用后感受，或者年龄为52岁，职业为学生的问卷。

（6）答案选择可疑，如大多数题目都只选第一个答案，或者开放式答案均未作答等。

（7）问卷缺损，如部分问卷页码丢失，或者页面破损，影响阅读。

为了提高调查效率、确保调查质量，尽量减少无效问卷数量，要求访问员在问卷调查开始前必须填写承诺书或保证书。若审核显示访问员的问卷为虚假问卷，则按其承诺取消其全部问卷。

案例启示

某访问员承诺书

访问员承诺：
- ✓ 我清楚本人的访问态度对调查结果的影响；
- ✓ 我保证本份问卷的各项资料都是由我本人按照公司规定的访问程序进行访问和记录的，绝对真实无欺；
- ✓ 我知道若发现一份作假，本人访问的所有问卷将全部作废，并需对因此而给公司造成的损失做出赔偿；
- ✓ 访问员签字：_____ 访问员中心：_____

三 调查资料的编码与录入

（一）编码方法

编码是将原始资料转化为符号或数字的资料标准化过程。通过编码，不但可以使资料简单方便地输入计算机中，还可以通过合理编码，使得不同信息易于分辨、理解、计算，对统计计算及结果解释工作产生较大影响。

编码可分为事前编码、事后编码和缺省码的编写，既包括问题的编码，也包括答案的编码。事前编码是指问卷设计者在编写题目时，给予每一个变量和可能答案一个符号或数字代码；事后编码则是在问题已经作答后，为每一个变量和答案确定一个符号或数字代码。一般来说，标准化的封闭式问卷资料的编码常用事前编码，可节省时间；开放式资料常用事后编码，可更加全面完整地代表所有答案。一般将开放式问题的答案归为几类，并对每一类分别编码。若遇到数据缺失或特殊情况，需要编写缺省码。如有的调查由访问员宣读问题及选项，但问卷中所有"说不清，不了解"选项不能读出，如果某道题目中被访者觉得"都一样/都差不多"，则可要求访问员以缺省码"96"填写，问卷的通用拒答编码为"9998"、通用的想不清楚编码为"9999"。

案例启示

某调查项目的编码：

A 部分　卷烟消费行为研究

A1. 请问您是从多少岁开始抽烟的？____岁【横线上填写实际年龄，并在相应选项上画"○"】a001/ a003/

15 岁以下	1		
15～19 岁	2	36～45 岁	5
20～25 岁	3	46～55 岁	6
26～35 岁	4	56～60 岁	7

A2. 截止到现在，您的烟龄（抽烟的时间）有多少年了？____年【保留一位小数点】【横线上填写实际烟龄，并在相应选项上画"○"】【注意与年龄段的对应】　a005/ a007

1 年以下	1	11～15 年	4
1～5 年	2	16～20	5
6～10 年	3	20 年以上	6

......

A10. 在过去一年里，您在哪个月份的吸烟量最大？____月份 037/；其次多的是几月

份？____月份　a038/

【如果被访者觉得"都一样/都差不多"则填写"96","说不清楚"填写"9999"】

……

常见的编码方法有以下几种。

1．顺序编码法

顺序编码法是将编码对象按一定顺序排列，然后对其依次编号，所得的编码为顺序码。这种方法一般适用于一些比较固定的永久性编码，同时也可与其他编码方法相结合使用。例如，用1～5的数字分别代表月收入，按收入从高到低进行对应编码（表7-5）。

表7-5　收入编码

收　入（元）	对应编码
1600及以下	1
1601～2200	2
2201～3000	3
3001～4000	4
4000及以上	5

2．分组编码法

分组编码法就是将数据项按一定顺序分组以表示不同类型，并以两个具有特定含义的码的组合来表示某一实体。通常分组编码法都在每组留有备用码，以便于进行扩充。这种编码方法的优点在于简单且代码占用位数较少，但处理比较麻烦。例如，某出租汽车公司对乘客使用IC卡情况的调查表（表7-6）。

表7-6　某出租汽车公司对乘客使用IC卡情况的调查表

性别	职业	月收入	意向
1为男性 2为女性	1为经理人员 2为销售人员 3为机关人员 4为职工 5为教师 6为学生 7为私营业主 8为其他	01为800元以下 02为800～1500元（含） 03为1500～2000元（含） 04为2000～3000元（含） 05为3000～4000元（含） 06为4000元以上	1为已有卡 2为准备用 3为不准备用 4为无意向

例如，若被调查者是一名机关男性员工，月收入为3500元，且已有卡，则可用编码为13051。

3．信息组编码法

信息组编码法是指将信息资料区分为一定的组，每个组给予一定的组码进行编码的方法。如市场商品调查的分类编码（表 7-7）。

表 7-7 市场商品调查的分类编码

组别	名称码
百货组	00-30
食品组	31-60
五金组	61-90
纺织组	91-120
……	……

4．表意式文字编码法

表意式文字编码法是指用数字、文字、符号等表明编码对象的属性，并按此进行信息资料的编码方法，如用 20TVC 表示 20 英寸彩色电视机。

5．缩写编码法

缩写编码法是指把惯用的缩写字直接用作代码进行编码，如用 kg 表示公斤，cm 表示厘米，lb 表示磅等。

当所有变量和答案都规定清楚以后，编码人员要编写一本编码手册，或称为编码簿、编码说明书、对照表，用以说明各种符号、数码的意思，供相关调查研究人员使用。编码手册应能满足以下功能：录入人员可根据编码手册说明录入数据，研究人员或计算机程序员可根据编码手册拟定统计分析程序，研究人员或阅读人员不清楚代码意义时可根据编码手册查询（表 7-8）。

一般来说，编码手册要包括变量序号、变量含义、对应题号、变量名称、是否跳答、数据宽度、数据说明等内容。变量序号是给各变量的一个新的数码，表示各变量在数据库中的输入顺序；变量含义是指各变量对应的问卷中问题意思的概括，方便研究者或程序员能很快判断各变量的意思；对应题号是指各变量对应的问卷中的题号；变量名称是指各变量的代号，便于录入和计算机识别统计；是否跳答是指选择该项后是否要求跳答；数据宽度包括变量的数据最多位数及小数点后的位数；数据说明是对各数码代表受访者的某种答案的说明。

案例启示

表 7-8 编码手册

变量序号	变量含义	对应题号	变量名称	是否跳答	数据宽度	数据说明
1	诺基亚的喜爱度	Q1	Q1-1	否	1, 0	1 为选中，2 为未选中
2	三星的喜爱度	Q1	Q1-2	否	1, 0	1 为选中，2 为未选中
……	……					

续表

变量序号	变量含义	对应题号	变量名称	是否跳答	数据宽度	数据说明
10	诺基亚质量评价	Q3	Q3-1	否	1，0	1为最差，2为差……5为最好
……	……					
38	使用过的品牌	Q9	Q9-1	否	2，0	1为诺基亚，2为海尔……10为其他，99为漏答
……	……					

（二）录入注意事项

录入是将经过编码的数据资料输入计算机的存储设备中，这样便于计算机统计分析。大多调查公司有已经设计好的表格，录入后便于采用公司所使用的软件进行分析。

数据的录入形式可以分为两种：一种是以单独数据文件的形式录入；另一种是直接录入专门的统计分析软件中（如Excel、SPSS）。

录入是一项重要的工作，关系到资料的准确和分析结论的可靠性。录入时必须注意下列事项。

1. 录入数据与设定数据参数保持一致

录入时注意录入的数据要与设定的数据宽度或设定类型一致。如7-8编码手册中变量序号1代表被访者，编码数据宽度为3，意味着被访者人数超过100，录入数据时必须输入被访者编码为3位数，即001—300，而不能从1或01—300，这就是录入数据宽度与设定数据宽度一致，以便统计软件正确辨识数据。

2. 录入数据后通过软件检查录入错误

在数据录入后，如果要确保录入数据准确无误，可以抽选部分问卷进行核对，还可以采用两道程序对数据进行最后的检查。第一道程序是计算机逻辑查错，保证每份问卷的逻辑合理；第二道程序是数据双输入，由不同的录入人员进行两次录入，由软件检查录入是否有误，避免因输入疏忽而造成的误差。需要注意的是软件的功能有时存在一定的局限，对于逻辑错误的问题不一定能全部作出判断。

3. 录入时注意缺失数据的处理

在录入时，针对数据缺失的问题，需要先分析数据缺失的原因，如果有个别问题未作答，或是由调查员没有记录造成的，可采用以下方法处理。

（1）找中间变量代替。如若该变量是评价量表，可取量表的中间值（如量表数值为1~7，可选4）代替缺失值。

（2）用逻辑答案代替。如性别缺失，可根据笔迹、录音来推断填写；如收入缺失，可根据职业、职位、工作年限等情况来推断填写。即通过逻辑推断出一个代替答案。

（3）删除处理。如果样本数众多，可以把缺失数据的整份样本资料全部删除；如果该缺失变量并不重要，则可以将该样本删除。

四 调查资料的统计与分析

市场调查资料的分析与描述是指对市场调查与预测过程中收集到的各种原始数据进行适当的处理，使其显示一定的含义，进而反映不同数据之间的联系，并通过分析，得出某些结论。

（一）拟订分析计划

在进行调查资料统计与分析之初，需要先拟订分析计划。如果分析技术不当，分析方法不适合，即使有准确的数据，也难以对现象产生正确的认识。因此，拟订科学可行的分析计划非常重要，分析计划包括以下几个部分的内容：

1. 掌握统计分析方法

分析数据的方法有两种：定性分析方法和定量分析方法。定性分析方法是指根据社会现象或事物所具有的属性和在运动中的矛盾变化，从事物的内在规定性来研究事物的一种方法。定量分析方法是运用统计分析的方法对市场调查资料进行分析，作为调查人员必须熟悉各种统计分析方法，常用的统计分析方法有：频数分析、描述统计、方差分析、相关分析和回归分析等。

2. 正确选择统计方法

选择统计方法，主要考虑两个因素：调查问题的性质和数据资料的性质。可以根据调查问题的性质选择统计方法，如对于描述性问题适合采用频数分析和描述统计分析方法；对于关系性的问题可采用各种相关分析、方差分析和回归分析等方法。也可根据数据资料的性质进行选择，如质化资料一般采用频数分析或对非参数检验进行处理，量化资料则可以采取分析方法，包括描述统计、相关分析、方差分析、因子分析和回归分析等分析方法。

3. 拟订计划

拟订统计分析计划实际上就是列出一张统计分析清单，说明对什么变量采用什么统计方法，要得到什么统计量。

4. 统计运算

统计运算是根据统计分析计划要求，对计算机下指令，让计算机输出结果。

5. 制表和统计分析

由分析人员将录入的市场调查资料数据用图表的形式表现出来,主要是为了方便比较和研究。这一环节也称为数据资料图表化。

统计表作为描述性统计方法,是表现统计资料整理结果的基本形式,简单明了,清晰直观,应用最为广泛。统计表是以纵横交叉的线条结合形成表格,用以表现统计资料及其内在的关系。

统计表的结构由横行、纵行、标题及数字构成,其中标题又包括总标题、横行标题、纵行标题,如表7-9所示。总标题即统计表的名称,简明扼要地说明统计表的内容,写在统计表的上端;横行标题用以说明各组的名称,代表统计所要说明的对象,一般写在统计表的左侧;纵行标题一般为数字资料。指标数值写在各横行标题与纵行标题的交叉处,其数字内容受横行标题与各纵行标题的共同限定。

统计表的内容包括主词和宾词两部分。主词是统计表所要说明的主体,它通常表现为各个总体单位的名称、总体的各个组成或总体单位的全部。宾词则是说明总体的统计指标,包括指标名称和指标数值。主词与宾词位置可互换。各栏排列次序应以时间先后、数量大小、空间位置等自然顺序编排。计量单位一般写在统计表的右上方或总栏标题下方。必要时还需在统计表的下方增列补充资料、注释、资料来源、计算方法及填表单位或人员、填表日期等。填写数字资料不留空格,即在空格处画上斜线或横线。统计表经审核后,制表人和填报单位应签名并盖章,以示负责。

表7-9　国内网上热卖商品和服务调查统计表　◀——　总标题

序号	商品和服务种类	用户最近半年在网上购买过的产品和服务所占比例	用户认为网上商品和服务还不能提供满足的所占比例
1	图书、报纸、杂志及其他	48.1%	17.4%
2	音像制品	36.7%	14.2%
3	计算机及其配件	28.5%	19.0%
4	服装	15.8%	12.9%
5	网络游戏用品	15.7%	6.1%
6	生活、家居用品及服务	15.7%	9.3%
7	MP3播放机	15.0%	9.7%
8	手机	14.5%	14.9%
9	计算机软件	13.7%	13.1%
10	化妆用品	11.8%	5.2%
11	IP电话卡、手机充值卡及其他	8.9%	6.8%
12	数码电子产品	8.2%	9.3%
13	数码相机	7.9%	10.8%

(二)单变量描述统计分析

在对数据进行分析时,首先关心的是通过各个变量的次数分布、集中趋势、离散趋势所描绘出的研究对象的基本特征。

1. 频数分析

在描述性统计中，最常用的统计方法称为频数分析，即通过对数据进行统计分组和汇总所得到的各组次数分布情况，而将其除以样本总数，称为常用的百分数。频数分析便于了解变量的取值分布情况，从而对把握整体数据的特征非常有利。频数分析也便于了解分类变量的频数和定距变量、分组变量的分布情况。如对人们网络购物支付方式进行调查，并对结果进行频数分析（表 7-10）。

表 7-10 网络购物的支付方式的频数分析

支付方式	实际支付方式		理想支付方式	
	频数	百分比	频数	百分比
货到付款	77	51.00%	52	34.40%
信用卡	49	32.50%	80	53.00%
邮局汇款	22	14.60%	1	0.70%
其他	3	2.00%	1	0.70%
会员制，定期付款			17	11.30%
总计	151	100.00%	151	100.00%

2. 集中趋势分析

虽然频数描述了研究对象的整体特征，但它是通过对若干组的统计来实现的，如果需要用一个数值来概括变量的特征，那么集中趋势的统计就是最合适的。所谓集中趋势，就是一组数据向一个代表值集中的情况，即次数的分布趋向集中于一个分布的中心，其表现是次数分布中心附近的变量值的次数较多，而相距次数分布中心较远的变量值的次数较少。集中趋势分析可以用来反映事物的一般水平。

集中趋势的统计量包括众数、中位数和平均数。众数是指总体中各单位在某一标志上出现次数最多的变量值。中位数是指总体中各单位按其在某一标志上数值的大小顺序排列的，居于中间位置的变量值。平均数是指总体中各单位数值的和除以标志值项数得到的数值。

3. 离散趋势分析

仅有集中趋势的统计还不能完全准确地描述各个变量，因为它没有考虑到变量的离散趋势。所谓离散趋势，是指一组数据之间的离散程度，即次数分布呈集中趋势的状态下，同时存在的偏离次数分布中心的趋势。离散趋势可以反映各单位标志值之间的差异程度。离散趋势的统计量包括全距、平均差、平均差系数、方差、标准差和标准差系数等。

（1）全距

全距=最大标志值-最小标志值

例如：某商品 5 个地区日销售量分别为 28、30、29、26、32 元，全距为 32-26=6 元。

（2）平均差（平均离差）

平均差是将离差数值的总和除以离差的项数的结果。

$$平均差 = \frac{\sum(X - \bar{X})}{n} \tag{7-1}$$

（3）平均差系数

平均差系数是将平均差除以相应的平均指标得到的数值。

$$平均差系数 = \frac{平均差}{\bar{X}} \times 100\% \tag{7-2}$$

（4）标准差（均方差、均方根）

标准差是各个离差平方的算术平均数的平方根。

$$标准差（\delta）= \sqrt{\frac{\sum(X - \bar{X})^2}{n}} \tag{7-3}$$

（5）标准差系数

标准差系数是标准差与相应的平均指标对比得出的相对数值。

$$标准差系数（V_\delta）= \frac{\delta}{\bar{X}} \tag{7-4}$$

（三）多变量描述统计分析

在问卷调查中，除了对单一变量进行描述和分析外，还要探讨变量之间的关系。这就涉及多变量分析。社会现象的复杂性只有通过在抽样调查中，以变量间关系的分析，才能得到较好的描述和解释。

最简略的变量间关系便是双变量关系。我们可以通过交互列联、分组平均数、等级相关、积矩相关、一元回归等双变量统计方式考察两个变量之间是否存在关联。双变量统计可以初步地揭示社会现象间的影响作用。比如，通过做在业人口中性别变量与月工资收入变量的关系统计，发现男性在业人口的月收入平均为2800元，而女性只有2200元，这提示不同性别的收入是有差异的，性别是影响收入差距的因素之一。

然而，社会现象的影响作用往往不是单一因素决定的，如果我们考虑到更多的影响因素，就应该引入多变量关系统计的方法，即同时考察多个自变量对因变量的影响作用。比如，我们将就业人口的月收入看作是因变量，将性别、教育程度、行业、职业、年龄等视为多个影响因素，采用多元回归的统计方法，可能会发现，影响收入差距的主要因素是教育程度、职业和行业，性别本身并不是影响收入的主要原因。这也说明，社会研究中单因素的解释往往是可疑的，而采用多变量统计分析则有利于我们发现社会现象间错综关联的作用。

1. 交叉列表分析技术

交叉列表分析是指同时将两个或两个以上具有有限类目数和确定值的变量，按照一定顺序对应排列在一张表中，从中分析变量之间的相关关系，得出科学结论的技术。变量之间的分项必须交叉对应，从而使交叉表中每个节点的值反映不同变量的某一特征。

交叉列表分析技术在市场调查与预测中被广泛应用。其原因是该方法简便易行，可用于许多数据处理的分析，其结果易为不具有较深统计知识的经营管理人员接受和理解。也能通过这一方法深入分析和认识复杂的事物和现象。

在运用交叉列表分析时，对变量的选择和确定十分重要，将关系到分析结果的正确性和完整性。双变量交叉列表分析是最基本的交叉列表分析方法。通常以自变量为基准计算百分数反映两个变量之间的关系。如商品特点与销售增长速度之间的关系通过交叉列表分析（表7-11）。

表7-11 商品特点与销售增长速度之间的关系

销售增长	商品特点			总计
	日用品	耐用品	食品	
速度慢	45（46.4%）	34（39.1%）	50（68.5%）	129
速度快	52（53.6%）	53（60.9%）	23（31.5%）	128
列总计	97	87	73	257

通过表7-11分析商品特点与销售增长速度之间的关系，可发现食品类的商品销售增长速度相对较慢，日用品和耐用品类别的商品销售增长速度相对较快。

需要注意的是，两个变量交叉列表分析的结果并不一定正确地反映了事物之间的联系。实际分析中，往往需要加入第三个变量作进一步的分析。通常加入第三个变量后，原有两个变量交叉列表分析的结果可能出现以下四种情况。

（1）更精确显示原有两个变量之间的联系。

案例启示

以某项研究婚姻状况和时装购买之间关系的市场调研项目为例。从表7-12中看，二变量交叉列表分析的结果显示未婚者比已婚者购买更多的时装。为更进一步分析，考虑到性别因素可能地影响，引入购买者的性别这一第三个变量后，从表7-13中，发现女性中60%的未婚者属于高时装购买者，而已婚女性中的比例只有25%。就男性而言，40%的未婚者和35%的已婚者属于高时装购买者，比例比较接近。显然，引入第三个变量后原有的结论得到了更准确的反映。

表7-12 婚姻状况与时装购买状况之间的关系

时装购买状况	婚姻状况	
	已婚	未婚
高	31%	52%
低	69%	48%
列总计	100%	100%
被调查者数	700	300

表 7-13　婚姻状况、性别与时装购买状况之间的关系

时装购买状况	性别			
	男性		女性	
	婚姻状况		婚姻状况	
	已婚	未婚	已婚	未婚
高	35%	40%	25%	60%
低	65%	60%	75%	40%
列总计	100%	100%	100%	100%
被调查者数	400	120	300	180

（2）显示原有两个变量之间的联系是虚假的。

案例启示

某项高级轿车购买意向的调查，以被调查者受教育程度和购买意向进行二变量的交叉列表分析。从表 7-14 中可以看出，受教育程度较高的被调查者中也有相对较高的比例拥有购买高级轿车的购买意向。

表 7-14　受教育程度与高级轿车购买意向之间的关系

高级轿车购买意向	受教育程度	
	大学程度	低于大学
是	32%	21%
否	68%	79%
列总计	100%	100%
被调查者数	250	750

考虑到收入水平也会影响到高级轿车购买的意向，因此考虑加入第三个变量"收入水平"进行进一步交叉列表分析。从表 7-15 中可以看出，收入水平是影响高级轿车购买意向的因素，而受教育程度并非影响因素。这说明原有两个变量之间交叉列表分析得出的结论是虚假的。

表 7-15　受教育程度、收入水平与高级轿车购买意向之间的关系

高级轿车购买意向	收入水平			
	低收入		高收入	
	教育程度		教育程度	
	大学程度	低于大学	大学程度	低于大学
是	20%	20%	40%	40%
否	80%	80%	60%	60%
列总计	100%	100%	100%	100%
被调查者数	100	700	150	50

（3）显示出原先被隐含的联系。

案例启示

某项出国旅游愿望的调查，以被调查者年龄和出国旅游愿望进行二变量的交叉列表分析。从表7-16看，年龄不是影响人们出国旅游愿望的因素。

表7-16 年龄与出国旅游愿望之间的关系

出国旅游愿望	年龄	
	小于45岁	45岁及以上
有	50%	50%
无	50%	50%
列总计	100%	100%
被调查者数	500	500

考虑到性别也会影响到出国旅游的愿望，因此考虑加入第三个变量性别因素进行进一步交叉列表的分析。从表7-17中看，在男性中，小于45岁者中有更多的人有出国旅游的愿望，而女性则正好相反，大于45岁者中有更多的人愿意出国旅游。这说明加入一个变量后，原有两个变量之间隐含的联系显示出来了。

表7-17 年龄、性别与出国旅游愿望之间的关系

出国旅游愿望	性别			
	男性		女性	
	年龄		年龄	
	小于45岁	45岁及以上	小于45岁	45岁及以上
有	60%	40%	35%	65%
无	40%	60%	65%	35%
列总计	100%	100%	100%	100%
被调查者数	300	300	200	200

（4）不改变原先反映出的联系。

案例启示

某项有关经常外出就餐的调查，以被调查者家庭规模和经常外出就餐进行二变量的交叉列表分析。从表7-18中可以看出，家庭规模与是否经常外出就餐之间没有直接相关联系。

表 7-18　家庭规模与经常外出就餐之间的关系

经常外出就餐	家庭规模	
	小	大
是	65%	65%
否	35%	35%
列总计	100%	100%
被调查者数	500	500

考虑到收入也会影响到是否经常外出就餐，因此考虑加入第三个变量收入水平因素进行进一步交叉列表的分析。从表 7-19 中可以看出，无论是高收入还是低收入，对是否经常外出就餐并无直接影响。这说明加入一个变量后，原有两个变量之间的联系并未改变。

表 7-19　家庭规模、收入水平与经常外出就餐之间的关系

经常外出就餐	收入水平			
	低收入		高收入	
	家庭规模		家庭规模	
	小	大	小	大
是	65%	65%	65%	65%
否	35%	35%	35%	35%
列总计	100%	100%	100%	100%
被调查者数	250	250	250	250

（四）综合指标分析法

综合指标分析法是指根据一定时期的资料和数字，从静态关系上对总体的各种数量特征进行分析的方法。综合指标的表现形式有总量指标、绝对指标、相对指标、平均指标等。综合指标分析可以说明总体的规模、水平、速度、效益、结构、比例关系等综合数量特征，排除个别、偶然因素的影响，认识经济现象的本质和发展变化的规律性。

1. 总量指标（绝对指标、基础指标）

总量指标可反映经济现象在具体时间、空间条件下的总规模或总水平。如人数、总产值、工资数、利润额等。它是人们认识社会经济总体的起点、决策检查的依据、计算其他指标的基础。

总量指标按其反映的时间不同可分为时期指标（如某季度投资额等）与时点指标（如期初或期末人数等）；按其反映的内容不同可以分为总体单位总量（如全部工业企业总数等）与总体标志总量（全部工业企业总产值的和等）；按其计量单位可以分为实物单位（如一辆汽车、一所学校等）、价值单位（如销售额、实现利润额等）和劳动量单位（如工时、工年等）。

2. 相对指标

相对指标是指两个有联系的指标数值对比的比值，用抽象化了的数值来表示两个指标之间的相互关系或差异程度。相对指标能说明现象和过程中的比重、比率、速度、程度或找到共同比较的基础。相对指标的计量形式有百分数、系数、倍数、成数等。

3. 平均指标

平均指标是指在一定条件下同质总体内各单位某一数量标志的一般水平。平均指标能说明总体综合数量特征的代表值，反映某一对象的变动过程和发展趋势，并可作为推算考核事物的依据，以及作为分析现象之间的依存关系的依据等。平均指标采用的形式有算术平均数、倒数平均数、众数、中位数等。

（五）动态分析法

动态分析法是指把反映经济现象发展变化的一系列数字，按时间先后顺序排列，组成一组动态数列，进行分析的一种方法。在使用过程中，要注意各指标所属时间长短要相同，指标内容、计算方法、计量单位等要统一。动态分析法的指标有发展水平指标、动态比较指标和动态平均指标。

1. 发展水平指标

发展水平指标是指某一个指标数值反映其在各不同时期（或时点）上发展达到的水平，称为发展水平，又称时间数列水平。发展水平指标可用来表明社会经济现象发展规律，也是计算各种动态分析指标的基础。发展水平指标的形式有总量指标、相对指标和平均指标。

2. 动态比较指标

动态比较指标是根据两个发展水平的比较计算得来的。可以采用相除、相减或相除相减相结合的比较方式。动态比较指标可以采用绝对数或相对数来表示。

3. 动态平均数指标

动态平均数指标是指把时间序列中各个指标数值在时间上的变动加以平均，计算出平均数，以用来反映某种现象在一段时间内的平均速度或一般水平，又称为平均指标。平均指标的形式有时期平均数、时点平均数、平均发展速度等。

（六）制图分析

统计图是用各种图形表现统计资料的一种形式。它以统计资料为依据，借助于几何线、形、事物的形象和地图等形式，显示社会经济现象的数量，表现在规模、水平、构成、相互关系、发展变化趋势分布状况上。与统计表和文字报告的统计形式相比，简明具体，形象生动，通俗易懂，易于理解。

常用的统计方式有饼形图、柱形图、折线图等。

1. 饼形图

饼形图适用于反映总体中各部分与总体的结构关系。饼形图有平面的、三维的，还有分离型或复合型饼形图等，可以在 Excel、Word 中选择。在饼形图上，可以将每部分的说明标注于图上，便于理解和说明，如影响消费者购车的因素分析图（图 7-2）。

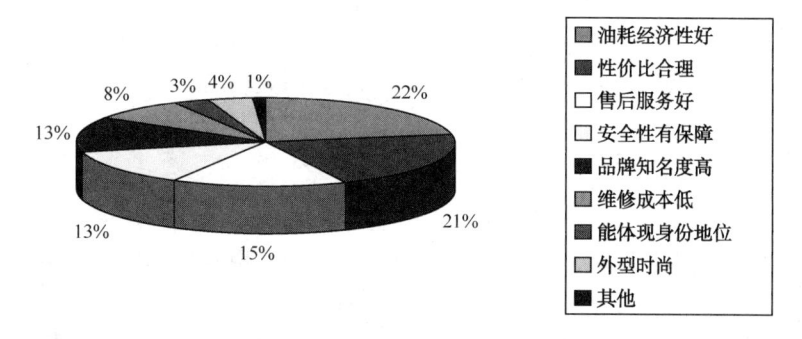

图 7-2 影响消费者购车的因素分析

2. 柱形图

柱形图适用于反映两项或几项事物之间的比较，也可用于反映总体中各部分的构成。柱形图有平面的、三维的，还有簇状、堆积柱形图等，可以在 Excel、Word 中选择，绘制的时候要注意起点和尺度的选择，不要误导读者。如用柱形图表示某商品各地区季度销售情况（图 7-3）。

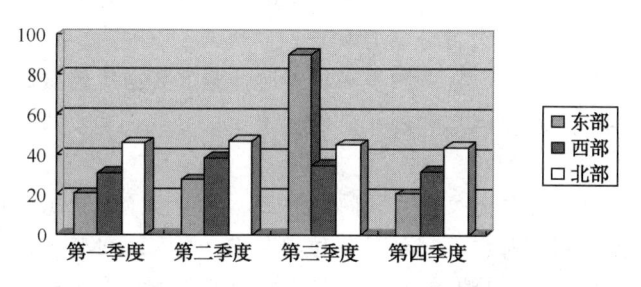

图 7-3 某商品各地区 1～4 季度销售情况

3. 折线图

折线图适用于反映与时间相关的事物随时间的变化而变化的状况，也适用于反映一事物与另一事物之间的关系。折线图也有平面的、三维的，还有数据点、堆积折线图等。绘制折线图时要注意对象不宜过多，以免过于繁冗复杂。如可用折线图表示某商品月销售额变动情况（图 7-4）。

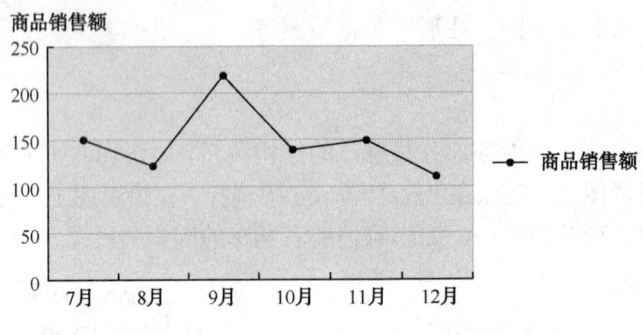

图7-4　某商品7～12月销售额变动情况

4．应用统计图时的注意事项

（1）题材必须简明易懂，分析具有意义，标题能准确表达完整的内容；
（2）准确标明图中相关栏目名称及计量单位，准确采用标尺刻度，避免引起误会；
（3）注明资料来源，以便核对；
（4）图中所记载资料按一定的逻辑顺序排列，如按数值大小、时间、地区等排列；
（5）采用合适的图形，图示直观清晰。

市场调查新视界

大数据分析与应用

大数据又称为巨量资料，指的是所涉及的数据资料量规模巨大，无法通过人脑甚至主流软件工具在合理时间内采集、管理、处理，并整理成为帮助企业经营决策的资讯，必须借助特定的数据挖掘软件才能进行分析与处理。

大数据的特点是数据量大、数据种类多、实时性强、数据所蕴藏的价值大。在各行各业均存在大数据，但是众多的信息和资讯是纷繁复杂的，我们需要搜索、处理、分析、归纳、总结其深层次的规律。

（1）大数据的采集。科学技术及互联网的发展，催生出了大数据时代，各行各业每天都在产生数量巨大的数据碎片，数据计量单位已从Byte、KB、MB、GB、TB发展到PB、EB、ZB、YB甚至BB、NB、DB来衡量。大数据时代数据的采集也不再是技术问题，只是面对如此众多的数据，我们如何才能找到其内在规律。

（2）大数据的挖掘和处理。大数据必然无法用人脑来推算、估测，或者用单台的计算机进行处理，必须采用分布式计算架构，依托云计算的分布式处理、分布式数据库、云存储和虚拟化技术，因此，大数据的挖掘和处理必须用到云技术。

（3）大数据的应用。大数据可应用于各行各业，将人们收集到的庞大数据进行分析整理，实现资讯的有效利用。

（4）大数据在零售行业的应用。例如，某个公司是一家领先的专业时装及化妆品零售商，通过当地的百货商店、网络及其邮购目录业务为客户提供服务。公司希望向客户提供差异化服务，如何定位公司的差异化？他们通过从Twitter和Facebook上收集社交信息，更深入地理解化妆品的营销模式,随后他们认识到必须保留两类有价值的客户:高消费者和高影响者。希望通过接受免费化妆服务,让用户进行口碑宣传,这是交易数据与交互数据的完美结合,为业务挑战提供了解决方案。Informatica(美国一家全球领先数据集成软件提供商)的技术帮助这家零售商用社交平台上的数据充实了客户主数据,使该零售商的业务服务更具有目标性。

又如:零售企业监控客户在店内走动的情况及与商品的互动。它们将这些数据与交易记录相结合来展开分析,从而在销售哪些商品、如何摆放货品及何时调整售价上给出意见,此类方法已经帮助某领先零售企业减少了17%的存货,同时在保持市场份额的前提下,增加了高利润率自有品牌商品的比例。

(5)大数据的意义和前景。总的来说,大数据是对大量、动态、能持续的数据,通过运用新系统、新工具、新模型的挖掘,从而获得具有洞察力和新价值的东西。以前,面对庞大的数据,我们可能会一叶障目、只见一斑,因此不能了解到事物的真正本质,从而在科学工作中得到错误的推断,而大数据时代的来临,一切真相将会展现在我们面前。

复习与思考

一、简答题

1. 资料处理具有什么意义?
2. 简述资料处理的程序。
3. 如何做好资料处理中的鉴别工作?
4. 如何运用三变量交叉列表进行信息资料的处理与分析?
5. 什么是动态分析法?有哪些指标?
6. 制图分析有哪些方法?分别适合何种情形?

二、思考题

1. 通过不同的信息渠道查找有关我国体育用品市场发展现状的三份不同的资料,并对这三份资料进行整理,提出你的分析结果。

2. 选择某一老少皆宜的商品,设计问卷对本市不同年龄段的受访者进行调查。①对所得到的资料进行审核,剔除无效问卷。②根据年龄段将调查所得资料进行分组,并录入系统。③采取所学的分析方法进行分析,试总结自己的调查结论。

案例分析　　某市家用汽车消费情况调查分析

随着居民生活水平的提高,私车消费人群的职业层次正在从中高层管理人员和私营企业主向中层管理人员和一般职员转移,汽车正从少数人拥有的奢侈品转变为被更多普通家庭所使用的交通工具。了解该市家用汽车消费者的构成、消费者购买汽车时关注的因素、消费者对汽车市场的满意程度等对汽车产业的发展具有重要意义。

本次调研活动中共发放问卷400份,回收有效问卷368份,根据整理资料分析如下。

一、消费者构成分析

1. 有车用户家庭月收入分析

目前该市有车用户家庭月收入在 4000～5000 元的最多；有车用户平均月收入为 4532.5 元，与该市市民平均月收入相比，有车用户属于收入较高人群。61.96%的有车用户月收入在 4500 元以下，属于高收入人群中的中低收入档次。因此，目前该市用户的需求一般是每辆 10 万～15 万元的经济车型，如表 7-20 所示。

表 7-20　有车用户家庭月收入

家庭收入	比重（%）	累积（%）
4000 元及以下	28.26	28.26
4000～5000 元	33.70	61.96
5000～6000 元	10.87	72.83
6000～7000 元	18.48	91.31
7000 元及以上	8.69	100

2. 有车用户家庭结构分析

DINK 家庭（Double Income No Kids），即夫妻二人无孩子的家庭，占有车家庭的比重大，为 36.96%。其家庭收入较高，负担较轻、支付能力较强、文化层次高、观念前卫，因此 DINK 家庭成为有车族中最为重要的家庭结构模式。核心家庭，即夫妻二人加上孩子的家庭，比重为 34.78%。核心家庭是当前社会中最普遍的家庭结构模式，因此比重较高不足为奇。联合家庭，即与父母同住的家庭，仅有 8.70%。单身族占 17.39%，这部分人个人收入高，且时尚前卫，在有车用户中占据一定比重。另外已婚用户比重达到了 81.5%，而未婚用户仅为 18.5%，如表 7-21 所示。

表 7-21　有车用户家庭结构

家庭结构	比重（%）	累积（%）
DINK 家庭	36.96	36.96
核心家庭	34.78	71.74
联合家庭	8.70	80.44
单身	17.39	97.83
其他	2.17	100

3. 有车用户职业分析

调查显示有 29%的消费者在企业工作，20%的消费者是公务员，另外还有自由职业者、机关工作人员和教师等。目前企业单位的从业人员包括私营业主、高级主管、白领阶层仍是最主要的汽车使用者。而自由职业者由于收入较高及其工作性质，也在有车族中占据了较高比重，如图 7-5 所示。

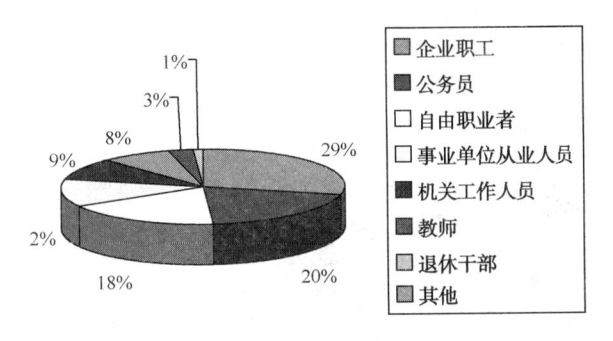

图 7-5 消费者职业构成

4. 有车用户年龄及驾龄分析

在我们所调查的消费者中,年龄大多在 30~40 岁或是 30 岁以下,所占比重分别为 43% 和 28%,也有 23% 的年龄在 40~50 岁,仅有 6% 的消费者年龄在 50 岁以上。可见,现在有车一族年轻化的趋势越来越明显,这是因为大多数年轻人没有太多的家庭负担,正处于购买力和消费需求同样旺盛的时候,而越来越低的购车门槛,也给了他们足够的购车理由。

该市有车用户的驾龄平均为 5.294 年,而在本次接受调查的消费者中,有 61.94% 的用户驾龄在 3 年以上。由此可见,本次调查的有车用户驾龄普遍较长,因而对汽车也比较熟悉,对汽车相关信息掌握得也相对全面,这就使得我们对有车用户青睐的品牌的调查有了较高的可信度,而他们在汽车使用方面的经验,也能够为今后该市家用汽车市场营销策略的制定提供一定的帮助。

二、消费者购买汽车时关注的因素分析

调查显示,消费者在购车时最关注的因素首先还是汽车的价格和性能,所占比例分别达到了 19% 和 16%,因此,性价比越高的汽车越能受到消费者的青睐。其次在消费者对汽车的关注因素中排在前列的还有油耗、品牌和售后服务等几项,所占比重分别为 14%、13% 和 13%。由此可见,汽车自身的品质与经销商所提供的售后服务保证是同等重要的。因此,在对消费者最终选购汽车起主导作用的因素中,油耗经济性好、性价比合理、售后服务好这三项占据了前三位,所占比重分别为 22%、21% 和 15%。影响消费者购车的因素如图 7-6 所示。

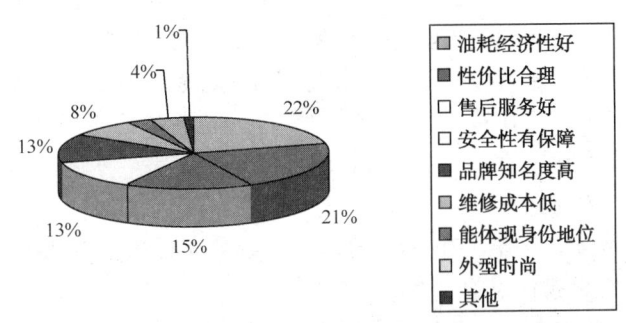

图 7-6 影响消费者购车的因素

消费者在购车前获取信息的渠道主要有哪些呢?通过汽车报纸、杂志获取信息的消费者占总数的 27%,还有 23% 的消费者是通过电视、广播获取信息的,此外,上网查询和广告等也都是消费者获取信息的主要渠道。由此可见，在传媒业越来越发达的今天，任何媒介都能够加以利用，成为推动营销的帮手。消费者获取信息的渠道如图 7-7 所示。

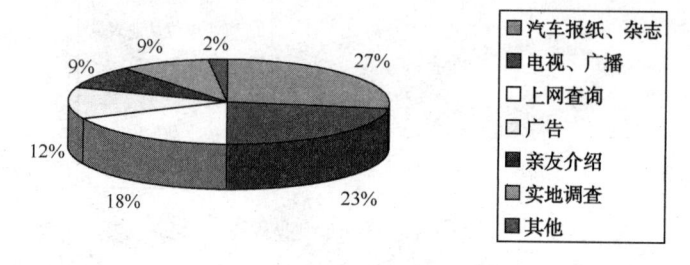

图 7-7　消费者获取信息的渠道

在大型汽车市场、品牌专卖店、综合销售点和其他销售点这几种汽车销售点中，目前消费者最为信赖的还是品牌专卖店，选择在品牌专卖店购买汽车的消费者比重竟高达74%，相信这与品牌专卖店舒适的购车环境、良好的信誉、有保障的售后服务都是分不开的。而目前消费者在支付方式的选择上大多还是选择一次付清，也有33%的消费者选择分期付款，但选择向银行贷款买车的消费者仅为7%，这一方面反映出大部分消费者的购车计划是在对自身收入合理估算后的可行选择；另一方面也说明了目前我国信贷业的不发达与不完善。消费者最信赖的购车场所如图 7-8 所示；消费者满意的支付方式如图 7-9 所示。

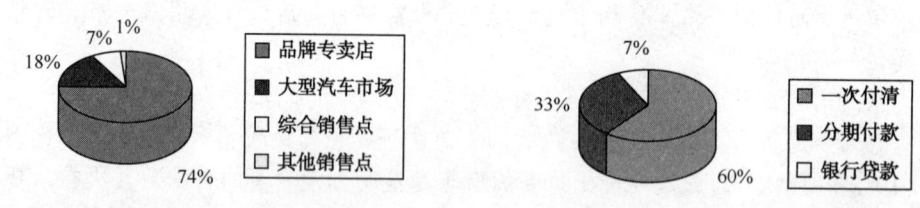

图 7-8　消费者最信赖的购车场所　　　　图 7-9　消费者满意的支付方式

三、用户使用情况特点分析

本次调查中男性用户的汽车品牌排在前三位的分别是捷达、宝来、本田，所占比例分别为37%、14%和11%；女性用户的汽车品牌排在前三位的分别是宝来、本田、捷达，所占比例分别为44%、13%和13%。由此可见，该市家用汽车市场上消费者使用的品牌的前三位毫无疑问是捷达、宝来和本田，所占比重分别是33%、20%和11%。而消费者所认为的该市家用汽车市场上数量最多的汽车品牌前四位也分别是捷达、宝来、本田和丰田，这与实际情况也较为相符。由此可见，目前最受有车一族青睐的无疑是经济车型。

本次调查从购车用途来看，仅有 1%的消费者是为了家用方便，98%的消费者买车是为了上下班方便或作为商业用途。

对车主保险情况调查来看，有 81%的人都会给爱车投保，以减少用车风险，但也有 4%的消费者认为给爱车投保没有必要。

目前，油价的不断上涨，已成为有车族关心的问题，在他们用车的过程中也产生一定影响，有 46%的消费者已经考虑更换小排量、低油耗的车，还有 18%的消费者选择减少用车频率，但也有 36%的消费者认为基本没有影响。可见，未来的几年内，低油耗的车型仍会成为消费者青睐的对象。此外，还有交通设施不足、塞车现象严重和停车难问题占据日常行车困扰的榜首，这表明我国交通设施建设仍需进一步提高。

四、用户满意度分析

目前该市家用汽车消费者使用最多的三种品牌分别是捷达、宝来、本田，这三种品牌的汽车到底具有哪些优势呢？通过比较发现：捷达车用户对本车最满意的地方在于车的性能和燃油经济性，所占比重分别为53%和30%。捷达车的动力性和品牌知名度也是比较令他们满意的因素；宝来车的用户对本车最满意的地方在于车的舒适性、品牌知名度和燃油经济性，所占比重分别为34%、24%和24%，该车的动力性和整体性也较出色；本田车最令用户满意的地方除了舒适性、品牌知名度、性能外，还有车的外观，这几项所占比重分别为30%、20%、20%和20%。由此可以看出，消费者较为满意的车型除了经济舒适外，还必须具有较高的品牌知名度。三种车的优势如图7-10～图7-12所示。

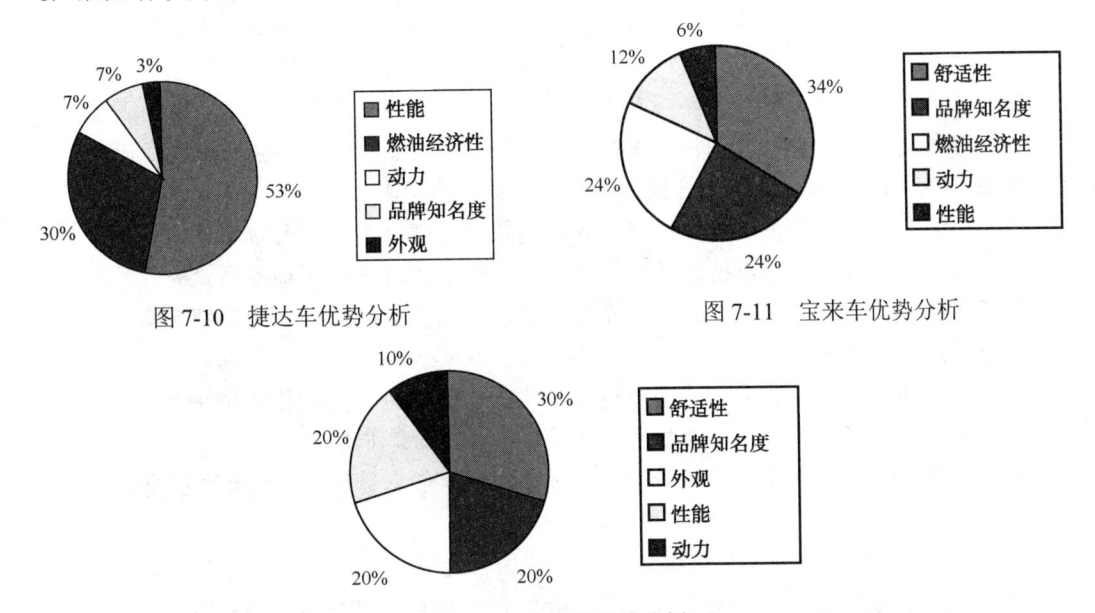

图7-10　捷达车优势分析

图7-11　宝来车优势分析

图7-12　本田车优势分析

在上面的分析中，我们曾提到售后服务也是消费者选车时较为关注的因素之一，那么对消费者使用最多的几款车型来说，他们的售后服务情况如何呢？通过比较，捷达车的用户中有13%的用户非常满意，44%的用户表示较为满意；宝来车有6%的用户表示非常满意，50%的用户表示较为满意，还有44%的用户认为一般；本田车的用户中有30%的用户表示非常满意，40%的用户表示较为满意。总体来说，这几种品牌汽车的售后服务都比较令用户满意。而在售后服务过程中，用户最为看重的服务指标就是技术等级，占到43%，接下来依次是收费标准、返修率和服务态度，分别占22%、20%和15%，这反映了大多数用户心目中质量和价格仍是衡量服务好坏的根本标准。

近几年来关于汽车投诉的比例在逐年上升，其中汽车质量、安全隐患及维修保障等问题突出。在解决纠纷的过程中，有28%的消费者认为最令他们头痛的是缺乏硬性的检测标准，27%的消费者认为是找不到相关的投诉机构，22%的消费者认为检测程序太复杂，还有15%的消费者认为检测费用过高，另外8%的消费者则认为还存在其他方面的问题。这表明我国政府职能机构还需要进一步改进工作,相关程序需要进一步简化,相关检测设施需要进一步完善,使其更好地为大众服务。在遇到问题需要解决时,消费者最希望得到哪些维护消费者权益的援助呢?46%的消费者希望能设立相关部门以方便检查质量问题,28%的消费者希望能够专设部门判定是非,18%的消费者则希望媒体能对问题车辆进行曝光,还有7%的消费者希望能有专业的律师提供法律咨询。这一方面反映了我国公民维权意识的提高,也反映相关职能部门的服务不到位。

五、建议

通过对本次家用汽车消费情况调查结果的分析,就反映出的问题和现象特提出以下建议。

(1)在家用汽车消费群体中,女性消费者具有很大的市场潜力,汽车生产商可以在汽车的整体设计中加入一些符合女性需求的细节设计,使汽车设计更富人性化,也更能受到女性消费者的青睐。

(2)从目前家用汽车市场的实际情况来看,经济实用型汽车最受欢迎,但消费者在选购实用汽车的同时,也会考虑到汽车的外观能否体现其身份、地位,因此生产商应加强对经济实用型汽车在外观、内饰上的提高,以争取更多消费者。

(3)在购车地点的选择上,大部分消费者选择了品牌专卖店,因为那里的环境、服务等都比别处更胜一筹,但综合销售点实际上更有利于消费者进行实地考察,从而客观地对汽车品牌进行对比。但目前该市的几个综合销售点的经营状况都远不如品牌专卖店,综合经销商应考虑如何采取对策。

(4)目前通过银行贷款的方式买车的消费者还是较少,这与中国人的消费观念有关,但就目前中国的形势来看,通过贷款的方式买房、买车都是非常合适的选择,虽然我国仅在北京等少数大城市提供了不超过货物本身的14.3%的低息贷款,但经销商若能做足这方面的"文章",也可促进家用汽车消费市场的长足发展。

(5)消费者在维权方面达成的共识就是希望国家能够设立专门的部门,制定出硬性的指标以判定汽车的质量问题,维护汽车消费者的合法权益,有待国家相关政策的出台。

讨论问题:

1. 该调查资料采用了哪些分析和描述方法?
2. 市场调查资料的整理与分析对于一个企业的营销决策有何意义?

【实操训练7】 整理与分析市场调查资料

1. 实训目的

(1)培养学生审核市场调查问卷及各种调查资料的能力。
(2)培养学生对资料编码、分类、整理、统计、汇总的能力。

2. 实训条件

(1)已经完成了二手资料收集、拦截访问调查或其他的一些调查,收集了调查资料。

（2）学生能熟练运用 Excel、SPSS 等软件，学校有市场调查实验室。

（3）专业教师针对相关问题进行针对性的指导。

（4）学生要利用一定的课余时间完成部分工作。

3．实训任务

任务编号	任务名称	任务准备	任务执行明细	任务成果	评价标准
T701	设计和编制资料整理方案	准备好所有已经调研好的资料和审核的记录	（1）根据企业要求和资料收集情况，确定资料整理的目的（2）根据调研的目的和企业要求策划好资料整理的深入程度、整理输出的形式、编码体系等	编码说明书（对于编码规则的介绍）	是否掌握了资料整理的基本形式、编码的基本技能、编码说明书的撰写方法 占本任务总分的50%
T702	对资料进行分组、汇总和计算	准备好所有已经调研好的资料和审核的记录	（1）对资料进行合理分类（2）对相关的调查结果进行汇总（3）计算出问卷调查中不同选项的选择值比例	调研资料信息统计表	（1）是否准确地进行分类汇总和计算（2）是否完整无误地将资料输入到了计算机 占本任务总分的50%
T703	编制信息统计表	完成汇总、计算	（1）根据汇总计算情况编制统计信息表（2）将资料完整地输入计算机，保存为 Word 或 Excel 文档		

4．实训评价

（1）参照上表中的执行细节和评价依据进行评价。

（2）对于实训任务的完成质量的控制和评价重点在于问卷的审核、不合格问卷和材料的遴选，以及统计信息的准确性、完整性。

（3）对调查结果的描述与分析所采用的方法是否科学、合理和具体。

（4）能够熟练使用学校市场调查实验室软件。

【学生实训成果示例】

调查结果汇总

任务 8

预测市场发展趋势

任务目标

知识目标
1. 了解市场预测的基本原理与原则；
2. 掌握市场预测的程序；
3. 掌握市场预测的基本方法。

能力目标
1. 能够正确应用常用的定性预测方法；
2. 能够正确应用常用的定量预测方法。

案例导入　　　　　　　李嘉诚：审时度势，造就成功

1950年夏天，李嘉诚创办了长江塑胶厂，专门生产塑胶玩具和简单日用品，由此起步，开始了他叱咤风云的创业之路。在创业最初的一段时期，李嘉诚凭着自己的商业头脑，以待人以诚、执事以信的商业准则发了几笔小财。但不久之后，一段惨淡经营期来临了。几次小小的成功，使得年轻且经验不足的李嘉诚忽略了商战中变幻莫测的特点，他开始过于自信了。1950年到1955年的这段沉浮岁月，是李嘉诚创业史上最为悲壮的一页，它沉痛地记录了李嘉诚摸爬滚打于暴雨泥泞之中的艰难历程。

像任何身处逆境的人一样，李嘉诚经过一连串痛定思痛的磨难后，开始冷静分析国际经济形势变化，分析市场走向。在种类繁多的塑胶产品中，李嘉诚所生产的塑胶玩具在国际市场上已经趋于饱和状态了，似乎已经没有足够的发展空间。这种情况意味着他必须重新选择一种能激活企业、在国际市场中具有竞争力的产品，从而实现他塑胶厂的转轨。

一天深夜，李嘉诚自修完当天的功课后，仍像平日一样随手翻阅着一些杂志。当他阅读最新英文版《塑胶》杂志时，发现在一个不太引人注目的地方，刊登了一项有关意大利一家公司用塑胶原料设计制造的塑胶花即将倾销欧美市场的消息。李嘉诚马上联想到和平时期过着平静生活的人们，在物质生活有了一定保障之后，必定在精神生活上有更高的需

求。如果种植花卉等植物，不但每天要浇水、除草，而且花期短，这与当时人们抓紧时间工作的生活节奏很不协调。如果生产大量塑胶花，则可以达到既价廉物美又美观大方的目的，能很好地美化人们的生活。想到这里，李嘉诚兴奋地预测着：一个塑胶花的黄金时代即将来临。

1957年，李嘉诚带着企业复活的希望踏上了学习塑胶花制造技术的征途。精明的李嘉诚深知生意人对于刚面世的新产品是十分重视的，而且在技术上会有很大的保留，不会轻易地让人学去，故不断以购货商、推销员等身份，甚至不惜打短工，千方百计地收集点滴有关塑胶花制作的技术资料。不仅如此，李嘉诚又购置了大量在款式、色泽上各具特色的塑胶花品种带回香港，不惜重金聘请香港乃至海外的塑胶专业人才，对这些购回的塑胶花品种进行研究。他一边进行市场调查，一边了解国际市场的发展动态，希望能找出最受欢迎的塑胶花品种进行大规模生产。

1957年，咬紧牙关走出绝境的李嘉诚开始了他的一系列别具新意的转轨行动，生产既便宜又逼真的塑胶花，这在当时的香港还是一个冷门。经过李嘉诚的努力及各方面的促销和广告活动，塑胶花开始引人注目，为香港市民所普遍接受，长江塑胶厂的名字也开始为人们所熟悉。重新开辟出一条道路的李嘉诚，在渡过危机之后，便渐渐地走上了稳定发展的道路。

这个以5万港币创办的塑胶厂，以生产塑料花打开了市场，李嘉诚也被誉为塑胶花大王。20世纪60年代他转向投资房地产业，凭借他出色的经营才华不断发展壮大，成为香港最大的地产发展商和物业拥有者。他所经营的房地产、金融、酒店、石油、电力等产业遍及世界五大洲。今天的李嘉诚给人最鲜明的印象是足智多谋，在经营策略上他从不轻易去冒险，更不会有随便碰碰运气的行动，他的所有决策都来源于对全面、广泛的资料的占有和分析；他的决定都是按照实际情况而做出的合理的反应，这也是他最为人称道的本领。

（资料来源：http://www.docin.com/p-947116095.html）

思考

1. 李嘉诚成功的奥秘是什么？
2. 结合你了解的李嘉诚成功的发展史，谈谈市场趋势的把握对企业发展的影响。

理论指导

一、市场预测概述

市场预测是属于预测的一个分支，要了解市场预测概念，首先必须明确预测的含义。预测就是通过对客观事实的历史和现状进行科学的调查和分析，由过去和现在推测未来，由已知推测未知，从而揭示客观事实未来发展趋势和规律的活动。例如，天气预报就是利用历史气象资料和气象卫星云图预测的结果。

市场预测则是在对影响市场供求关系变化的各种因素进行全面、系统地调查的基础上，运用科学方法和技术对市场未来发展趋势进行预计、测算和判断，得出符合逻辑的结论的活动。

由此可见，市场调查与市场预测两者有着密切的联系，市场调查是市场预测的依据，只有经过深入、系统地市场调查，才能做出科学的市场预测，而市场预测是营销决策的基础。

市场预测的作用主要体现在：帮助经营者制订适应市场的行动方案，是企业制定营销策略的前提条件；帮助企业把握市场的总体动态和发展趋势，挖掘潜力，提高自身应变能力，增强竞争能力。

（一）市场预测的内容

市场预测的内容非常广泛，但因市场主体的不同和市场预测的目的和要求不同，使市场预测的侧重点也存在差别。从立足于企业角度来看，市场预测的主要内容有以下几点。

1. 市场需求预测

市场需求预测，是对一定时期特定区域内的某类市场或全部市场的需求走向、需求潜力、需求规模、需求水平、需求结构、需求变动等因素进行分析预测。市场需求预测是市场预测的重点。市场需求预测既包括对现有市场需求潜量的估计，也包括对未来市场的需求潜力的测定。通过对市场需求潜量的预测，企业就有可能掌握市场的发展动态，以便合理地组织自己的经营活动，如确定目标市场、资源配置、战略研发等。

案例启示

2008年正值我国乳制品市场十分混乱的时期，毒奶粉事件让老百姓对国产奶粉产生不放心，不信任，甚至恐惧的心理。许多年轻父母开始为孩子购买进口奶粉，但进口奶粉价格普遍较高，而且原装进口奶粉配方不能完全满足中国婴幼儿生长发育的需求。

在乳制品行业从事销售工作多年的马总经理看到了这个市场机会，他根据国家人口统计数据，测算当时中国0~3岁婴幼儿规模在1.7亿左右，从相关资料了解到每个婴幼儿奶粉消费金额年平均大于1000元，当时婴幼儿奶粉市场总需求每年达1700亿元之多，而当时国内没有可以让老百姓放心的国产奶粉品牌，由此推断，未来市场对进口奶源的乳制品需求潜力巨大，湖南英氏乳制品有限公司就此创立。2008年，公司还是以婴幼儿营养米粉为主要产品，当年实现销售额800万元，之后开发了以进口奶源和世界先进加工工艺生产的原装进口奶粉，建立了英氏品牌，公司年销售额以100%的速度递增，2015年销售额突破8亿元，销售网络已经覆盖到全国除新疆和内蒙古外的所有省、直辖市，英氏乳制品成为国内婴幼儿营养食品的知名品牌。

2. 市场供给预测

市场供给预测，是指对一定时期和一定范围的市场供应量、供应结构、供应变动因素等进行分析预测。市场供给预测也是市场预测的重要内容。市场供应量和供应结构的分析预测，可分为消费品与生产资料两种类型，也可分为全部商品、某类商品和某种商品三个层次的供给预测。一般来说，应在市场供给调查的基础上，运用合适的预测方法对商品的生产量、国外进口和其他供应量等决定供应总量的变量进行因素分析、趋势分析和相关分析，在此基础上，再对市场供应量和供应结构的变化前景作出预测推断。

案例启示

韩国大宇实业集团曾经是世界500强企业，集团创始人金宇中曾被誉为韩国"世界经营"者，他是带领韩国企业走向世界的先驱。当然，他也像许多传奇人物一样，有着跌宕起伏的人生，他亲手创立的商业帝国没有经得住1997年东南亚金融危机冲击，最终只能宣告破产。尽管如此，这一切并不能阻止后来者对这位商业奇才的探寻。金宇中善于捕捉商机，凭借知识和魄力果断决策，是他曾经获得成功的重要经验。

20世纪70年代，印度尼西亚实行纺织品进出口自由化后，东南亚纺织品市场出现了过热现象。在这种情况下，以防不测，金宇中组织了以韩国银行调查部职员崔英杰、金学洙、朴胜等人为核心的咨询顾问小组，由他们每周一次为大宇实业开展有关国际贸易市场和国际经济发展趋势等问题的咨询活动。根据他们提供的信息，认为国际纺织品市场将会供过于求，最终导致国际纺织品市场不景气，因此，韩国的纤维制品和纺织品的出口不久也将会同国外一样，转为附加价值高的服装出口。这一信息使金宇中很受启发，他当即决定增加对服装生产的投资。

不出所料，不久，韩国纺织业便处于全面不景气状态之中，仅釜山就有80%的企业开工不足，纺织品生产能力严重过剩。但是，技术水平与韩国相似的中国台湾、香港等地区的服装行业却一直很好。由于大宇提前进入服装行业，并不断扩大对外贸易，积极推行以廉价产品为主的批量出口，树立韩国服装品牌形象，有效化解了国内纺织品生产过剩的经营危机。

（资料来源：http://www.baike.com/wiki/%E9%87%91%E5%AE%87%E4%B8%AD）

3. 市场环境预测

市场环境预测，是在市场环境调研的基础上，运用因果性原理与定量分析相结合的方法，预测国际国内的社会、经济、政治、法律、政策、文化、人口、科技、自然等环境因素的变化对特定的市场或企业的生产经营活动会带来什么样的影响，并寻找适应环境的对策。市场环境预测应及时收集外部环境变化的信息，分析环境变化带来的威胁和机会，分析企业的优势与劣势，以便企业做出正确的营销决策。

案例启示

20世纪70年代，曾经发生过这样一个故事。一位彬彬有礼的日本人到美国之后没有选择到旅馆入住，而以学习英语为名跑到一个美国家庭里入住。奇怪的是，这位日本人除了学习英语外，每天还做笔记，连美国人居家生活的各种细节，包括吃什么食物，看什电视节目等,全数记录在列。3 个月之后,这个日本人回国了。就在这个日本人回国后不久,日本丰田公司就推出了针对当时美国家庭需求而设计的价廉物美的旅行车,大受美国人的欢迎。该车最大的特点是在汽车设计制造的每一个微小细节都考虑到了美国人的需要。日本丰田公司正是通过如此的"卧底",掌握了美国汽车消费的第一手资料。然后设计制造出了美国人需要的汽车。经过努力,日本丰田公司在美国市场上获得了辉煌的业绩。到了 20 世纪 80 年代,日本丰田车就已经占了美国进口车总额的 25%。

4. 消费者购买行为预测

消费者购买行为预测,是在消费者调查研究的基础上,对消费者的消费能力、消费水平、消费结构等进行预测分析,揭示不同消费群体的消费特点和需求差异,判断消费者的购买习惯、消费倾向、消费嗜好等的变化,研究消费者的购买地点、购买时机、购买决策过程、购买行为等及其变化,以便为市场潜力的测定、目标市场选择、产品研发和营销策略的制定提供依据。

案例启示

2014 年中国电子商务市场交易整体规模达到 12.3 万亿元,同比增长 21.3%。其中,网络购物所占份额为 23%,交易规模为 2.8 万亿元,同比增长 48.7%,在社会零售总额中的渗透率首次突破 10%。中国已成为交易额超过美国的全球最大网络零售市场,网络购物也成为推动中国电子商务市场发展的重要力量。互联网尤其是移动互联网用户数量的持续快速增长在一定程度上加速了电商规模的扩大。而以淘宝为首的电商均在不遗余力的借助和制造各种节目,进行一轮又一轮的促销。"双十一",又称"光棍节"(每年的 11 月 11 日),经过两三年的渲染,如今已经成为购物狂欢节的代名词。

2015 年"双十一"刚刚落下帷幕,阿里集团的数据显示,截至 11 月 11 日 24 时,"双十一"网购狂欢节支付宝(主要是天猫和淘宝)交易额达到 912 亿元,较 2014 年的 571 亿元增长了近 60%,中国网民网购的热情可见一斑。

由此可以推测,中国零售行业已经进入电子商务时代,年轻的消费者们将网络购物变成一种时尚和习惯,这种消费行为的改变引起了广大零售实体经营者的关注和警觉。

5. 产品市场预测

产品市场预测,是利用市场调研资料,对产品的生产能力、生产成本、价格水平、市场占有率、市场覆盖率、技术趋势、竞争格局、产品要素、产品组合、品牌价值等进行预测分析,以便为企业产品市场前景分析及制定有效的营销策略提供依据。

案例启示

随着全球对有机农业的认可,全球消费者对有机食品有着庞大的需求。这里所说的"有机"并不是化学上的概念,而是指采取一种有机的耕作和加工方式进行生产,符合国际或国家有机食品要求和标准,并通过国家权威机构认证的农副产品及其加工品。包括粮食、蔬菜、水果、奶制品、禽畜产品、蜂蜜、水产品、调料等。有机食品的价格较高，通常比常规食品高30%～50%，有些甚至高出一倍以上。人们青睐有机食品除了其无污染、高品质、口味好，对健康有利之外，还有一个重要原因，就是消费有机食品是对环境保护和可持续发展作贡献。特别是欧洲一些国家，如德国、奥地利、丹麦等地，有机食品市场份额达到了2%～3%，预计在今后10年时间有望达到10%～15%。中国的有机食品市场，目前无论是规模，还是发展程度都很低，处在起步阶段。综合分析发达国家的需求趋势及未来国内市场的逐步成长，中国有机食品无疑有着广阔的市场前景。据专家预测，未来10年，中国有机农业生产面积及产品生产年均增长20%～30%，在农产品生产面积中占有1.0%～1.5%的份额；有机食品出口占农产品出口比重将超过5%，国内有机食品占到整个食品市场的1.0%～1.5%。因此，建议农副产品经营企业快速转型升级，加大对有机食品研发和生产的投入。

6. 产品销售预测

产品销售预测，是利用产品销售的历史数据和有关调研资料，对产品销售规模、销售结构、产销存平衡状态、销售变化趋势、销售季节变动规律、产品的市场占有率和覆盖率、客户分布、渠道变动、利润变动等作出预测分析和推测，以揭示影响销售变动的各种因素及销售中存在的问题，研究开拓市场，是企业制定价格、分销渠道、销售促进策略的重要依据。

（二）市场预测的基本原理与原则

1. 市场预测的基本原理

市场之所以能被预测，主要是人们通过长期的认识，运用科学的方法逐步了解市场变化规律，并采用先进的科学手段，根据市场发展历史与现状，推演市场发展的趋势，作出相应的估计和推测。具体而言，市场预测需要以下几条原理做指导。

（1）连续性原理。任何事物的发展在时间上都具有连续性，表现为特有的过去、现在和未来这样一个过程。因此可以通过事物的历史和现状推演出事物的未来。市场的发展在时间上也表现为一定的连续性，且这种发展变化在长期的过程中也存在着一些规律性，因此可以通过时间上所表现出来的规律进行预测。

（2）因果原理。任何事物都不可能孤立存在，都会与周围的各种事物相互制约、相互促进。因此，可以根据相关事物的发展变化推测某一事物的发展变化。

（3）类推原理。许多事物相互之间在结构、模式、性质、发展趋势等方面客观上存在着相似。因此人们可以根据已知某一事物的结构、性质、发展变化等的情况，通过类推的方法推演出相似事物未来可能的情况。类推的方式又包括由小见大、由表及里、由此及彼、由远及近、自上而下、自下而上和由过去、现在推测以后等。例如，可以利用人们对手机智能化的需求推演其他电子产品的智能化需求趋势。

（4）概率原理。概率是事物发生的几率，即可能性大小。从偶然性中发现必然，是通过概率论和数理统计方法，求出随机事件出现各种状态的概率，然后根据概率去推测对象的未来状态。人们在认识事物之前，通常只知道其中某些确定性因素，有些因素是不确定的，即存在着偶然性因素。我们不可能完全把握未来，但根据经验和历史，很多时候能预估一个事物发生的概率，根据这种可能性，采取对应措施。市场的发展变化也是如此，可以通过对市场发展偶然性的分析揭示其内部隐藏着的必然性，并由此推测市场发展的未来。

案例启示

2015 年"O2O"成为商业领域一个流行词汇，这个流行词汇的含义是指从线上到线下的随需应变的商业模式。在中国的主要城市中，"O2O"已在各行业中迅猛发展。无论是零售送货，还是各类专业上门服务，消费者只需要悠闲地待在家里，通过智能手机下单即可。

"O2O"着实已经渗透到人们生活的方方面面。去年，"O2O"服务加速进入一个新的发展阶段，尤其在中国大型城市中，其已成为一种极具商业利益的业务模式。随着物流网络日益扩大，物流速度相应提升，更多灵活的服务模式出现，2016 年的"O2O"服务将出现在更多新的行业里，扩散到更多的城市和地区，为消费者提供更灵活个性化的服务。

从零售"O2O"到专业服务领域，产品和服务均可直接"到家"。我们看见了多种到家服务，包括按摩、做饭、美容和彩妆等各类服务。中国快餐外卖公司"三鲜全食"提供网上预订午餐，消费者可到办公楼自动贩卖机上提取食物。中国创业公司"乐厘车"能通过手机应用提供按需应变的洗车服务，无论消费者把车停在哪里。我们看到未来"O2O"的服务甚至无须消费者在场。

物流基础设施的发展优化促使更多品类使用快递服务，不仅满足消费者对即时需求的日益增加，还为产品的生存与发展打开了一条创新通道。许多中国人使用自行车来递送杂货，北京城区的"骑士速递"是一家物流创业公司，它通过定速自行车提供两小时送达的速递服务。国内在线零售巨头淘宝宣布计划使用无人机运送体积小、重量轻的包裹。

"O2O"提高消费者的兴趣，进行跨品类创新，从诞生之初就被人们广泛使用，但至今尚未接触到低线城市和农村地区的大量消费人群。而据调查，中国低线城市的消费者对"O2O"的产品及服务也同样拥有浓厚兴趣，但目前看来，他们很少有机会可以尝试。事实上，45%的二三线城市的消费者没有使用过"O2O"服务，由于当地还没有提供这种服务的能力。因此，可以推断未来"O2O"的商业模式在中国有着巨大的发展潜力。

2. 市场预测的基本原则

市场预测的准确度越高，预测效果就越好。然而，预测中难免会出现误差。为了提高预测的准确程度，预测工作应把握以下一些基本原则。

（1）客观性原则。市场预测过程中要坚持实事求是，尊重事实和客观数据，不能主观判定，更不能弄虚作假。

（2）全面性原则。预测人员要具有广博的知识和经验，从各个角度归纳、概括、分析市场的现象，不要以偏概全，要考虑到各种因素的作用。

（3）科学性原则。预测所使用的资料，要经过去粗取精、去伪存真的筛选过程，才能反映预测对象的客观规律，得出正确的结论。在预测过程中，预测方法的选择、预测人员的挑选、预测模型的使用都应当科学选取，以减少预测误差。

（4）及时性原则。过时的信息会失去其价值。因此，预测工作要快速展开，及时汇报，以帮助企业做出正确的决策。

（5）连续性原则。市场的发展变化是连续不断的，市场预测也需连续不断地进行。实际工作中，一旦市场预测有了初步结果，就应将市场预测结果与实际情况进行比较分析，及时纠正市场预测误差，使市场预测结果保持较高的动态性和准确性。

（6）经济性原则。市场预测是需要耗费资源的，但是如果预测的耗费过大，经济效益不高，将给企业带来压力。因此预测工作要量力而行，也可委托专业机构代办。

案例启示

以下是一些典型的预测错误。
1. "我认为世界计算机需求量大约是五台。"
——Thomas J. Watson（IBM电脑公司总裁1956—1971，美国驻苏联大使1979—1981）
2. "我们不喜欢他们的声音，而且吉他音乐正在没落。"
——Decca（唱片公司1962年拒绝甲壳虫乐队时所说）
3. "谁会活见鬼想要听演员说话。"
——H. M. Warner[华纳兄弟（无声）电影公司1927]
4. "所有能被发明的东西已经都被发明了。"
——Charles Duell（美国专利局局长1899）
案例思考：为什么会出现预测的错误？

（三）市场预测的程序

市场预测应该遵循一定的程序和步骤以使工作有序化、统筹规划和协作。整个市场预测过程大致包括明确预测目标、收集信息资料、建立预测模型、利用模型进行预测、评价修正预测结果、撰写市场预测报告6个步骤，市场预测流程如图8-1所示。

1．明确预测目标

明确预测目标是开展市场预测工作的第一步，因为预测的目标不同，预测的内容和项目、所需要的资料和所运用的方法都会有所不同。明确预测目标，就是根据经营活动存在的问题，拟定预测的项目，制订预测工作计划，编制预算，调配力量，组织实施，以保证市场预测工作有计划、有节奏地进行。因此，预测目标一定要明确、具体，不能含糊、抽象。

```
         ┌──────────────┐
         │  明确预测目标  │
         └──────┬───────┘
                ↓
         ┌──────────────┐
         │  收集信息资料  │
         └──────┬───────┘
                ↓
         ┌──────────────┐
         │  建立预测模型  │
         └──────┬───────┘
                ↓
         ┌──────────────────┐
         │ 利用模型进行市场预测 │
         └──────┬───────────┘
                ↓
         ┌──────────────────┐
         │  评估修正预测结果  │
         └──────┬───────────┘
                ↓
         ┌──────────────────┐
         │  撰写市场预测报告  │
         └──────────────────┘
```

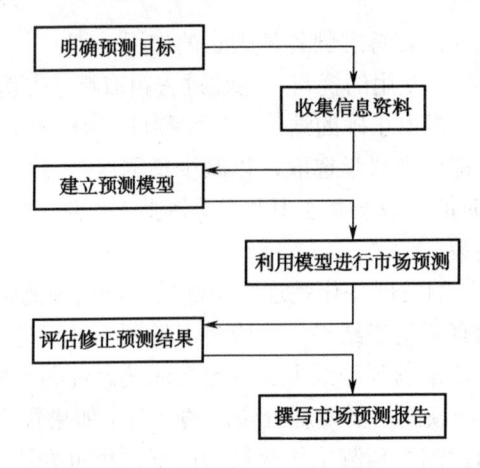

图 8-1　市场预测流程图

2．收集信息资料

市场预测的资料有历史资料和现时资料两类。一类是关于预测对象本身的历史和现时资料；另一类是影响因素的历史和现时资料。预测人员可以利用多种调查方式获取第一手资料，也可以利用各种渠道获取第二手资料。对调查和收集的资料一定要进行鉴别和整理，力求系统完整。

3．建立预测模型

对收集的资料进行判断并建立预测模型是市场预测中非常关键的一步。预测者在充分占有信息资料的基础上，怎样选择市场预测的方法，建立市场预测模型成为重要的问题。市场预测一般选择两种以上的预测方法进行预测，以便于比较分析。对定性预测，可以建立逻辑思维模型；对于定量预测，可以利用现有研究成果建立数据预测模型。

4．利用模型进行预测

利用模型进行预测是预测的主要阶段。在实际预测工作中，当历史数据资料全面时，一般利用建立的时间序列模型或因果关系模型预测；当缺乏历史数据资料时，一般进行定性预测，即根据经验判断得出预测结果。

5．评估修正预测结果

预测者在预测中无论采用何种形式的预测模型，无论怎样精心计算预测值，预测值和实际值之间必然会产生一定的差距，因此需要对预测值的合理性进行判断和评价。实际预测中，一般用以下方法进行修正判断：一是根据经验、常识判断预测结果是否合理；二是计算预测误差，看误差是否在允许的范围之内；三是分析正在形成的各种征兆反映的未来条件的变化，判断这些条件、影响因素的影响程度可能出现的变化；四是在条件允许的情况下，采用多种预测方法进行预测，综合各种预测结果的可信程度，提高预测的精确度。

6. 撰写市场预测报告

市场预测报告是对整个预测工作的总结，也是向报告使用者做出的汇报。市场预测报告的内容应包括以下内容：一是市场预测的结果与预测误差；二是提供不同的市场营销方案，并说明各方案的依据和利弊得失，供决策者进行比较和选择，以便选择最优的市场营销方案；三是对市场预测工作进行总结，总结出预测的经验，找出预测工作的不足，为今后的市场预测提供参考。

二 定性预测方法

定性预测是指预测者根据已掌握的部分历史和现时的资料，运用个人的经验和主观判断能力对事物的未来发展做出性质和程度上的预测。定性预测侧重于对事物发展的性质、原则和方向进行判定及对事物性质和规定性的预测，是依靠知识、经验、技能、判断和直觉做出预测的方法。

定性预测法是市场预测中经常使用的方法。这类预测方法简单易行，速度快，特别适用于以下情况：难以获取全面的资料进行统计分析的问题、对预测对象缺乏详细连续的历史数据的问题、非量化因素影响的预测、对质的方向做判断的预测、预测人员是缺乏专业预测知识的经营管理者等。定性预测法费用低、时效性较强，适合长期预测。因此，定性预测方法在市场预测中得到广泛应用。定性预测方法又包括个人经验判断预测法、集体经验判断预测法、专家预测法、市场试验法等。

（一）个人经验判断预测法

个人经验判断预测法是指根据直观材料，依靠预测者的经验和分析判断能力，对未来事物的发展做出预测。常用的方法有对比类推法、关联推断法、逻辑判断法和产品生命周期预测法。

1. 对比类推法

对比类推法是根据不同空间同类经济现象之间存在着相类似的情况，通过根据类似事物的相关情况进行对比类推，找出某种规律，推断出事物的发展变化趋势。这一方法具有较强的适用性，成本不高，对缺乏历史资料的事物或现象可以采用该方法，但类似物是否存在、是否具有可对比性是制约此方法的条件。

案例启示

我国银行个人消费信贷自20世纪90年代开展以来，由于种种原因发展缓慢，但随着经济发展和借鉴国外的经验，在北京、上海、深圳等大城市得到了相对迅速的发展。在发展过程中,银行发现在3个领域内最易推广,即住房、汽车和教育。这个结论与国外个人消费信贷发展过程相似,从而也指导了在我国其他城市推出个人消费信贷的试点。目前,我国银行个人消费信贷在住房、汽车和教育三大领域得到了全面而迅速的发展。

2. 关联推断法

关联推断法是从已知经济现象和经济指标的发展变化趋势,来判断预测事物未来发展趋势。这主要是基于各现象、指标或事物在时间上和变动方向上都有一定的关联关系,这种关系表现为在时间上的先行关系、后行关系和平行关系。个人判断可以依靠其长期的经验和时间上的相关关系来进行推断。在变动方向上则存在着顺相关关系和逆相关关系。人们可以根据这些相关原理,从已知的经济现象、指标的变动情况来推断事物的发展趋势。

比例分析法是关联推断法中常用的一种。它是利用关联事物之间的比例关系,先获得其中一个事物的数据,再根据这一事物的数据和比例关系来推断另一事物的未来数据。

案例启示

已知某五个地区人口数和销售某种商品的当年资料如表8-1所示,对五个地区明年该商品销售量进行预测。

表8-1 本年度各地区人口数和销售数

地区	C1	C2	C3	C4	C5
商品销售数(台)Y	3800	720	560	1500	800
人口数(万人)P	40	36	26	98	42

调查得知:C1区人口增长率为1.2%,需求率 G_1 为1.1%,则预测C1地区明年的需求量 Y'_1=400000×101.2%×1.1%=4453台。假定C2~C5地区的人口增长率和需求率与C1地区相同,由此,预测各区域明年需求量 Y'(表8-2)。

表8-2 明年各地区需求量预测计算

地区	本年销售量(台)Y	人口数(万人)P	销售率Q Q=Y/P	销售率比 Q_i/Q_1	需求率G $G_1×Q_i/Q_1$	明年需求量Y P×1.012×G
C1	3800	40	0.00950	1.000	0.01100	4453
C2	720	36	0.00200	0.211	0.00232	845
C3	560	26	0.00215	0.226	0.00249	655
C4	1500	98	0.00153	0.161	0.00177	1755
C5	800	42	0.00190	0.200	0.00220	935
合计	7380	242	—	—	—	8643

3. 逻辑判断法

人们通常需要将经验和知识综合起来,经过科学的逻辑推断后,做出判断和预测。常用的逻辑思维方法有归纳法、演绎法、分析法和综合法。归纳是由个别到一般的思维方法，演绎则是由一般到个别的思维方法。

案例启示

1960年，爱奥库卡升为美国福特公司副总裁兼总经理，他观察到20世纪60年代一股以青年人为代表的社会革新力量正在形成，它将对美国社会、经济产生难以估量的影响，爱奥库卡认为，设计新车型时，应该把青年人的需求放在第一位。在他精心组织下，经过多次改进，1962年年底这种新车最后定型。它看起来像一部运动车，前部长、尾部短，满足了青年人喜欢运动和刺激的心理。更重要的是，这种车的售价相当便宜，只有2500美元左右，一般青年人都能买得起。最后这种车还取了一个令青年人遐想的名字——"野马"。1964年4月纽约世界博览会期间，"野马"正式在市场上露面，在此之前，福特公司为此大造了一番舆论，掀起了一股"野马"热。在头一年的销售活动中，顾客买走了41.9万辆"野马"，创下全美汽车制造业的最高纪录。"野马"的问世和巨大成功显示了爱奥库卡杰出的经营决策才能。从此，他便扬名美国企业界，并荣任福特汽车公司总裁。

4. 产品生命周期预测法

产品生命周期预测法是市场预测活动中最常用的一种方法，是对企业产品开发、市场占有等方面进行预测的重要手段。产品生命周期是指产品开始投放市场到被市场淘汰的全过程，一般需要经历投入期、成长期、成熟期和衰退期四个不同的阶段，每个阶段产品的销量、成本状况、利润状况、竞争状况等都会有相应的特点，因此可以根据这些特点，对产品和市场做出预测，制定相应的营销策略。

案例启示

中国移动通信市场在近20年内得到迅速发展，目前我国手机用户总量应该排世界第一位，每100人拥有的手机比率达到了40%以上，而且手机的更新速度非常快，这对于国内外的手机制造商来说既是一个巨大的机遇，也面临不断开发新产品的竞争压力。手机制造商必须研究我国手机市场生命周期，为及时推出新产品服务。现将我国手机市场生命周期不同阶段的规模预测情况列表，如表8-3所示。

表8-3 手机市场生命周期不同阶段的规模预测情况

生命周期阶段	移动电话用户数	消费群体特征	对应年限
导入期	0~2500万	领导潮流的少数人	1987—1998年
成长期	2500万~1.5亿	大多数高收入者	1998—2005年
成熟期	1.5亿~3亿	大部分中等偏上收入者	2005—2015年
饱和期	3亿~6亿	大部分中等及以下收入者	2015年以后

根据这一预测可以推断我国手机目前市场总量已经达到近6亿部规模，而按个人手机

的更新周期平均为 1.5 年来推算，每年手机市场需求量将达到 2 亿部，如果手机制造商能够不断推出智能新、价优的机型，就可能占有较高市场份额。

（二）集体经验判断预测法

集体经验判断预测法又称集体意见预测法，由于个人的经验与知识存在局限，在预测过程中往往考虑综合多人的知识和经验。集体经验判断预测法是指将精心挑选的多个预测者构成一个预测小组，通过个体间的讨论和相互交流，最后对所要预测的对象做出评价和推测。这种方法可以克服个人判断局限性，提高预测的准确性，但预测者之间难免会产生相互影响和干扰，适用于短期市场预测。集体经验判断预测法具体又可分为以下几种方法。

1. 意见交换法

意见交换法是指请多名预测者通过座谈会等形式进行讨论，相互交换意见，最终形成共识的预测方法。

这种方法比较适合企业内部的预测。一般而言，首先需要确定参加预测的人员，并向他们提出预测项目和预测要求，请各位预测人员根据要求和资料，结合自己的经验、知识和分析判断能力，提出各自的预测意见，再由预测组织者将各位预测者的预测意见归纳、整理，甚至进行必要的调整和进一步反馈讨论，直至预测结果趋于合理。

案例启示

某企业内选取多名人员根据市场销售的历史和现状，对预测期内经营情况分别提出估计值和概率，如表 8-4 所示。

表 8-4　销售人员销售预测意见综合表

单位：台

预测人员	估计值						期望值
	最高值	概率	中等值	概率	最低值	概率	
张	250	0.3	220	0.5	200	0.2	225
李	245	0.2	220	0.6	190	0.2	219
王	240	0.2	218	0.6	180	0.2	214.8
周	238	0.1	210	0.7	190	0.2	208.8
刘	230	0.2	200	0.6	170	0.2	200

期望值的计算方法为：

最高估计值×概率+中等估计值×概率+最低估计值×概率

如张的期望值为：

250×0.3+220×0.5+200×0.2=225（台）

若用算术平均法求出平均预测值为：

（225+219+214.8+208.8+200）/5≈214（台）

则可以平均预测值 214 台作为企业的预测结果。

若考虑到各预测人员的地位、作用、权威性的不同，分别给予 3、3、2、1、1 的权数，采用加权平均法得到综合预测值为：

（225×3+219×3+214.8×2+208.8×1+200×1）/（3+3+2+1+1）≈ 217（台）

则可以综合预测值 217 台作为企业的预测结果。

2．意见汇总法

意见汇总法是指在对某事物进行预测时，由预测小组的各成员或企业内部所属各个部门分别进行预测，然后将各预测者的意见加以汇总，形成集体意见的一种判断预测法。意见汇总法可与意见交换法结合起来应用，预测效果更有把握。

3．消费者意向调查法

企业可通过直接询问购买者的购买意向和意见，据以对未来的销售趋势等进行预测。前提是满足以下三个条件：购买者愿意把其意向告诉调查者；购买者的购买意向是明确清晰的；这种意向会转化为顾客购买行动。这三个条件都满足的情况下，购买者意向调查法比较有效。

消费者或用户最了解自己对商品的需求，如果调查方法恰当，推断合理，预测结果会比较正确可靠。企业可以根据不同的调查需求对生活资料消费者、生产资料用户、企业用户进行消费者意向调查，可采用现场投票法、发调查表征求意见、商品试销或试用征求意见法等方式，获取消费者的信息，加以综合分析做出预测判断，来推断市场的发展趋势。但是由于潜在购买者的意向会随着市场实际情况或个人原因的变化而发生变化，故此法多用于工业用品和耐用消费品的预测，适用于短期市场预测。

（三）专家预测法

专家预测法又称专家意见集合法，属于集体经验判断预测法的范畴，是公司根据市场预测的目的和要求，聘请专家成立预测小组，向有关专家提供一些背景资料，请他们就市场未来的发展变化做出判断，提出量的估计。企业自身不参加预测，只承担管理和组织工作。

专家预测法因为其预测结果来源于专家的判断，因此预测的准确性和可靠性也较高，预测过程迅速，成本较低。尤其在缺乏基本数据的情况下适于采用。但是其主要缺点是专家意见有些代表个人观点，未必能反映客观现实，专家责任较为分散，而且可能专家的心理、个性、威望等因素会影响到专家的意见的表达。因此一般多用于总额的预测，而用于区域、顾客群、产品大类等的预测时，可靠性相对较差。专家意见法的种类主要有个人判断法、专家会议法、头脑风暴法和德尔菲法。

1．个人判断法

个人判断法又称单独预测法，个人判断法主要依靠个别专家对预测对象未来发展趋势及状况做出专家个人的判断。

2. 专家会议法

专家会议法，即召集专家集体讨论，互相交换意见，取长补短，发挥集体智慧，对预测对象的未来发展趋势及状况做出判断而进行的一种集体研讨形式。

专家预测法代表性人员一般在 15 人以内，会议时间为 3 个小时以内，会议组织得好坏将直接影响市场预测的成功与否，所以，对会议主持人有较高的要求。

（1）主持人最好是预测方面的专家，有较强组织会议的经验，善于提出问题和在辩论中适时引导，并能左右预测的进程和方向。

（2）主持人要尊重每一位专家，鼓励与会专家各抒己见，使与会专家在积极发言的同时又保持谦虚恭敬的态度，对任何意见都不应带有倾向性。

（3）主持人应具有善于应变、统筹全局的能力。做到虚心求教、少说多听、善于引导、善于启发。

（4）为了确保会议质量，主持人应根据预测目标的要求事先准备好会议提纲，提纲要简单明确、重点突出、针对性强，提前发给与会专家。

（5）为了使预测结果更准确，要对参加会议的专家提出具体要求。会议开始时，促使与会专家踊跃回答会议提出的问题，并能开拓与会专家的思路。会议讨论中，要让专家充分发表意见，要有专人负责记录、整理、归纳和总结，得出科学的结论。

3. 头脑风暴法

头脑风暴法是根据预测目的与要求，通过专家间的相互交流，引起"思维共振"，产生智力碰撞，进行创造性思维。头脑风暴法又可分为直接头脑风暴法和质疑头脑风暴法，直接头脑风暴法是按照头脑风暴法的原理和规则，通过一组专家会议，对所预测的问题进行开放式的思维活动，从而得出满意方案的做法。质疑头脑风暴法则是同时召开两组专家参加的两个会议，其中一组专家会议按照直接头脑风暴法提出设想，另一组专家会议则对第一组专家组会议提出的各种设想进行质疑，通过质疑进行全面评估，直到意见较为统一，从而形成一个更科学、更可行的预测方案。头脑风暴法要求自由开放的交流环境，不要批评他人的意见，主要是通过交流寻求各种想法的组合和改进。

4. 德尔菲法

德尔菲法是美国兰德公司在 20 世纪 40 年代末制定的一种专家定性预测方法，即用系统的程序，采取匿名方式，即专家之间不得互相讨论，不发生横向联系，只能与调查人员发生关系，通过多轮次调查专家对问卷所提问题的看法，经过反复征询、归纳、修改，最后汇总成专家基本一致的看法，作为预测的结果。这种方法具有广泛的代表性，较为可靠。德尔菲法具有匿名性、反馈性和收敛性。匿名性是指在征询的过程中，专家之间只与组织者发生联系，不发生横向联系，这种匿名或背靠背的方式，能使每一位专家独立地做出自己的判断，不会受到其他繁杂因素的影响；预测过程中需要进行多次的逐轮反馈，由组织者进行整理汇总，并多次通过反馈信息，使专家之间相互启发，集思广益，提高预测的准确性和可靠性；同时，预测过程经过几轮的反馈，专家的意见会逐渐趋同，使最终结论更加收敛，趋向统一。

正是由于德尔菲法具有以上这些特点，使它在诸多判断预测或决策手段中广泛应用。这种方法的优点主要是简便易行，具有一定的科学性和实用性，可以避免会议讨论时产生的害怕权威而随声附和，或固执己见，或因顾虑情面不愿与他人意见冲突等弊病；同时也可以使大家发表的意见较快收敛，参加者也易接受结论，具有一定程度综合意见的客观性。

德尔菲法的具体实施步骤如下。

第一步，组成专家小组。按照课题所需要的知识范围，确定专家。专家人数的多少，可根据预测课题的大小和涉及面的宽窄而定，一般不超过20人。

第二步，向所有专家提出所要预测的问题及有关要求，并附上有关这个问题的所有背景材料，同时请专家提出还需要什么材料。然后，由专家做书面答复。

第三步，各个专家根据他们所收到的材料，提出自己的预测意见，并说明自己是怎样利用这些材料并提出预测值的。

第四步，将各位专家第一次判断的意见汇总，列成图表，进行对比，再分发给各位专家，让专家比较自己同他人的不同意见，修改自己的意见和判断。也可以把各位专家的意见加以整理，或请职位更高的其他专家加以评论，然后把这些意见再分送给各位专家，以便他们参考后修改自己的意见。

第五步，将所有专家的修改意见收集起来，汇总，再次分发给各位专家，以便做第二次修改。逐轮收集意见并为专家反馈信息是德尔菲法的主要环节。收集意见和信息反馈一般要经过三四轮。在向专家进行反馈的时候，只给出各种意见，但并不说明发表各种意见的专家的具体姓名。这一过程重复进行，直到每一个专家不再改变自己的意见为止。

最后，对专家的意见进行综合处理，得出最终预测结论。

案例启示

一、相关背景和数据

某公司研制出一种新产品，现在市场上还没有相似产品出现，因此，没有历史数据可以参考。但公司需要对可能的销售量作出预测，以决定产量。于是该公司成立专家小组，并聘请业务经理、市场专家和销售人员等8位专家，预测全年可能的销售量。8位专家通过对新产品的特点、用途进行了解，以及对人们的消费能力和消费倾向作了深入调查，提出了个人判断，经过三次反馈得到的结果如表8-5所示。

表8-5 专家预测结果

单位：千件

专家编号	第一次预测意见			第二次预测意见			第三次预测意见		
	最低销售量	最可能销售量	最高销售量	最低销售量	最可能销售量	最高销售量	最低销售量	最可能销售量	最高销售量
1	500	750	900	600	750	900	550	750	900
2	200	450	600	300	500	650	400	500	650

续表

专家编号	第一次预测意见			第二次预测意见			第三次预测意见		
	最低销售量	最可能销售量	最高销售量	最低销售量	最可能销售量	最高销售量	最低销售量	最可能销售量	最高销售量
3	400	600	800	500	700	800	500	700	800
4	750	900	1500	600	750	1500	500	600	1250
5	100	200	350	220	400	500	300	500	600
6	300	500	750	300	500	750	300	600	750
7	250	300	400	250	400	500	400	500	600
8	260	300	500	350	400	600	370	410	610
平均数	345	500	725	390	550	775	415	570	770

二、分析过程和预测结果

（1）在预测时，最终一次判断是综合前几次的反馈做出的，因此一般取最后一次判断为依据。如果按照8位专家第三次的平均值计算，则预测这个新产品的平均销售量为：

$$\frac{415+570+770}{3}=585(千件)$$

（2）将最可能销售量、最低销售量和最高销售量分别按0.50、0.20和0.30的概率加权平均，则预测平均销售量为：

$$570\times0.50+415\times0.20+770\times0.30=599(千件)$$

（3）用中位数计算，可将第三次判断按预测值从低到高排列如下：

最低销售量： 300　　370　　400　　500　　550
最可能销售量： 410　　500　　600　　700　　750
最高销售量： 600　　610　　650　　750　　800　　900　　1250

中间项的计算公式为 $\frac{n+1}{2}$（$n=$项数）

最低销售量的中位数为第三项，即400。
最可能销售量的中位数为第三项，即600。
最高销售量的中位数为第四项，即750。

将最可能销售量、最低销售量和最高销售量分别按0.50、0.20和0.30的概率加权平均，则预测平均销售量为：

$$\frac{600\times0.50+400\times0.20+750\times0.30}{0.50+0.20+0.30}=605(千件)$$

需要说明的是，如果数据分布的偏态较大，一般使用中位数，以免受个别偏大或偏小的判断值影响；如果数据分布的偏态比较小，一般使用平均数，以便考虑到每个判断值的影响。

企业收集到的各种意见的价值，不管是企业内部人员的意见还是消费者或专家的意见，都取决于获得各种意见的成本和意见的可得性和可靠性。如果购买者对其购买并没有认真细致的计划，或者其意向变化不定，或专家的意见也并不十分可靠，在这些情况下，企业还需要利用市场试验法进行预测，也就是通过小范围内的市场试销进行检查。

三 定量预测方法

定量预测是根据相关数据信息资料，通过建立数学和统计学模型分析过去和现在的市场变化，并预测未来市场变化趋势的方法。以下重点介绍时间序列预测法中的简单平均数预测法、指数平滑法、季节指数预测法、直线趋势法。

（一）时间序列预测法概述

1. 时间序列预测法的特点

时间序列预测法是通过对时间序列数据的分析，掌握经济现象随时间变化的规律，从而预测未来。其主要原理是依据预测对象的时间序列数据，以及事物发展的连续性规律，通过统计或建立数学模型，进行趋势延伸，对预测对象的未来可能值做出定量预测的方法。

这里的时间序列是指某种经济变量的一组历史观察值，按其观察发生的时间先后次序排列而成的数列。观察的时间间隔可以是天、月、季、年等。

时间序列预测法将影响预测目标的一切因素都由"时间"综合起来描述，是根据市场过去的变化预测未来的发展趋势，其前提是假定事物只受时间因素影响，过去的发展会延续到未来。因此，时间序列预测具有以下特点。

（1）时间的可比性

由于时间序列数值的大小与时间的长短成正比，时间越长指标数值越大；反之则越小。因此，时间序列中各项指示数值所属的时间长短应该前后一致，才具有可比性，时间长短不一，则无法比较，也不能正确推测未来。

（2）空间的可比性

空间的可比性表现为进行时间序列分析的总体范围大小应该一致。总体范围是指时间序列指标值包括的地区范围、隶属关系范围等。例如，预测某产品未来在某区域市场的销售额，这个区域市场的时间序列数值必须是来自同一区域。只有范围一致才能对比，如果有变动必须进行调整和修正。

（3）指标的可比性

指标的可比性是指同一名称的经济指标在不同时期考察的内容要求一致，计算口径、计算方法、计量单位一致，只有这样，经济现象才能进行动态比较。例如，某企业的销售预测可以用销售收入、销售数量、销售成本等指标，可以用金额、数量指标表示，无论用哪种指标形式，都必须保证指标内容、计算单位和计算口径一致。

凡是符合以上三个特点的经济现象都适用于时间序列预测法，结合前面学习的市场预测内容，时间序列预测法可以预测市场商品需求总量、产品生命周期、季节性商品等内容。

2. 时间序列的变动趋势

时间序列预测法是基于事物的过去会同样延伸到未来的假设，也就是说时间序列预测法是建立在事物过去的发展变化趋势上。但我们知道事物发展具有连续性之外，还会受到多种因素影响，而且这些不同因素也在不断变化。为了研究复杂的社会经济现象发展变化的趋势或规律，就必须将这些影响因素的作用从时间序列的实际数据中分离出来，使得预测结果更加接近真实情况。

我们将影响时间序列数据的因素按作用效果分成四类：长期趋势、循环变动、季节变动、不规则变动。

（1）长期趋势

长期趋势是指与现象直接联系的基本规律作用，使现象在较长时间内稳定持续地按照一定方向变化，在生产经营中的表现是经济变量在长时间内表现出的总趋势，它是经济现象的本质在数量方面的反映，也是时间序列预测的重点。例如，企业某产品的年度销售额的发展总趋势。

（2）循环变动

循环变动是以数年为周期的一种周期变动趋势。这种变动虽然有周期特征，但变动周期不固定，每一周期变动的幅度虽然不同，但每一周期都呈现出盛衰起伏现象。

（3）季节变动

季节变动是指由于自然条件、社会条件的影响，社会经济现象在一年内或更短时间内，随着季节的变化而产生的周期性变动。季节变动的周期可以是周、月、季和年。例如，零售行业销售额变动就具有明显的季节性特点。

（4）不规则变动

不规则变动也称随机变动，是指经济现象由于意外或偶然因素引起的、突发性的、无周期规律的变动情况。例如，农产品收成可能会遇到天灾；企业生产遇到突然火灾；出口型企业突然遇到进口国战争。

客观现象的发展变化都是以上四种因素全部或部分变动影响的结果，时间序列预测法必须从实际出发，对所包含的所有因素进行分解和测定，预测出接近真实情况的未来数据。

（二）简单平均数预测法

简单平均数预测法是以一定时期内各时间值的平均数来推断未来时间值的方法。它适用于市场现象各期变化不大，变动趋势呈水平直线状态，各观察值排列在某一直线上下的情况，且预测对象无显著长期趋势变动和季节变动的预测活动。它主要对未来市场水平量进行估计。根据计算平均数要求的不同，可分为简单算术平均数法、加权平均数法、移动平均数法等。

1. 简单算术平均数法

简单算术平均数法就是将以往几期的实际数据进行加总,然后除以期数,所得结果值作为预测值。设时间序列的各期观察值为 x_1,x_2,$\cdots$,x_n,若各期数据比较平稳,则可以将观察值时间序列的平均数作为预测值 x_{n+1}。其计算公式如下:

$$x_{n+1} = \frac{\sum_{i=1}^{n} x_i}{n} \quad (i = 1, 2, \cdots, n) \tag{8-1}$$

式中　x_{n+1}——$n+1$ 期预测值;

n——时间序列资料的期数;

x_i——过去各期的实际值($i=1$,2,$\cdots$,n)。

案例启示

某商店 2015 年 1～6 月的销售额统计资料如表 8-6 所示,用简单算术平均法预测 7 月份的销售额。

表8-6　某商店 2015 年 1～6 月销售额

单位:万元

月份	1月	2月	3月	4月	5月	6月
销售额	26	27	28	24	26	25

解:

$$x_7 = \frac{\sum_{i=1}^{n} x_i}{n} (i=1,2,\cdots,n) = \frac{26+27+28+24+26+25}{6} = 26(万元)$$

由此可见,简单算术平均数法适用于比较稳定形态的商品需求、生产预测等。这种方法简单易行,能反映一般的平均状态,但不能充分反映出趋势的季节变化。

2. 加权平均数法

由于时间因素对预测对象的变化趋势起着重要的影响,一般来说,越接近预测期的时间,其影响就越大,重要性就越强,在预测时应当给予更多考虑。常用的方式是对不同时期的数据设置不同的权数来体现由于时间差异而取得的信息的重要性的不同。另外,不同预测者的预测数据也可通过设置不同的权数体现对预测的影响。加权平均数法即对不同数据按其重要性乘以不同的权数后之和与各权数之和的比作为预测值,可体现重点数据的作用。适用范围比较广泛。加权平均数法的计算公式如下:

$$x_{n+1} = \frac{\sum_{i=1}^{n} W_i X_i}{\sum_{i=1}^{n} W_i} \tag{8-2}$$

式中 x_{n+1} 为 $n+1$ 期预测值；n 为时间序列资料的期数；x_i 为过去各期的实际值（$i=1$、$2\cdots n$）；w_i 为 i 期观察值对应的权数（$i=1$，2，$\cdots$，n）。

案例启示

仍以上例某商店 1~6 月份销售额统计表资料计算 7 月份的预测值。

权数依据各期数据的远近，令 $W_1=1$，$W_2=2$，$W_3=3$，$W_4=4$，$W_5=5$，$W_6=6$。

根据公式 8-2 计算，则：

$$X_7 = \frac{X_1 W_1 + X_2 W_2 + \ldots + X_6 W_6}{W_1 + W_2 + W_3 + W_4 + W_5 + W_6}$$

$$= \frac{26 \times 1 + 27 \times 2 + 28 \times 3 + 24 \times 4 + 26 \times 5 + 25 \times 6}{1 + 2 + 3 + 4 + 5 + 6}$$

$$= \frac{540}{21} = 25.71(\text{万元})$$

运用加权算术平均数法预测 7 月份的销售额为 25.71 万元。

3．移动平均数法

移动平均数法即通过逐项推移，依次计算包含一定项数的时间序列平均数，以反映时间序列的长期趋势的方法。移动平均数法与算术平均数法的区别在于算术平均数只是一个数字，而移动平均数是一系列数字，每一个数字代表若干期的平均数，这个平均数列可以平滑数据，消除周期变动和不规则变动的影响，使长期趋势更加科学。移动平均数法主要适用于既有趋势变动又有波动的时间序列。移动平均数法中选择平均的期数 n 的取值要视预测对象的特点和市场变化的具体情况确定，n 取值小，则结果较灵敏，能较好地反映数据变动趋势，但修匀性较差；n 取值大，则与之相反。常用的移动平均数法有一次移动平均数法和二次移动平均数法。

（1）一次移动平均数法

一次移动平均数法又称简单移动平均数法，是以一组观察序列的平均值作为下一期的预测值。一般来讲，选择期数越长，预测的误差就越小。根据其对各期数据重要性权数的设置，可以分为绝对移动平均数法和加权移动平均数法。其计算公式分别为：

绝对移动平均数法：

$$x_{t+1} = m_t^{(1)} = \frac{x_t + x_{t-1} + \cdots + x_{t-n+1}}{n} \tag{8-3}$$

加权移动平均数法：

$$x_{t+1} = m_t^{(1)} = \frac{\omega_1 x_t + \omega_2 x_{t-1} + \cdots + \omega_n x_{t-n+1}}{\omega_1 + \omega_2 + \cdots \omega_n} \tag{8-4}$$

式中，x_{t+1} 为第 $t+1$ 期预测值；$m_t^{(1)}$ 为第 t 期的一次移动平均数；n 为选取的移动平均期数；x_t 为第 t 期的观察值，各对应期的历史数据；ω_n 为按时间序列给予各期的权重数。

案例启示

已知某商业企业季末库存资料数据（表8-7），预测第 15 期的库存数据。

表8-7　某商业企业期末库存资料

单位：万元

观察期 t	期末库存量 x_t	$n=3$ 移动平均数 $m_t^{(1)}$	$n=3$ 预测误差 $\lvert e \rvert$	$n=5$ 移动平均数 $m_t^{(1)}$	$n=5$ 预测误差 $\lvert e \rvert$
1	10.60	—	—	—	—
2	10.80	—	—	—	—
3	11.10	—	—	—	—
4	10.40	10.83	0.43	—	—
5	11.20	10.77	0.43	—	—
6	12.00	10.90	1.10	10.82	1.18
7	11.80	11.20	0.60	11.10	0.70
8	11.50	11.67	0.17	11.30	0.20
9	11.90	11.77	0.13	11.38	0.52
10	12.00	11.73	0.27	11.68	0.32
11	12.20	11.80	0.40	11.84	0.36
12	10.70	12.03	1.33	11.88	1.18
13	10.40	11.63	1.23	11.66	1.26
14	11.20	11.10	0.10	11.44	0.24
合计	—	—	6.19	—	5.96

由于 n 为 5 时的预测误差（$\text{MAE} = \Sigma \lvert e \rvert / n = 5.96/9 \approx 0.662$）明显大于 n 为 3 时的预测误差（$\text{MAE} = \Sigma \lvert e \rvert / n = 6.19/11 \approx 0.563$），故舍弃 n 为 5 条件下的预测设想，确定采用 n 为 3 时的结果进行预测。第 15 期的预测值为：

$$x_{15} = m_{14}^{(1)} = \frac{y_{14} + y_{13} + y_{12}}{3} = \frac{11.20 + 10.40 + 10.70}{3} \approx 10.8 \text{（s）}$$

一次移动平均数法能较好地修正历史数据，消除数据因随机波动出现的高点、低点的影响，从而较好地揭示经济现象发展趋势，且在预测时只需 n 个观察值，计算简便。但是这种方法只能向未来预测一期，且不适合有明显趋势变动的预测，只适合基本水平型的变动或波动较小时的预测。采用一次移动平均数法对有明显趋势变动（如明显增长或减少）的指标时，就会出现滞后偏差。因此要进行修正，即在一次移动平均的基础上，作二次移动平均，利用两次移动平均滞后偏差的规律来建立直线趋势预测模型展开预测。

（2）二次移动平均数法

二次移动平均数法就是在一次移动平均的基础上，再作趋势移动平均以求得平滑系数并建立模型进行预测。计算公式为：

$$m_t^{(2)} = \frac{m_t^{(1)} + m_{t-1}^{(1)} + \cdots + m_{t-n+1}^{(1)}}{n} \tag{8-5}$$

式中，$m_t^{(1)}$ 为一次移动平均值；$m_t^{(2)}$ 为二次移动平均值；n 为观察期的期数。

需要注意的是，简单移动平均数法所利用的是第 $t-1$ 项实际值到第 $t-n$ 项和的平均数，趋势移动平均数所利用的是第 t 项实际值到第 $t-n+1$ 项和的平均数。

在预测时，还需结合预测模型：

$$\begin{cases} \hat{Y}_{t+T} = a_t + b_t \times T \\ a_t = 2m_t^{(1)} - m_t^{(2)} \\ b_t = \frac{2}{n-1}(m_t^{(1)} - m_t^{(2)}) \end{cases} \tag{8-6}$$

式中，$\hat{Y}_{t+T}$ 为第 $t+T$ 期预测值；t 为预测模型所处的时间周期；T 为由预测模型所处的时间周期至需要预测的时间之间的周期数；a_t、b_t 为参数，即线性方程截距和斜率。

案例启示

已知某地区某种商品今年 1～12 月的销售量（表 8-8），要依据今年的销量来对该商品明年 1、2 月份的销售量进行预测。

表 8-8　某种商品 1～12 月的销售量

单位：吨

t	销量 $\hat{Y}_t$	一次移动平均值 $m_t^{(1)}$（$n=3$）	二次移动平均值 $m_t^{(2)}$（$n=3$）
1	10	—	—
2	12	—	—
3	17	13	—
4	20	16.33	—
5	22	19.66	16.33
6	27	23.00	19.66
7	25	24.67	22.44
8	29	27.00	24.89
9	30	28.00	26.56
10	34	31.00	28.67
11	33	32.33	30.44
12	37	34.67	32.67
合计	—	—	—

可应用预测模型，先计算系数 a_t、b_t，求出预测直线函数，取最后期的一次移动平均值和二次移动平均值代入公式进行计算：

$$a_t = 2m_t^{(1)} - m_t^{(2)} = 2 \times 34.67 - 32.67 = 36.67$$

$$b_t = \frac{2}{n-1}(m_t^{(1)} - m_t^{(2)}) = \frac{2(34.67 - 32.67)}{3-1} = 2$$

运用公式 8-6 推测明年 1、2 月份的销售量：

$$\hat{Y}_{12+1} = a_{12} + b_{12} \times 1 = 36.67 + 2 \times 1 = 38.67(吨)$$

$$\hat{Y}_{12+2} = a_{12} + b_{12} \times 2 = 36.67 + 2 \times 2 = 40.67(吨)$$

由此推测明年 1、2 月份的销售量分别为 38.67 吨和 40.67 吨。

（三）指数平滑法

指数平滑法是由移动平均法改进而来的，是一种特殊的加权移动平均法，也称指数加权平均法。与移动平均法相比其优点为：①只需要少量的数据就可以进行预测，计算方便，而移动平均法每次都需要多个实际值，进行等权或不等权的平均，计算过程中要求的数据量比较大。②预测更加精确，指数平滑法考虑越近的数据越能反映当前的情况，因此对历史值给予不同的对待，通过指数平滑系数值的大小来调节权数，更加能够反映客观情况。采取一次指数平滑和二次指数平滑结合，进行逐层的平滑计算，以消除由于随机因素造成的影响，找出预测目标的基本变化趋势，并以此预测未来。

1. 一次指数平滑法

一次指数平滑法是利用本期实际值与其前期的估算值，通过赋予不同的权数，求得其一次指数平滑值，并作为下一期预测值的一种方法。一次指数平滑法的基本公式为：

$$S_t^{(1)} = \alpha y_t + (1-\alpha)S_{t-1}^{(1)}$$
$$\hat{Y}_{t+1} = S_t^{(1)} = \alpha y_t + (1-\alpha)S_{t-1}^{(1)} \tag{8-7}$$

式中，α 为平滑系数（$0 \leq \alpha \leq 1$）；$S_{t-1}^{(1)}$、$S_t^{(1)}$ 为第 $t-1$ 期、第 t 期的指数平滑值；$\hat{Y}_{t+1}$ 为第 $t+1$ 期的预测值；y_t 为第 t 期的实际观察值。

在公式 8-7 中可以看到，当 $\alpha = 0$ 时，下期预测值等于本期预测值；当 $\alpha = 1$ 时，下期预测值等于本期观察值；当 $0 < \alpha < 1$ 时，下期预测值等于本期观察值与平滑系数之积再加上本期预测值与 $(1-\alpha)$ 之积。$\hat{Y}_{t+1}$ 是最近一期观察值与第 $t-1$ 期平滑值的加权平均数。

在运用一次指数平滑法预测时，α 的确定非常重要。α 代表新旧数据在下期预测中的分配比例。一般来说，如果数据波动较大，α 的值应取大一些，可以增加近期数据对预测结果的影响。如果数据波动平稳，α 的值应取小一些。在实际预测过程中，主要依赖于时间序列的发展趋势和预测者的经验做出判断。当时间序列呈现较稳定的水平趋势时，应选较小的 α 值，一般可在 0.05~0.20 取值；当时间序列有波动，但长期趋势变化不大时，可选稍大的 α 值，常在 0.1~0.4 取值；当时间序列波动很大，长期趋势变化幅度较大，呈现明显且迅速的上升或下降趋势时，宜选择较大的 α 值，如可在 0.6~0.8 间选值，以使预测模型灵敏度高些，能迅速跟上数据的变化；当时间序列数据是上升（或下降）的发展趋势类型，α 应取较大的值，可在 0.6～1 选择。通常在对同一市场现象的预测中，可同时选择几个 α 值进行测算，并分别测算出各 α 值预测结果的预测误差，选择误差较小时的 α 值。

案例启示

某企业近 10 个季度产品销售量资料如表 8-9 所示，用一次指数平滑法预测下季度销售量。

表 8-9　某企业近 10 个季度产品销售量

单位：吨

季度 t	销售量 y_t	平滑值 $S_t^{(1)}$ （α=0.1）	平滑值 $S_t^{(1)}$ （α=0.6）	绝对误差 $\|e_t\|$（α=0.1）	绝对误差 $\|e_t\|$（α=0.6）
1	50	50	50	0	0
2	52	50（0.1×50+0.9×50）	50	2	2
3	51	50.2（0.1×52+0.9×50）	51.2	0.8	0.2
4	50	50.3（0.1×51+0.9×50.2）	51.1	0.3	1.1
5	57	50.3（0.1×50+0.9×50.3）	50.4	6.7	6.6
6	64	51（0.1×57+0.9×50.3）	54.4	13	9.6
7	68	52.3（0.1×64+0.9×51）	60.2	15.7	7.8
8	67	53.9（0.1×68+0.9×52.3）	64.9	13.1	11
9	69	55.2（0.1×67+0.9×53.9）	66.2	13.8	2.8
10	75	56.7（0.1×69+0.9×55.2）	67.9	18.3	7.1
预测值		58.5（0.1×75+0.9×56.7）	72.2		

从上表中选择 α 为 0.1 和 0.6 时的绝对误差计算出平均误差 E_α，比较选择不同平滑系数的情况下，哪个平均数绝对误差更小，就以误差较小的平滑系数来预测未来销售额。

$$E_\alpha = \frac{\sum_{t=1}^{n}|e_t|}{n} \tag{8-8}$$

当 α=0.1 时　$E_{\alpha=0.1} = \dfrac{\sum_{t=1}^{n}|e_t|}{n} = \dfrac{0+2+0.8+\cdots+18.3}{10} = 8.37$

当 α=0.6 时　$E_{\alpha=0.6} = \dfrac{\sum_{t=1}^{n}|e_t|}{n} = \dfrac{0+2+0.2+\cdots+7.1}{10} = 4.82$

依据计算，选择平滑系数 0.6 预测出的结果误差更小，因此，以 α=0.6 进行平滑指数预测的结果更准确。一次指数平滑法考虑了多期历史数据的影响，但只能向未来预测一期，适合对无明显趋势变动的市场现象进行预测。如果市场趋势变动明显，则要进行第二次指数平滑，以修复第一次指数平滑预测值。

2．二次指数平滑法

二次指数平滑法是在一次指数平滑的基础上进行第二次平滑，以减少偶然因素对预测值的影响，利用两次指数平滑值，建立线性趋势模型开展预测。

二次指数平滑法的基本公式为：

$$\begin{cases} S_t^{(1)} = \alpha y_t + (1-\alpha)S_{t-1}^{(1)} \\ S_t^{(2)} = \alpha S_t^{(1)} + (1-\alpha)S_{t-1}^{(2)} \\ a_t = 2S_t^{(1)} - S_t^{(2)} \\ b_t = \dfrac{\alpha}{1-\alpha}(S_t^{(1)} - S_t^{(2)}) \\ \hat{Y}_{t+T} = a_t + b_t T \end{cases} \tag{8-9}$$

式中，a_t、b_t 为平滑系数；$S_{t-1}^{(1)}$、$S_t^{(1)}$ 为第 $t-1$ 期、第 t 期的一次指数平滑值；$S_{t-1}^{(2)}$、$S_t^{(2)}$ 为第 $t-1$ 期、第 t 期的二次指数平滑值；$\hat{Y}_{t+T}$ 为第 $t+T$ 期的预测值。

根据二次指数平滑预测模型，预测者不仅可以向未来预测一期，还可以根据需要对市场现象的未来预测两期或两期以上。显然，二次指数平滑法预测模型弥补了一次指数平滑法的明显不足，适用于具有明显趋势变动的市场现象的预测，它不仅可用于短期市场预测，还可用于中期市场预测。

案例启示

某家电超市 2009—2014 年冰箱销售情况如表 8-10 所示，用二次指数平滑法预测 2015 年、2016 年的销售额。

表 8-10　某家电超市冰箱销售额统计

单位：百万元

观察期	销售额 y_t	一次平滑值 $S_t^{(1)}$	二次平滑值 $S_t^{(2)}$
2009 年	5	5.83	5.83
2010 年	5.5	5.29	5.51
2011 年	7.0	5.42	5.44
2012 年	8.0	6.37	6.00
2013 年	8.5	7.35	6.81
2014 年	8	8.04	7.55

如果选择平滑系数 α 为 0.6，进行二次指数平滑预测。因为本例中的观察期数较少，所以第一次和第二次指数平滑值取时间序列中前 3 个数据的平均数为初始值。

$$S_1^{(1)} = S_1^{(2)} = (5+5.5+7)/3 \approx 5.83$$

$$S_2^{(1)} = \alpha y_1 + (1-\alpha)S_1^{(1)} = 0.6 \times 5 + 0.4 \times 5.73 \approx 5.29$$

……

$S_2^{(2)} = \alpha S_2^{(1)} + (1-\alpha)S_1^{(2)} = 0.6 \times 5.29 + 0.4 \times 5.83 \approx 5.51$

……

$a_t = 2S_t^{(1)} - S_t^{(2)} = 2 \times 8.04 - 7.55 = 8.53$

$b_t = \dfrac{\alpha}{1-\alpha}(S_t^{(1)} - S_t^{(2)}) = \dfrac{0.6}{1-0.6}(8.04 - 7.55) = 0.735$

依据二次指数平滑的线性模型预测2015年、2016年的销售额：

$\hat{Y}_{t+T} = a_t + b_t T = 8.53 + 0.735T$

$\hat{Y}_{2015} = 8.53 + 0.735 \times 1 = 9.265$

$\hat{Y}_{2016} = 8.53 + 0.735 \times 2 = 10$

（四）季节指数预测法

在市场销售中，一些商品如电风扇、冷饮、四季服装等往往受季节影响而出现销售的淡季和旺季之分的季节性变动规律。掌握了季节变动规律，就可以利用它来对季节性的商品进行市场需求量的预测。

季节指数预测法是根据时间序列中的数据资料所呈现的季节变动规律性，对预测目标未来状况作出预测的方法。时间序列的时间单位或是季，或是月，变动循环周期为4季或是12个月。

运用季节指数进行预测步骤如下。

第一步，列出历年（至少3年）各月或各季度的统计资料。

第二步，计算出各年同月或同季度的平均数（以 A 表示）。

第三步，计算历年所有月份或季度的总平均值（以 B 表示）。

第四步，计算同月或同季度的季节指数（以 C 表示）。即用各季度的平均值除以所有季度的平均值：$C = \dfrac{A}{B} \times 100\%$。

第五步，调节季节系数。如果各年同月或同季度的季节指数之和不等于4（400%）或者12（1200%），则要用调整系数 $k=4/$（各季度指数平均数之和）进行调整。

调整后的（月）季节指数=调整指数×调整前的（月）季节指数。

第六步，利用季节指数进行预测。

要利用统计方法计算出预测目标的季节指数，以测定季节变动的规律性；然后，在已知季度的平均值的条件下，预测未来某个月（季）的预测值。

案例启示

百盛商场为了制定针织内衣的经营方针，需预测2015年1~4季度的某市针织内衣需求量。现收集了2010—2014年某市针织内衣零售量的信息（表8-11），假设2015年总销售预测值为1560万件，试用季节变动预测法进行各季度销售量的预测。

表8-11　某市2010—2014年各季针织内衣销售资料

单位：万件

年份＼季度	第一季度	第二季度	第三季度	第四季度
2010	437	129	199	560
2011	452	136	219	555
2012	489	140	235	571
2013	480	148	226	598
2014	490	145	241	632

预测程序：

第一步：先列表计算有关数据。

第二步：计算步骤如下：

（1）分别算出各个对应季度实销量的合计数；

（2）将各对应季度的合计数除以统计年数（五年），得出各对应季度的平均销售；

（3）计算五年期间所有季度（即20季度）的平均销售；

（4）计算各季的季节指数（表8-12）；

（5）计算2015年1～4季度销售量预测值。

2015年第一季度销售预测值 = 1560 ÷ 4 × 132.62% = 517.22（万件）

2015年第二季度销售预测值 = 1560 ÷ 4 × 39.42% = 153.74（万件）

2015年第三季度销售预测值 = 1560 ÷ 4 × 63.26% = 246.71（万件）

2015年第四季度销售预测值 = 1560 ÷ 4 × 164.7% = 642.33（万件）

表8-12　季节指数计算表

单位：万件

年份＼季度	第一季度	第二季度	第三季度	第四季度	合　计
2005	437	129	199	560	1325
2006	452	136	219	555	1362
2007	489	140	235	571	1435
2008	480	148	226	598	1452
2009	490	145	241	632	1508
合　计	2348	698	1120	2916	7082
平均（A）	469.6	139.6	224	583.2	1416.4
季节指数（%）	132.62	39.42	63.26	164.70	400

（五）直线趋势法

直线趋势法适用于时间序列的各个数据在一定时期中呈现持续上升或下降趋势，且各项变量逐期的增减大致相同时的状况。预测模型为：

$$Y = a + bX \tag{8-10}$$

式中，Y 为销售预测趋势值；a 为直线在 Y 轴上的截距；b 为直线斜率，反映年平均增长率；X 为时间。

$$\begin{cases} a = \dfrac{(\sum Y - b\sum X)}{n} \\ b = \dfrac{n\sum XY - \sum X \sum Y}{n\sum X^2 - (\sum X)^2} \end{cases} \tag{8-11}$$

以上公式较为复杂，在运用过程中，可以考虑使 $\sum x = 0$。如当 n（期数）为奇数时，可取 x 的间隔为 1，将 $x=0$ 置于资料期的中间，上面期为-1，-2，-3……下面期为 1，2，3，……这样 $\sum x = 0$。若 n（期数）为偶数时，可将 $x=-1$ 和 $x=1$ 置于资料期中央的上下两期，取 x 的间隔为 2，上面为-1，-3，-5……下面期为 1，3，5，……同样可使 $\sum x = 0$。从而上述求解可简化为：

$$\begin{cases} a = \dfrac{\sum Y}{n} \\ b = \dfrac{\sum XY}{\sum X^2} \end{cases} \tag{8-12}$$

通过计算 a、b 值，代入公式 $Y = a + bX$ 即可得到预测直线模型。再延伸时间 x，代入预测直线模型，就可测算出未来期所需的预测值。

> **案例启示**

已知某企业 2006—2014 年销售额情况分别为 100 万元、119 万元、125 万元、135 万元、147 万元、159 万元、167 万元、179 万元、195 万元（销售情况如表 8-13 所示），运用直线趋势法预测 2015 年、2016 年的销售额。由于 $n=9$ 为奇数，且间隔为 1，故将 $X=0$ 置于资料期的中间一项即 2009 年，X 的取值依次为-4、-3、-2、-1、0、1、2、3、4。

表 8-13　某企业销售额情况

时期 n	x	销售额 y（万元）	x^2	xy
2006 年	-4	100	16	-400
2007 年	-3	119	9	-357
2008 年	-2	125	4	-250
2009 年	-1	135	1	-135

续表

时期 n	x	销售额 y（万元）	x^2	xy
2010 年	0	147	0	0
2011 年	1	159	1	159
2012 年	2	167	4	334
2013 年	3	179	9	537
2014 年	4	195	16	780
合计	0	1326	60	668

可计算出：

$$a = \frac{\sum Y}{n} = \frac{1326}{9} \approx 147.33$$

$$b = \frac{\sum XY}{\sum X^2} = \frac{668}{60} \approx 11.13$$

从而建立预测模型为：$Y=147.33+11.13X$

2015 年和 2016 年，X 分别为 5 和 6，预测值分别为：

$Y_{2015}=147.33+11.13×5=202.98$（万元）

$Y_{2016}=147.33+11.13×6=214.11$（万元）

总之，在企业进行预测时，需要根据企业具体的预测目标、企业对信息资料的收集掌握情况、企业拥有的资源条件等情况选择合适的预测方法，有时还可以联合采用多种方法以增加预测的可靠性和精确度。由于企业的市场需求实际上会受到诸多因素的影响，整体经济环境的变化、消费者偏好和意向的变化、竞争对手营销策略的变化和竞争格局的改变、未来未知因素的影响等，都会影响到市场的需求。可见，需求预测是一项十分复杂的工作。随着企业经营环境的不断变化，市场总需求及对企业需求也将随之变化。需求越不稳定，越需要准确的预测。市场需求预测是现代企业面对日益激烈的市场竞争和严峻的经济环境必不可少的重要工作之一，它不仅影响到企业的经营效益，而且关系到企业的成功与否。因此，企业必须根据过去和现在的各种资料，运用知识、经验，选择科学的预测方法，做出科学的判断、估计和推测，提高预测的准确度，为企业做出正确的决策奠定坚实的基础。

市场调查新视界

SPSS 在市场调查统计分析中的应用

SPSS 是"社会科学统计软件包"（Solutions Statistical Package for the Social Sciences）的简称，是一种集成化的计算机数据处理应用软件，是目前世界上流行的三大统计软件之一，除了适用于社会科学之外，还适用于自然科学各领域的统计分析。将其应用于市场调查统计分析的过程，能使研究者以客观的态度，通过对受众的系统提问，收集并分析有关研究数据，以描述、解释或预测问卷调查内容的现象及其各相关因素之间的关系。在这些方面，SPSS 技术的应用为市场调查实证研究中的定量分析提供了支持与保障，特别是它的易用、易学、功能强大等特点是其他方法所无法替代的。

一、SPSS 的基本特点

在问卷应用于市场调查的实证研究中,会有大量的检测数据需要进行统计分析,而 SPSS 技术的特点恰恰适合这种实证研究的要求。其在市场调查统计的应用中具有以下特点。

1. 易学、易用

SPSS 采用直觉式使用界面或者说可视化界面,无须编程就可以完成工作,极大地提高了工作效率;此外,SPSS 拥有强大的辅助说明系统,可帮助用户学得更快。

2. 强大的表格和图形功能

SPSS 能清楚地显示用户的分析结果,可以提供 16 种表格格式。此外,它具有顶级图形分析功能,能给出各种有用的统计图形。作为分析的一部分,它能自动生成统计结果图形,还能独立于统计过程进行图形绘制和图形分析。

3. 深入分析数据的功能

除了一般常见的描述统计和推断统计外,它还包括在基本分析中最受欢迎也是在市场调查中最常用的现代统计程序,如列联表分析、主成分分析、因子分析、判别及聚类分析。

二、SPSS 在市场调查统计分析的应用模式

根据上述的 SPSS 技术的特点和市场调查统计分析的需要,可以将 SPSS 在市场调查实证研究中的应用模式分为以下几种类型。

1. 统计描述应用模式

统计描述应用模式是指在市场调查统计分析的过程中,借助 SPSS 统计功能将收集到的大量数据进行分析、综合、归纳、列表、绘图等处理工作。一般而言,统计描述主要分为三方面的内容:①单变量截面数据的描述;②相对数的统计描述;③双变量截面数据的描述。SPSS 最常用于描述性分析的五个过程集中在 Descriptive Statistics 菜单中,分别为 Frequencies 过程、Descriptives 过程、Explore 过程、Crosstabs 过程和 Ratio 过程。

统计描述应用模式不仅可以使研究者了解事物的性质,而且其统计量还是对事物进行推断统计的依据。

2. 假设检验应用模式

在市场调查中,通常所关心的是总体的某些特征和分布规律,而问卷调查只可以考察总体的一部分或一个样本,统计推断和假设检验就是用样本去推断总体,实质上就是凭借概率理论用观察到的部分随机变量资料来推断总体随机变量的概率分布或数字特征,如期望值和方差等,并且作出具有一定可靠程度的估计和判断。

3. 量表分析应用模式

客观世界是普遍联系的统一整体,事物之间存在着相互依存、相互制约、相互影响的关系。市场活动中的许多现象也不例外,也都有其产生的原因,都要受一定因素的制约,都是一定原因的必然结果。通过不同事物"量"的变化可以观察并测量出事物之间的相互关系、密切程度、因果关系、交互效应等。在市场调查中,量表分析应用模式主要指通过对不同因子之间的发展变化而揭示出因子之间关系结果的方式。量表分析主要包括以下几种分析:回归分析、聚类分析、判别分析、因子分析、相关分析、可靠性分析等。

网络上可以直接下载 SPSS 免费试用版或正式 IBM SPSS 付费版，安装适应 Windows2003/ WindowsXP/ Windows2000/ WindowsVista/ Windows7。

（资料来源：http://library.3see.com/items/2007/03/23/5001.html）

复习与思考

一、简答题

1．试述市场需求预测的具体方法。
2．什么是定性预测？一般有哪些方法？
3．什么是定量预测？一般有哪些方法？
4．直线趋势法适用于哪种情况？它的预测模型是怎样的？
5．指数平滑法有何特点？一次指数平滑法和二次指数平滑法的预测模型是怎样的？

二、思考题

1．某公司历年收入资料如表 8-14 所示，试分别用一次移动平均数法和二次移动平均数法预测 2015 年的收入。（$n=3$）

表 8-14　某公司历年收入情况

单位：万元

年份	2008	2009	2010	2011	2012	2013	2014
收入	200	230	300	390	450	510	600

2．某企业销售资料如表 8-15 所示，取 α 为 0.9，采用二次指数平滑法预测其 2014 年、2015 年的销售额。

表 8-15　某企业销售情况

单位：万元

年份	2006	2007	2008	2009	2010	2011	2012	2013
销售额	20	30	40	42	48	50	54	60

3．某企业 2015 年历月销售资料如表 8-16 所示，采用直线模型法预测其 2015 年 7 月、8 月的销售额。

表 8-16　某企业 2015 年历月销售情况

单位：万元

月份	1	2	3	4	5	6
销售额	44	50	45	60	55	70

4．通过查找相关资料，试对学校内某超市的下个月某商品销量进行预测，并与下月底实际销量进行比较，分析预测成功或失败的原因。

案例分析　2013年电信市场十大预测：4G时代到来2G网络关闭

市场研究公司 Analysys Mason 发布 2013 年电信市场十大预测时称，LTE（英文 Long Term Evolution 的缩写，俗称 3.9G 技术，是 3G 向 4G 过渡的技术）技术将于 2013 年得到商用，这将会推动 3G 移动宽带服务价格的下降。

1. 4G 网络的到来

Analysys Mason 预计，部分欧洲国家和拉美新兴市场将推出 4G 网络，而一些东南亚国家也有类似计划。对于已部署 LTE 网络的韩国等成熟市场，一些新功能将被引入，以提供速度更快的服务。

不过，由于服务价格过高及宏观经济仍然低迷，LTE 技术带来的经济影响仍不会太大。行业管理层人员将会发现，消费者不愿支付更高的费用去使用 LTE 移动宽带服务。此外，LTE 不会成为下一代固网接入技术的竞争对手，两者将会互补。而 LTE 的商用将会推动 3G 移动宽带服务价格的下降。

2. 2G 网络的关闭

2013 年，越来越多的运营商将专注于"大规模关闭"。移动运营商将关闭过时的移动基础设施，而固网运营商将放弃铜缆网络和 PSTN 技术。具体做法可能会有不同。而韩国一家运营商已经关闭了 2G 网络。

3. 新的竞争对手：社交媒体对短信的影响

未来 12 个月，随着 Facebook 等社交媒体巨头的进入，消息服务市场的竞争将越来越激烈。Analysys Mason 预计，未来 4 年内，欧洲运营商来自短信服务的营业收入将下降 34%，从 2011 年的 280 亿欧元（约合 370 亿美元）下降至 2017 年的 186 亿欧元。

4. 基于 LTE 网络的语音技术

首个 LTE 语音服务已于 2012 年诞生。尽管大规模商用还为时过早，但运营商仍需要对语音服务的未来做出艰难的决定。为了节约成本，许多运营商都在对 IMS（IP 多媒体子系统）进行投资，但目前仍不确定这会给营业收入带来什么影响。此外也不清楚在 LTE 时代，语音服务将会走向何方。HTML5（超文本标示语言第 5 版本英文缩写）和 WebRTC（网页实时通信英文编写）将进一步推动业内的讨论：语音服务是否应当被视为一款应用。

5. 智能手机普及率增长将放慢

2013 年，智能手机市场将继续增长，但增长速率将明显低于前几年。2013 年，全球智能手机出货量将从 2012 年的 6.91 亿部增长至 8.69 亿部。不过，新智能手机连接的增长率将从 2011 年和 2012 年的 39%和 29%下降至 2013 年的 20%。

Analysys Mason 预计，智能手机操作系统市场仍将继续发展。未来 12 个月，Android 和 iOS 的全球市场份额都将增长，分别为从 56.4%增长至 58.1%，以及从 21.5%增长至 22%。而塞班的市场份额将从 5.9%下降至 2.7%，并将于 2016 年下降至 0。

6. 苹果在平板电脑市场的份额将跌破 50%

随着平板电脑市场的继续发展，苹果在这一市场的优势地位将继续减小，而滑坡速度比许多人预期得都更快。到 2013 年末，苹果在平板电脑市场的份额将下降至不到 50%。

由于较高的定价，iPad mini 对苹果平板电脑的销量不会有太大影响。2011 年至 2012 年，苹果和三星在平板电脑市场的份额都有所下降，而 HTC、摩托罗拉、RIM 和索尼都有所上升。

2013 年，平板电脑的内容生态系统将是一个关键的差异化元素，与平板电脑的屏幕尺寸和处理器性能一样是一个重要问题。厂商需要专注于扩大内容库，并开拓国际市场，才能赢得更多非苹果平板电脑用户。

7. 多设备服务套餐

过去 5 年中，智能手机和平板电脑的价格持续下降。自 2007 年以来，智能手机的平均售价已下降了 300 欧元。设备价格的下降推动了运营商数据服务的普及及多设备用户的出现，因此许多运营商推出了多设备的服务套餐，把握更多营业收入机遇。

在 LTE 网络中，这样的趋势尤为明显。LTE 网络的每 GB 收费为 14~85 美元。

8. 传统电视机面临更大压力

互联电视机和非线性电视机将继续推动广播公司、付费视频提供商及电信运营商重新考虑战略。从 2012 年至 2017 年，美国和加拿大付费视频服务覆盖的家庭数将翻番至 5310 万，普及率达到 37.4%。

2012 年，欧洲使用付费视频服务的家庭数约为 230 万，普及率仅为 0.7%。到 2017 年，这一数字预计将增长至 3220 万，普及率为 10%。与美国和加拿大相比，欧洲用户可以通过公共频道更容易地获得高质量免费内容，因此付费观看视频的倾向相对较少，这影响了欧洲付费视频服务的增长。

9. Wi-Fi 成为救星

小型基站和服务提供商 Wi-Fi 解决方案将帮助移动运营商解决城市内人口密度较大地区的网络覆盖问题，但由于回程网的限制、标准尚未成熟，以及成本问题，这类网络的大规模部署将推迟至 2013 年底至 2014 年初。

2600 频段 LTE 网络将是小型基站的一个重要选择，能获得网络和设备的支持，解决成熟市场运营商对于网络扩容的需求。而 5GHz Wi-Fi 网络将带来更好的 Wi-Fi 性能。

基于 HotSpot 2.0 的服务提供商 Wi-Fi 解决方案，以及支持 Passpoint 2.0 的设备将于 2013 年年底进入市场，成为移动网络和"运营商级" Wi-Fi 网络之间的桥梁。

运营商也将考虑提供不同等级的服务，包括移动网络、服务提供商 Wi-Fi 网络，以及"尽力而为的" Wi-Fi 网络，从而区分不同服务和品牌，更好地实现移动体验的商业化。

10. 新兴市场运营商快速发展

由于移动服务普及率的增长开始下降，流程转型、运营费用和网络成本优化将成为新兴市场运营商面临的主要课题。例如，在一些非洲和中东国家，活跃 SIM 卡的普及率已经超过人口的 100%。这些国家包括南非共和国、沙特阿拉伯、摩洛哥和阿拉伯联合酋长国。

（资料来源：光明网）

讨论问题：

1. 以上预测是基于哪些原理？
2. 根据目前市场上 4G 的运营情况对预测进行评价：以上预测正确吗？为什么？

【实操训练 8】 运用头脑风暴法进行定性预测

1. 实训目的

（1）掌握头脑风暴法的基本方法和技巧，包括直接头脑风暴法和质疑头脑风暴法。
（2）能够应用头脑风暴法进行具体问题的预测、创意或讨论。

2. 实训条件

（1）适合于组织小组讨论的场地。
（2）提前熟悉头脑风暴的相关规则，并且在意识和观念上做好头脑风暴的准备。
（3）参与人员已经接受过营销、管理的相关课程教学。
（4）在前述的市场调查实训中积累了一定的议题。

3. 实训任务

任务编号	任务名称	任务准备	任务执行明细	任务成果	评价标准
T801	确定议题	前面的实训中累积下来的问题	（1）以 5~12 人为一团队成立头脑风暴小组 （2）每组提出三个以上议题，议题与企业营销问题、市场预测相关为宜 （3）投票决定议题	备选议题	议题的价值，可行性 占本任务总分的15%
T802	会前准备	会场需要的相关物品	（1）以小组形式聚集，最好将课桌围成一个圈 （2）准备好笔和纸 （3）相关的记录工具	适合于头脑风暴的会场	（1）相关工具的准备情况 （2）会场氛围是否适合头脑风暴 占本任务总分的10%
T803	人员分工	讨论分工规则、会场规则	（1）推选确定主持人 （2）推选确定秘书 （3）宣布相关规则	相关安排计划	人员分工的合理性 占本任务总分的15%
T804	分别发表意见	主持人演讲准备	（1）根据主持人的引导分别发表看法 （2）主持人控制发言时间 （3）根据需要进行质疑头脑风暴	发言记录	记录完整性、准确性，会场组织的秩序和效果 占本任务总分的40%

续表

任务编号	任务名称	任务准备	任务执行明细	任务成果	评价标准
T805	总结评价	发言记录	主持人及秘书一起将发言的情况分类整理	结论分析报告	报告的参考价值占本任务总分的20%

4．实训评价

（1）参照上述的标准和依据进行评价。

（2）头脑风暴的组织过程的气氛、秩序、效果是非常重要的，作为考核的主要依据。

（3）通过头脑风暴记录下来的资料总结提炼出来的市场评估、预测、诊断的报告的市场价值应该作为评价的重要依据。

【学生实训成果示例】

调查分析与预测

任务 9
编写市场调查报告

任务目标

知识目标
1. 了解市场调查报告的意义与特点；
2. 了解市场调查报告的基本结构；
3. 掌握编写市场调查报告的技巧与注意事项。

能力目标
1. 能够在整理与分析调查数据的基础上撰写市场调查报告；
2. 能够运用多媒体演示并陈述市场调查报告的内容。

案例导入 约翰遭遇的一个教训

纽约地区的调查人员约翰·斯皮尔博格（John Spielberg）曾谈起他为美国一家糖果制造商精心准备的长达250页的报告（包括图表和统计数据）的故事。在经历了大约6个月的艰苦调查后，约翰直接向公司3名最高决策者口头汇报，他信心百倍，自以为在他的报告中有许多重大发现，包括若干个可开发的新细分市场和若干条产品理念方面的创意可以为其调查增色不少。

然而，在听了1个小时的充满事实、数据和图表的汇报后，糖果公司的总经理站起来说道："打住吧，约翰！我听了一个小时枯燥无聊的数字，完全给搞糊涂了，我想我并不需要一份比字典还厚的报告。明天早上8点前务必把一份5页纸的摘要放到我的办公桌上。"说完就离开了房间。在此，约翰遇到了将使其受益于整个职业生涯的一个教训。

（资料来源：杜明汉，市场调查与预测，东北财经大学出版社，2014）

思考：
1. 调查报告篇幅多长比较合适？
2. 调查报告的具体内容与格式是什么？

从以上案例来看，调查小组虽然花费了大量的人力、物力、财力，并且进行了认真调查和精心整理，编写出翔实的市场调查报告，自以为可以得到委托方的肯定和认可，但结果却事与愿违。报告长达250页，花费1小时还没有说清楚委托方需要的东西，这是问题的关键。由此可知，一份好的调研报告不是越长越好，必须根据委托方调查的目的，用科学合理的数据整理与方法分析，将市场调查的发现内容用准确的数据与简练的文字表达出来，特别是呈现给高层决策的调查报告，摘要部分非常重要。

理论指导

一、市场调查报告的意义与特点

（一）市场调查报告的意义

市场调查报告是根据市场调查研究活动及调查成果而写出的有情况介绍、数据分析的书面报告，是经济调查报告的一个重要种类。

市场调查数据经过整理与初步统计分析之后，仅为得出有关结论提供了基本依据和素材，要将整个调查研究的成果用文字、图表形式表现出来，使调查真正起到解决企业存在的问题、服务于企业经营的作用，则需要撰写调查报告。市场调查报告不仅要对调查所获得的基本情况进行介绍，而且还要对获得的调查材料进行认真分析研究，从大量的调查数据中发现研究对象的本质特征和基本规律，对市场发展趋势做出预测和判断，从而达到对有关部门和企业领导的决策行为提供参考依据的目的。编写市场调查报告具有非常重要的意义，主要体现在以下三个方面。

1. 市场调查报告是市场调查活动必不可少的重要环节

无论是市场调研公司接受客户委托进行某项专门调查，还是企业市场调查部门自行组织的专项调查都必须经历从方案策划、组织培训、资料收集、资料与信息汇总整理，到最终以书面报告形式将调研成果呈现给委托方，并对报告进行口头汇报的过程。因此，编写市场调查报告是任何一项调查活动必不可少的重要环节，是市场调查项目初步完成的标志。

2. 市场调查报告是经营管理者做出决策的参考依据

经过组织整理、统计分析、提炼加工形成的市场调查报告非常便于管理者阅读和理解，报告全面记载了市场调查项目的目的、方法和实施情况，深入分析了经过调查后所得的主要结果和结论，并站在中立的立场上提出相关建议。因此，一份好的市场调查报告对于社会和企业管理者、决策者了解整个市场调查过程，并依据调查形成的基本结论来判断经济或市场发展现状与趋势，作出相应的经营决策是非常有意义的。

3. 市场调查报告是评价调查活动质量高低的重要标志

与市场调查活动的其他环节相比，市场调查报告是整个市场调查项目最具全面性、代表性的有形产品，也是市场调查机构呈现给社会或企业，以及自身留档的主要材料。

（二）市场调查报告的特点

一份高质量的市场调查报告应符合针对性、新颖性、时效性、科学性的特点，报告编写者要围绕这些特点去进行材料组织和表达。

1. 针对性

针对性包括选题上的针对性和阅读对象的明确性两方面。首先，调查报告在选题上必须强调针对性，做到目的明确、有的放矢，围绕主题展开论述，这样才能发挥市场调查应有的作用；其次，调查报告还必须明确阅读对象。阅读对象不同，他们的要求和所关心的问题的侧重点也不同。比如，调查报告的阅读者是公司的总经理，那么他主要关心的是调查的结论和建议部分，而不是大量数字的分析。但如果阅读的对象是市场研究人员，他所需要了解的是这些结论是怎么得来的，是否科学、合理，那么，他更关心的是调查所采用的方式、方法，数据的来源等方面的问题。针对性是调查报告的灵魂，必须明确要解决什么问题，阅读对象是谁等，并在必要时针对不同的阅读对象有侧重地编写调查报告。试图编写一份"通用性"的报告是非常危险的，针对性不强的调查报告必定是盲目的和毫无意义的。

2. 新颖性

市场调查报告的新颖性是指调查报告应从全新的视角去发现问题，用全新的观点去看待问题。市场调查报告要紧紧抓住市场活动的新动向、新问题等提出新观点。这里的新，更强调的是提出一些新的建议，即以前所没有的见解。一个新的视角或观点，往往能给企业带来意外的收获，也只有这种新颖的报告观点和视角，才能够体现一份调查报告的真正价值所在。比如，许多婴儿奶粉均不含蔗糖，但通过调查发现，消费者并不一定知道这个事实。有人就在调查报告里给某个奶粉制造商提出了一个建议，建议在广告中打出"不含蔗糖"的主张，不会让小宝宝的乳牙蛀掉，结果取得了很好的效果。

3. 时效性

市场的信息千变万化，企业经营者的机遇也是稍纵即逝。如果市场调查存在滞后性，那么就失去了调查存在的意义。因此，要求调查行动要快，要跟上市场的变化，注意把握时效性。而市场调查报告更应将从调查中获得的有价值的数据和内容迅速、及时地以调查报告的形式发布出去，以供企业经营决策者抓住机会，在竞争中取胜。而一份虽是高质量的调查报告，但是由于其不能及时的向企业决策者提供决策依据或报告内容已经远远落后于市场变化的话，那么这个调查报告也是毫无意义或是"事倍功半"的。

4．科学性

市场调查报告不是单纯报告市场客观情况及调查结果和数据的简单罗列，还要通过对事实作分析研究、对调查数据进行深层挖掘并找出本质的和规律性的东西，寻找市场发展变化规律。那么这就需要编写者掌握科学的分析方法，如总结归纳法、推理演绎法、历史对比法、数据分析法等，以得出科学的结论，适用的经验、教训，以及解决问题的方法、意见等。研究方法的科学性将直接影响到分析结果的可靠性和调查报告的可行性。

二 市场调查报告的基本结构

不管市场调查报告的格式或外观如何，每个调查报告都应该有一些特定的议题。即报告本身在结构安排和写作手法上必须能够及时、准确和简洁地把信息传递给决策者。在撰写报告时必须考虑到企业的中高层决策者工作的繁忙性，这就要求所撰写的报告应该尽量的简洁，特别应该避免使用晦涩的文字。另一方面，要恰当地安排汇报资料的结构。市场调查报告的结构一般是由封面（标题、编写者、时间等）、目录、正文（包含引言、数据资料分析部分、结论和建议）、附件等几部分组成。

报告的结构不是固定不变的，不同的调查项目、不同的调研者或调查公司、不同的用户及调查项目自身性质不同的调查报告，都可能会有不同的结构和风格。以下是一般市场调查报告的基本格式。

（一）封面

封面主要包括报告的标题、报告的编写者（调查企业名称、地址、电话号码、网址及E-mail）及提交报告的日期等内容，如图9-1所示。

```
长沙市中高档商品房需求情况的调查
调查单位_____
通信地址_____
电话_____
E-mail_____
报告提出日期_____
报告主送单位_____
```

图9-1　市场调查报告封面示例

标题是画龙点睛之笔，好的标题，能够直接表明调查主题。标题必须准确揭示报告的主题思想，做到题文相符。标题要简单明了，高度概括，具有较强的吸引力。标题不宜过大，要与市场调查的主题一致。标题的形式一般有以下三种。

1. 直叙式标题

反映调查意向或指出调查地点、调查项目的标题。例如,《长沙市中高档商品房需求情况的调查》《关于 2014 年山西省农村服装销售情况的调查》《中国联通市场竞争态势调查与预测》等，这种标题的特点是简明、客观，但略显呆板。

2. 表明观点式标题

直接阐明作者的观点、看法，或者对事物作出判断、评价的标题。例如,《对当前的需求不旺不容忽视》《高档羊绒大衣在北京市场畅销》《技术落后是××公司销售额下降的重要原因》《当前我国汽车产能过剩不容忽视》等。这种标题既表明了作者的态度，又揭示了主题，具有很强的吸引力，但通常要加个一副标题才能将调查对象和内容等表达清楚，如《竞争在今天，希望在明天——全国洗衣机用户问卷调查分析报告》《必须提高销售人员素质——××公司销售人员情况调查》。

3. 提出问题式标题

以设问、反问等形式，突出问题的焦点和尖锐性，吸引读者阅读、思考。例如,《城市居民为什么热衷于储蓄而不消费》《××公司的促销活动为什么没有达到预期的效果》。

（二）目录

目录是整个报告的检索部分，便于报告使用者了解报告结构，帮助使用者找出调查报告中资料的位置。目录包括一级、二级或三级标题，各部分所在的页码及附件等。目录一般在 Word 文档中采取自动生成。其操作程序为：

第一步，打开 Word 文档，选中一级标题（如选中"一、引言"、"二、情况介绍"……)，然后单击标题 1，即可设置一级标题的格式，如图 9-2 所示。

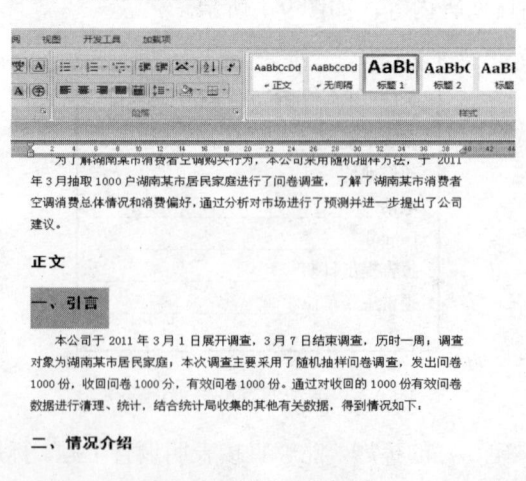

图 9-2　设置一级标题

第二步：选中二级标题，[如"（一）被调查对象的整体消费情况"、"（二）计划购买用户的消费偏好"……]，然后单击标题 2，即可设置二级标题的格式，如图 9-3 所示。

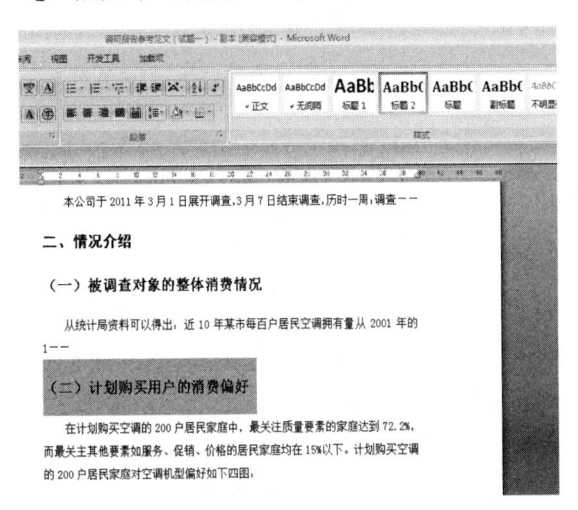

图 9-3　设置二级标题

第三步：选择"引用"选项，在打开的选项卡中找到"引文目录"，最后单击"自动生成目录"按钮，即可生成目录，如图 9-4 所示。

图 9-4　生成目录示例

（三）摘要

摘要是市场调查报告中的内容提要，是为没有大量时间充分阅读整个报告的高层管理人员准备的，必须高度概括报告的主要内容。摘要包括的内容主要有为什么要调研，如何开展调研，有什么发现，其意义是什么，应在管理上采取什么措施等。摘要不仅为报告的其余部分指定了切实的方向，同时也使得管理者在评审调研结果时有了一个大致的参考框架。

摘要是市场调查报告中十分重要的部分，写作时需要注意以下几个问题：一是摘要只给出最重要的内容，一般不要超过 3 页；二是每段要有个小标题或关键词，每段内容应当非常简练，不要超过四句话；三是摘要应当能够引起读者的兴趣和好奇心去进一步阅读报告的其余部分。

摘要由以下几个部分组成。

（1）调查目的。即为什么要开展调研，为什么企业要在这方面花费时间和金钱，想要通过调查得到些什么。

（2）调查对象和调查内容。如调查实施的起止时间、实施地点、调查对象、范围、调查要点及要解答的问题等。

（3）调查研究的方法。如问卷设计、数据处理等的具体分工，问卷结构，有效问卷要求达到多少样本数，抽样的基本情况，研究方法的选择等。

（4）调查的结果。针对调查目的，找到了关键问题、问题产生的真正原因，或者市场趋势、事物规律性的东西。

以上所述概要应与调查方案设计基本一致。

（四）正文

正文是市场调查报告的核心部分。对于某些市场研究人员，如产品经理、营销经理或其他人员，除了要知道调查报告的结论和建议以外，还需要了解更多的调研信息。比如，考查结果的逻辑性，在调查过程中有没有遗漏，关键的调研结果是如何得出的，等等。这时，这些人员会详细地研究调查报告的主体部分，即正文。这就要求正文部分必须正确阐明全部有关论据，包括问题的提出到引起的结论，论证的全部过程，分析研究问题的方法等。正文包括引言、数据资料分析、结论和建议。

1. 引言

引言的撰写一般有以下几种形式。

（1）开门见山，揭示主题

文章开始就先交代调查的目的或动机，揭示主题。例如："我公司受××电视机厂的委托，对消费者进行一项有关电视机市场需求状况的调查，预测未来消费者对电视机的需求量和需求的种类，使××电视机厂能根据市场需求及时调整其产量及种类，确定今后的发展方向。"这种开门见山，简明扼要的引言，能够使阅读者对报告有总体的认识。

（2）结论先行，逐步论证

先将调查的结论写出来，然后逐步论证。许多大型的调查报告均采用这种形式。特点是观点明确，使人一目了然。例如："我们通过对天府可乐在××市的消费情况和购买意向的调查，认为它在××市不具有市场竞争力，原因主要从以下几方面阐述。"这种引言能够逐步地给读者展现原因，具有较强的阅读导向性。

（3）交代情况，逐步分析

先交代背景情况、调查数据，然后逐步分析，得出结论。例如："本次关于非常可乐的消费情况的调查主要集中在北京、上海、重庆、天津，调查对象集中于中青年……"这种方式能够从大的背景开始，通过大量的数据和事实将阅读者引向最终的调查结果，比较符合一般人们的思维习惯。

（4）提出问题，引入正题

首先提出人们所关注的问题，引导读者进入正题。通过问题激发读者的兴趣和进一步探索的欲望，从而能够较快的切入到主题。CCTV的调查很多分析报告都是采用这种形式。例如：近年来电子商务迅速发展，其规模正以级数增长，实体零售业面临巨大挑战，电子商务发展到底是否能够完全取代实体零售呢？根据艾瑞咨询调查报告，我们可以推断未来电子商务与实体零售发展趋势。

2．数据资料分析

数据资料分析包括基本情况介绍和分析预测两部分。基本情况介绍部分主要是对已经整理的调查资料和数据进行呈现和说明。分析预测部分则是利用精心筛选的典型资料，运用科学合理的调查分析方法，用文字、数据、图表来叙述和分析调查结果，并据此做出科学的推断，进行市场发展变化趋势和规律的预测。

3．结论和建议

结论和建议应当采用简明扼要的语言，根据市场调查的目标，对调查资料进行分析后得出委托方需要的结果，进行合乎逻辑的叙述。这部分内容要求具有可行性和可操作性，且具有应用价值。结论一般有以下几个方面。

（1）概括全文。经过层层剖析后，综合说明调查报告的主要观点，深化文章的主题。

（2）形成结论。在对真实资料进行深入细致地科学分析的基础上，得出报告的结论。

（3）提出看法和建议。通过分析，形成对事物的看法，在此基础上，提出建议和可行性方案。

（4）展望未来，说明意义。通过调查分析展望未来前景。

（五）附件

附件是指调查报告中正文包含不了或没有提及，但与正文有关必须附加说明的部分。它是正文报告的补充或更详尽的说明。附件的内容包括以下几方面。

（1）调查问卷；

（2）技术细节说明，如对在调查和分析中运用的一种统计工具的详细解释；

（3）其他认为必须在附录予以说明的资料，如调查所在地的地图等。

三 市场调查报告的写作技巧

市场调查报告的写作技巧主要包括表达、表格和图形表现等方面的技巧。表达技巧主要包括叙述、议论、说明、语言运用四个方面的技巧。

（一）叙述的技巧

市场调查的叙述，主要用于开头部分，叙述事情的来龙去脉，表明调查的目的和依据，以及过程和结果。此外，在主体部分还要叙述调查得来的情况。市场调查报告常用的叙述技巧包括概括叙述、按时间顺序叙述、叙述主体的省略。

1. 概括叙述

叙述有概括叙述和详细叙述之分。市场调查报告主要用概括叙述，将调查过程和情况概略地陈述，不需要对事件的细枝末节详加铺陈。这是一种"浓缩型"的快节奏叙述，文字简约，一带而过，给人以整体、全面的认识，以适合市场调查报告快速及时反映市场变化的需要。

例如：

××花园项目市场调研报告

本报告对当前的经济环境、项目当地房地产市场供求状况、项目所在区域同类楼盘现状及客户购买行为进行调研分析，从而推断出项目的市场定位。

2. 按时间顺序叙述

按时间顺序叙述，就是指在交代调查的目的、对象、经过时，按时间顺序进行陈述，这样显得次序井然，前后连贯。如开头部分叙述事情的前因后果，主体部分叙述市场的历史及现状。

例如：

××市居民家庭饮食消费状况调查报告

为了深入了解本市居民家庭在酒类市场及餐饮类市场的消费情况，特进行此次调查。调查由本市某大学承担，调查时间是 2014 年 7～8 月，调查方式为问卷式访问调查，本次调查选取的样本总数是 2000 户。各项调查工作结束后，该大学将调查内容予以总结，其调查报告如下：

3. 叙述主体的省略

市场调查报告的叙述主体是写报告的单位，叙述中用第一人称"我们"。为行文简便，叙述主体一般在开头部分中出现后，在后面的各部分即可省略，并不会因此而令人误解。

例如：

> 北京市民品牌认知程度调查报告
> 我们在做这项调查时没有给受访者任何提示，可微软公司还是得到了 1/3 北京人的认同，而海尔公司的得分率更是超过了四成。

编写调查与预测报告时，最忌讳的就是事无巨细，面面俱到。一份过于详尽、缺乏重点的报告会使读者非常厌烦，从而失去阅读的兴趣。因此，撰写报告时，一定要抓住重点，详略得当。

（二）议论的技巧

市场调查报告常用的议论技巧有归纳论证和局部论证。

1. 归纳论证

市场调查报告是在拥有大量材料之后，作分析研究，得出结论，从而形成论证过程。这一过程，主要运用议论方式，所得结论是从具体事实中归纳出来的。因此归纳论证需要有大量的数据和事实材料作为支撑，运用科学的方法从中归纳出具有共性的和本质的观点，是一个逐步显现的过程。在归纳过程中要注意从调查的主题出发，运用新的视角分析不同材料和数据之间的本质联系，达到归纳论证的目的。

2. 局部论证

市场调查报告不同于议论文，不可能形成全篇论证，只是在情况分析、对未来预测中作局部论证。如对市场情况从几个方面作分析，每一方面形成一个论证过程，用数据、情况等作论据去证明其结论，形成局部论证。

（三）说明的技巧

市场调查报告常用的说明方式与技巧有数字说明、图表说明、分类说明、举例说明、理论说明等。

1. 数字说明

市场运作离不开数字，反映市场发展变化情况的市场调查报告，要运用大量数据，以增强调查报告的精确性和可信度。在数字说明中要注意表达形式：（1）使用汉字和阿拉伯数字应统一。凡是可以用阿拉伯数字的地方均应使用阿拉伯数字。具体地，计数与计量（如 50～100、15%等）、公历世纪、年代、时间（如 20 世纪 80 年代、2006 年 6 月 1 日等）均用阿拉伯数字；星期几用汉字；邻近的两个数并列连用表示概数时用汉字（如五六天、五六百元等）。（2）为了让统计数字更加鲜明生动、通俗易懂，可将数字进行横向和纵向的比较形成强烈的反差，或者把太大、不易理解的数字适当地化小，如将某企业年产 876000 台换算成每小时生产 100 台；或者将太小的、不易引起报告使用者关注的数字推算变大，如产品的成本降低 0.5 元/件，如果单价保持不变，则当年销售量为 100 万件时，即可增加销售收入 50 万元。

2. 图表说明

在进行数字说明时，为防止在报告中到处都是数字，通常用图形和表格来说明。运用图表有助于阅读者理解市场调查报告的内容，同时，图表还能提高页面的美观性。图表的主要优点在于很强的直观效果，因此，用图表进行比较分析、概括归纳、辅助说明等非常有效，图表的另一优点是能调节阅读者的情绪，从而有利于阅读者对市场调查报告的深刻理解。

例如：大学生留学意向国家对比数据表

国　别	人　数	百分比（%）
美国	468	46.8
英国	246	24.6
澳大利亚	138	13.8
德国	50	5
新加坡	30	3
加拿大	25	2.5
瑞士	10	1
荷兰	8	0.8
其他	25	2.5
合计	1000	100

3. 分类说明

根据主旨表达的需要，将材料按一定标准分为几类，分别说明。例如，将调查得到的基本情况，按问题性质归纳成几类，或者按不同层次分为几类。每类设一个小标题，按提要句的形式表述。

4. 举例说明

为说明市场发展变化情况，举出具体、典型事例，这也是常用的方法。市场调查中，会遇到大量事例，可从其中选取有代表性的例子。要利用这些有力的材料使人感到调查报告的充实、真实，这样才能增强说服力。

（四）语言表达的技巧

语言表达的技巧主要包括用词方面和句式方面的技巧。

1. 用词方面

市场调查报告中数量词用得较多，因为市场调查离不开数字，很多问题要用数字说明。可以说，数量词在市场调查报告中以其特有的优势，越来越显示出其重要作用。市场调查报告中介词用得也很多，主要用于交代调查目的、对象、根据等方面，如用"为、对、根据、从、在"等介词。此外，还多用专业词，以反映市场发展变化，如"商品流通"、"经营机制"、"市场竞争"等词。除了前面提到的报告用词要生动活泼和通俗易懂外，还应该严谨和简洁，切忌使用"大概"、"也许"、"差不多"之类给人产生不确切感、不严谨的词语。

2．句式方面

市场调查报告以陈述句为主，陈述调查过程、调查到的市场情况，表示肯定或否定判断。报告中祈使句多用在提出建议部分，表示某种期望，但提出建议并非全都适用祈使句，也可用陈述句，根据具体情况加以运用。

此外，从整体上来说，撰写者还要注意语言表达的连贯性和逻辑性。

四 撰写市场调查报告的注意事项

撰写一份好的、高质量的市场调查报告并不是件容易的事，调查报告本身不仅显示着调查活动实施的质量，也反映了报告编写者本身的知识、能力水平和文字素养。在编写调查报告时，主要注意以下几个方面的问题。

1．了解调查报告的阅读主体

调查报告应当是为特定的读者或使用者而编写的，他们可能是企业的高层领导、管理部门的决策者，也可能是一般的用户。因此不但要考虑这些读者的技术水平、对调查项目的兴趣，还应当考虑他们可能在什么环境下阅读报告，以及他们会如何使用这个报告。有时候，编写者必须适应几种不同技术水平和对项目有不同兴趣的读者，为此可将报告分成几个不同的部分或干脆完全针对阅读对象分别地撰写整个报告。最终的目的就是要针对不同的阅读主体提供具有参考价值、及时、准确和全面的信息，为决策和执行提供支持和帮助。

2．注意处理好篇幅和质量的关系

在平常的调查报告撰写过程中常常出现的一个错误是："数量决定质量"、"报告越长，质量越高"。在实际工作中，通常经过了对某个项目几个月的辛苦工作之后，调研者已经全身心的投入，因此，他试图告诉读者他所知道的与此相关的一切。因此，将调查的所有流程、作业证明、调查得出的初步结论都纳入到报告当中，其最终的结果就像本项目篇头案例所反映的，一份250页的报告并不是总裁所要的，对他来说，一份5页纸的执行性摘要就够了。

因此，篇幅并不代表质量，只有让使用者满意的报告才是高质量的报告。一份高质量的调查报告应该是经过结构精心设计、内容精心提炼而得来的，任何不必要的东西都不应该在报告中出现。不过，也不能为了达到报告的简洁而牺牲了报告的完整性，甚至缺少核心的观点和内容。

3. 行文流畅，易读易懂

报告应当是易读易懂的。报告中的材料要组织地有逻辑性，使读者能够很容易明白报告各部分内容的内在联系。使用简短的、直接的、清楚的句子把事情说清楚，比用"正确的"但含糊难懂的词语来表达要好得多，并且注意尽量少用一切歧义词。为了检查报告是否易读易懂，最好请两三个不熟悉该项目的人来阅读调查报告并提出意见，经过反复修改后再呈交给报告的最终使用者，这样有利于报告使用者对报告内容的理解。

4. 内容客观，资料准确

调查报告的突出特点是用事实说话，应以客观的态度来撰写报告。在文体上最好用非人称代词，如"据发现……""资料表明……"等语句。行文时，应以向读者报告的语气撰写，不要表现出力图说服读者同意某种观点或看法。同时，报告应当准确地给出项目的研究方法、调研结果的结论，不能有任何迎合用户或管理决策部门期望的倾向。

在进行资料的解释时，注意解释的充分性和相对准确性。解释的充分性是指利用图、表说明时，要对图表进行简要、准确的解释；解释相对准确是指在进行数据的解释时尽量不要引起误导。例如，在一个相对小的样本中，把引用的统计数字保留到两位小数以上常会造成虚假的准确性。"有65.32%的被调查者偏好我们的产品。"这种陈述会让人觉得65%这个数是非常精确的。另外，还应注意的是，对于类别量表和顺序量表不能进行四则运算、对等距量表只能进行加减，不能进行乘除，只有等比量表才能进行加减和乘除。

5. 尊重知识产权，注明引用资料来源

这一点是大多数人经常忽视的问题之一。通过注释，指出资料的来源，以供读者查证，同时也是对他人研究成果的尊重。注释应详细准确，如被引用资料的作者姓名、书刊名称、所属页码、出版单位和时间等都应予以列明。

6. 多维度分析，透过现象找到本质

在进行数据的分析过程中，一定要尽量从各个层面来考虑问题，也就是透过现象看本质。从下例中我们可以看出，对数据的层面考虑不同，得出的结论是有显著差异的。

例如：某汽车企业要对三种广告设计进行试验，以判定哪一种广告对提高汽车的销售量最有效。在不同时间里分别在不同的4个城市进行了市场试验，结果如表9-1所示。

表9-1 广告与销售量之间的关系

广　告	跟广告有关的销售量（台）
A	2431
B	2164
C	1976

表 9-1 中的数据表明广告 A 是最有效的。但这种分析是否充分呢？如果我们从另一个角度看，把参加试验的 4 个城市分别列出来，变成表 9-2 所示的形式。

表 9-2　不同城市广告与销售量之间的关系　　　　　　　　　单位：台

广告＼城市	1	2	3	4	总　计
A	508	976	489	458	2431
B	481	613	528	442	2064
C	516	560	464	436	1976

对表 9-2 分析的结果是三种广告的效果差不多，广告 A 的销售量增加是由于第 2 个城市的不正常的需求引起的。

数据的分析应包括三个层次：说明、推论和讨论。即说明样本的整体情况、推论到总体并对结论作因果性分析。

（1）说明：是根据调查所得的统计结果来叙述事物的状况、事物的发展趋势及变量之间的关系等。例如，各种收入家庭的彩色电视机拥有情况如表 9-3 所示。

表 9-3　拥有彩色电视机的比例（％）

是否有彩电＼家庭人均月收入（元）	1000 以下	1000～2000	2000 以上	总计
有	30	50	80	160
无	70	50	20	140
总计	100	100	100	300

根据表 9-3 可作如下说明：

调查对象中有 53%（160/300＝53%）以上的家庭拥有彩色电视机（事实描述）；随着家庭收入的增多，彩色电视机的拥有率也随之提高（趋势描述）；家庭收入的高低对电视机的购买有很大程度的影响（因果关系描述）。

（2）推论：大多数的市场调查所得的数据结果都是关于部分调查对象（即样本）的资料，但研究的目的往往是要了解总体的情形，因此，研究者必须根据调查的数据结果来估计总体的情况，这就是推论。推论主要是考虑样本的代表性，代表性强，由样本推断总体的误差就小。

接上例，我们可得出结论：在置信度为 95%，最大允许误差不超过 3% 时，我们可以得出结论，即调查对象总体中，拥有彩色电视机的家庭占 50%～56%（53%±3%），得出这一结论犯错误的概率不超过 5%（100%-95%）。

（3）讨论：讨论主要是对调查结果产生的原因作分析，讨论可以根据理论原理或事实材料对所得出的结论进行解释，也可以引用其他研究资料作解释，还可以根据研究者经验或主观的设想作解释。

7. 提出积极的建议与意见

调查报告的结论和建议部分主要说明调查获得了哪些有价值的结果，建议应该采取什么措施解决调查中发现的问题，或者把握调查中发现的市场机会等。

结论的提出方式可用简洁而明晰的语言对调查前所提出的问题作明确的答复，同时简要引用有关背景资料和调查结果加以解释和论证。结论并不一定要单独列出来，它与调查课题有关。如果调查课题小，结果简单，可以直接与调查结果合并成一部分来写。反之，就应分开来写。

建议是针对调查获得的结论提出可以采取哪些措施、方案或具体行动步骤。如媒体策略如何改变，广告主题应是什么，与竞争者抗衡的具体方法，价格、包装、促销策略等。

需要指出的是，大多数建议应当是积极的，要说明采取哪些具体的措施或要处理哪些已经存在的问题。尽量用积极的、肯定的建议，少用否定的建议。肯定的建议如"用加大广告投入"，"将广告理性诉求为重点变为感性诉求为主"等建议。否定建议如"应立即停止某一广告的刊播"，使用否定建议只让人不做什么，并没有提出解决问题的措施，所以应尽量避免使用。

8. 注意细节，完美呈现调查结果

最后呈交的市场调查报告应当是专业的，提交前要反复阅读，不允许有任何差错出现，特别是对于企业的名称、专业术语等更应该仔细检查。印刷格式如果有变化，字体大小、空白位置的应用等对报告的外观及可读性都会有很大的影响。同时报告的外观也是十分重要的，应该使用质量较好的纸张打印出来，并精美装订。干净整齐、组织得好的有专业感的报告一定比那些匆匆忙忙赶出来的外观粗糙的报告更可信、更有价值，更能让阅读者对报告内容产生信任感。

五 市场调查报告的口头汇报

除了书面报告以外，大多数客户都希望能听到调查报告的口头汇报。口头汇报在某些情况下更能发挥作用。事实上，对某些公司的决策者来说，他们从来不阅读文字报告，只通过口头报告来了解调查结果，或者是浏览书面报告来验证自己的记忆力。做口头报告的另外一大好处是可以将多个相关人士召集在一起，通过提问，相互启发，得到一些意外发现。

（一）口头汇报的准备

在进行口头汇报之前，应该做好充分的准备，以增强表达的效果。具体准备可从以下

方面入手。

1. 熟练掌握书面报告的内容

口头汇报前，认真熟悉书面报告各部分内容是成功进行口头介绍的基础。只有对书面报告从框架到内容非常熟悉、明确，做到对其每个细节问题，特别是一些数据和客户关心的疑难之处，能结合书面报告的陈述，多角度、多层次进行深入剖析，使委托调查方理解、接受调查结果，并愿意充分利用调查成果。

2. 认真分析听取报告对象的特征

口头汇报的主讲者要事先了解听取报告的主要对象，其身份职位、年龄结构、文化水平等基本情况，更要深入分析听取报告对象对调查问题的熟悉程度，对书面报告的了解情况，以及他们最关心和感兴趣的点在哪里。只有充分认识听取者的特征与要求，才能为口头报告的设计构思提供依据。

3. 精心安排口头报告的内容

口头报告的实质是对书面报告的介绍、解释和补充，因此，其依据主要是书面报告，但口头汇报时又不能简单地照本宣科复述书面报告，因此，要根据听取报告对象的特征与要求，对报告内容进行重点选择，并形成口头报告书面提纲，使讲解能有序进行。必要时还要配套制作相应的图片、表格辅助说明。

4. 模拟演练口头汇报

口头汇报的主讲者为了正式汇报时取得较好效果，必须进行反复地模拟演练。通过演练，可以进一步熟悉报告内容，并让模拟听取报告的人提出各种问题，可以及时发现不足之处或遗漏部分，同时还可以更好控制汇报的节奏和时间，判断汇报形式是否理想等。从而为正式汇报做好充分准备。

5. 视觉辅助工具准备

视觉辅助是指依靠现代化的手段，如投影仪、幻灯机等。调研人员能根据听众所提出的问题，展示出"如果……那么……"的假设情况。摘要、结论和建议也应该制作成可视材料，更显得直观、形象。

在口头汇报具体内容上，研究人员主要围绕调查数据的真正含义是什么，这些数据有哪些冲击性，能从这些数据中得到什么信息，在现有的信息的基础上，我们要做什么，如何才能提高对事物本质的认识。在口头汇报的过程中，切忌按照事先写好的发言稿宣读，而应该使用口语化、简明的语句来表达调查成果。报告者还要注意，在汇报的时候要与听众交流，注意听众的反应，并且要充分利用肢体语言强调报告内容的重要性。

（二）口头汇报的技巧

1. 选择与布置好报告现场

汇报现场的大小要适中，容纳出席人数，既不拥挤又不显得空荡。现场的空气、温度、光线都要进行精心布置，给听取对象温馨、轻松的感觉。座次安排注意礼仪，资料、辅助工具准备要到位。

2. 灵活运用各种形体语言

主讲者汇报时要充分调动形体语言，表情要丰富，富有变化。汇报时恰当地使用形体语言能帮助听众更好理解有关信息，同时使报告生动有趣。

3. 采用清晰的图形表达

图形可以加强口头陈述的效果，但是要保证图形清晰易懂，一张图形上不要有太多的内容，以便让听众有一个清晰的认识。

4. 汇报者要充满自信

有些人在演讲时过多使用道歉用语，这是不明智的。这既说明了演讲者的准备不充分，又浪费了听众的宝贵时间。另外，演讲时要尽量面对听众，不要低头或背对听众，与听众保持目光接触，在表现报告者自信的同时也有助于把握听众的喜爱和理解程度。

5. 把握回答问题的时机

在报告进行时最好不要回答问题，以免出现讲话的思路被打断、时间不够用等现象。应在报告结束后，对听众提出的问题进行回答，以便更清楚地表达报告者的思想。

6. 把握好报告的时间

应根据报告的内容和报告的对象来确定报告的时间。时间过短，往往不能表达清楚报告者的思想；时间过长，容易引起听众的不耐烦，使听众对报告产生抵制心理，所以要在适当的时间内完成报告。

市场调查新视界

我国市场调研行业现状

市场调研行业主要是向企业、政府、媒体等具有市场信息需求的组织为实现其经营、管理、决策目标而承担信息收集、整理及分析工作。市场调研行业的发展对于各个行业的信息资源获取、经营管理、战略决策有着非常重要的意义。同时，其发展水平也是衡量一个国家经济是否成熟、发达的标志之一。我国市场调研行业发展的基本特点如下。

一、整体发展迅猛，规模增长显著

我国市场调研行业自 20 世纪 80 年代初期诞生，30 多年来行业整体发展迅猛。全国经济普查数据显示，到 2011 年，我国以市场调查和研究为主营业务的企业与机构已超过 2500 家，行业营业总额已超过 80 亿元。中国内地市场调查和研究行业营业额总量从诞生初期在全球排在倒数几位，到现阶段大致排在第 7 位，年平均增长率超过 15%。此增长速度在全球调查和研究行业里实属罕见。

二、地域分布集中，市场份额集中

受我国经济发展不平衡的直接影响，从市场调查和研究企业在全国范围内的地域分布上看，一、二线城市集中了全国 60%以上的市场调查和研究企业；从市场调查和研究企业规模与行业总营业额的分布上看，2003 年以后，年营业额千万元以上的市场调查和研究企业总数约占行业总体的 33%，年营业额占了全行业营业额的 90%以上，已呈现企业规模效益的特点。

三、调查行业呈现三足鼎立之势

第一阵营：居于世界行业领导地位的外资独资或合资企业。代表企业有：Nielsen（尼尔森）、Ipsos（益普索）、TNS（特恩斯）、Millward Brown（华通明略）、GfK（捷孚凯）、盖洛普、英德知等。

第二阵营：国内规模领先的企业或合资企业。代表企业有：CTR（央视市场研究）、CSM（央视索福瑞媒介研究）、新华信、新生代等。

第三阵营：实力强劲的国内民营企业。代表企业有北京零点、慧聪、广州致联、现代国际等。

四、调查行业步入成熟期，市场细分明晰

（一）行业营业总额增长率趋于平稳

1998—2008 年，我国市场调查和研究行业营业额增长率一直维持在较高的水平，行业新增企业数量较多，市场规模不断扩大。行业营业额增长率一直保持在 15%～20%；受 2009 年国际金融危机影响，2009—2012 年增长率在 10%左右，市场步入平稳发展阶段。

（二）市场竞争加剧，行业分工细化

近年来行业相对低速增长导致市场竞争日益加剧，市场调查和市场研究公司更加专业化，市场逐步细分，行业分工已较为明晰。一方面，实力较强的大企业成长为专业的市场研究咨询公司；实力弱小的小企业则演变为专业的调查执行公司或地方代理公司，成为主要服务于专业市场研究公司的下游企业。另一方面，专业的市场研究公司已初步完成市场细分，专攻于自己的目标市场。例如，尼尔森公司主要侧重零售研究；央视市场研究、新生代等公司则以媒介研究为其主营业务；CSM 主攻收视率研究；新华信则是重点进行汽车研究的公司。

（三）行业已基本完成洗牌

大多数进入中国的外资企业采取和本土企业合资或兼并、收购本土企业的方式获取竞争优势。国外丰富的经验及研究能力与本土实际相结合，目前行业排名前几家大的综合市场调查和研究公司均是以合资的形式开展经营。

市场研究向咨询升级，提供高附加值的研究咨询服务。随着企业信息需求的持续升级，市场竞争的加剧,市场研究业务也开始升级,通过向客户提供独特的、高附加值的服务来获取竞争优势。

五、市场调研行业潜力巨大

我国市场调研行业的营业总额在全球的比例不断增加,虽然现阶段所占比例仍然很低,但年平均15%～20%的营业额增长率远远高于世界平均水平,我国市场调研行业蕴藏着巨大的潜力。我国市场调研行业所占我国GDP的整体比例很小,与我国全球第二大经济实体的地位相比,还显得滞后。目前中美之间的GDP大约是1∶3,而两国在市场调研费用上的投入比大约是1∶50,中国的市场调研市场有相当大的发展空间。

(资料来源:中国市场调查网,整理改编。)

复习与思考

一、简答题

1. 市场调查报告的意义与特点是什么?
2. 简述市场调查报告的结构与各部分的主要内容。
3. 撰写市场调查报告有哪些技巧?
4. 撰写市场调查报告时应该注意哪些方面?
5. 口头报告应该做好哪些准备?

二、思考题

1. 撰写市场调查报告前应该进行哪些必要的准备?请详细列明。
2. 市场调查报告口头汇报采取何种形式比较好?如何准备?
3. 市场调查报告书面表达有哪些语言技巧?怎样才能让报告被客户接受?

案例分析　湖南某市消费者空调购买行为调查报告

目录

概要 …………………………………………………………………………………… 1
正文
一、引言 ………………………………………………………………………………… 1
二、情况介绍 …………………………………………………………………………… 261
(一)被调查对象的整体消费情况 …………………………………………………… 261
(二)计划购买用户的消费偏好 ……………………………………………………… 261
(三)消费者对空调新理念的态度 …………………………………………………… 264
三、分析预测 …………………………………………………………………………… 6
(一)空调市场需求呈逐年上升趋势 ………………………………………………… 6
(二)中等价位、中低功率、冷暖壁挂式空调将最受消费者欢迎 ………………… 266
(三)绿色环保、变频节能和静音空调符合消费需求,是市场发展的方向 ……… 7
四、结论和建议 ………………………………………………………………………… 7

（一）结论 ·· 7
（二）建议 ·· 7
附件 ·· 267

概要

苏宁易购湖南省分公司为了深入了解湖南省某市消费者空调购买行为，掌握消费者购买动机与偏好，以便采取更加有效的促销手段和营销策略，占领该区域空调市场。公司采用随机抽样方法，于2015年3月抽取1000户湖南省某市居民家庭进行了问卷调查，了解该市消费者空调消费总体情况和消费偏好，通过对市场调查基本情况分析与预测，为苏宁易购湖南省分公司的营销决策部门提供了有价值的参考依据与合理建议。

正文

一、引言

苏宁易购湖南省分公司于2015年3月1～7日，在湖南省某市范围内开展为期一周的消费者空调购买行为的市场调查。调查对象主要选定为该市居民家庭；本次调查主要采用了随机抽样方式和问卷调查方法，发出问卷1200份，收回问卷1050份，有效问卷1000份。通过对收回的1000份有效问卷进行数据整理和统计，并结合从统计部门收集的相关数据进行分析，得到基本情况如下：

二、情况介绍

（一）被调查对象的整体消费情况

从统计局资料可以得出：近10年某市每百户居民空调拥有量从2004年的108.1台上升到2014年的132.3台，空调的百户拥有量在不断上升，其中2014年最低收入百户拥有量为88.46台，最高收入百户拥有量为151.3台，是最低收入百户拥有量的将近2倍，中等收入百户拥有量为123.32台。被调查的1000户对象中有20%住户即200户在三年内有购买空调计划。

（二）计划购买用户的消费偏好

在计划购买空调的200户居民家庭中，最关注质量要素的家庭达到72.2%，而最关注其他要素如服务、促销、价格的居民家庭均在15%以下。计划购买空调的200户居民家庭对空调机型偏好如图9-5～图9-8所示。

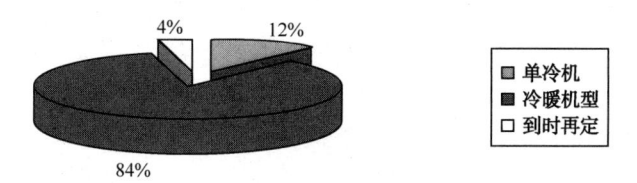

图9-5 消费者冷暖机型选择

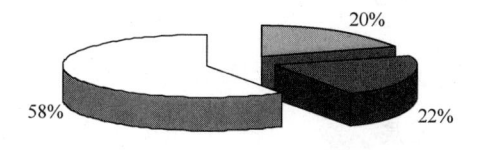

图9-6 消费者对空调样式的选择

图 9-7　消费者对空调功率的选择

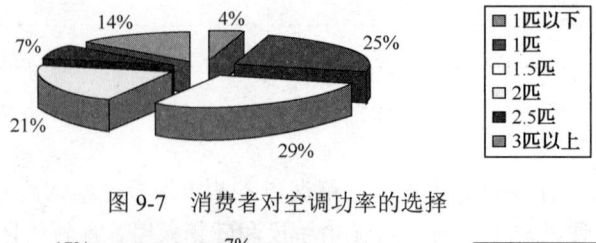

图 9-8　消费者对价格的选择

由图 9-5 和图 9-6 中可以看出，消费者最青睐的机型是冷暖两用、壁挂式空调机型。从空调功率来看，1 匹、1.5 匹和 2 匹的中低功率普遍受到消费者欢迎；从空调价格来看，消费者对于单机在 2000～5000 元的中等价格的空调购买意向相对较大。

另外，消费者的购买地点和购买时间选择情况如下：由图 9-9 中可以得知消费者在各种购买渠道的选择方面区别不是特别大，其中大型电器商场选择稍高于综合性商场和专卖店。

由图 9-10 中可以了解消费者的购买时间选择偏好，一般选择夏季与冬季购买，在春秋两季购买空调的人数较少，而夏季购买又多于冬季；其次是选择厂家促销期购买得较多。

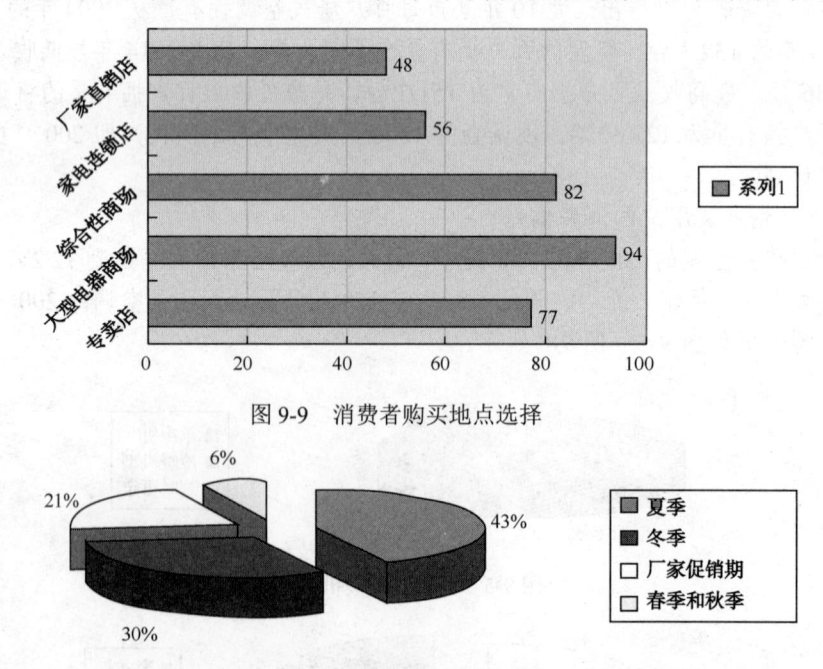

图 9-9　消费者购买地点选择

图 9-10　消费者购买时间选择

（三）消费者对空调新理念的态度

关于空调的绿色环保、变频节能及静音等新理念，如图 9-11～图 9-13 所示，在被调查的 1000 户居民家庭中，大多数消费者认为这些理念符合空调发展的方向和消费需求，甚至认为是空调必需的品质与要求，但仍有不少消费者对这些理念毫不知情，没有概念，有的甚至认为是厂家的炒作。

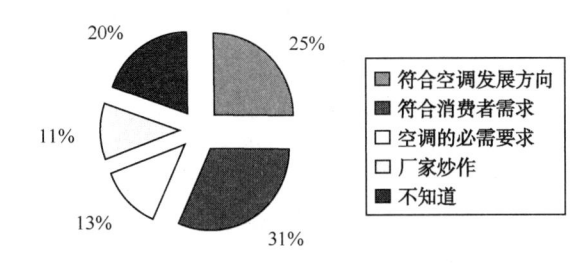

图 9-11　消费者对绿色环保空调的看法

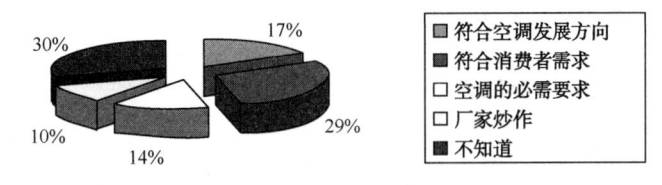

图 9-12　消费者对变频空调的看法

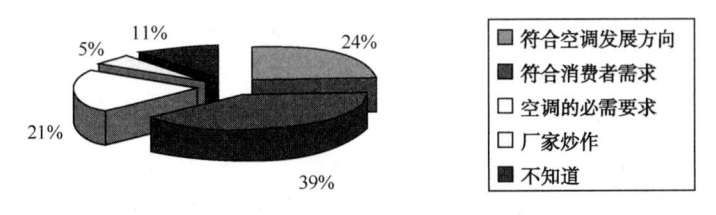

图 9-13　消费者对静音空调的看法

三、分析预测

（一）空调市场需求呈逐年上升趋势

由以上情况介绍可知，过去十年消费者的空调拥有量呈逐年递增的趋势，空调消费与收入增长成正比。随着我国经济快速发展，湖南省某市城镇消费者的收入也将快速递增，而随着消费者收入的进一步提升，空调市场将呈现逐年递增的趋势，预计 2015 年每百户居民家庭拥有空调将超过 136 台。

（二）中等价位、中低功率、冷暖壁挂式空调将最受消费者欢迎

从对计划购买空调的家庭购买偏好分析可知，消费者最青睐的机型是冷暖两用、壁挂式空调机型，价格集中在 2000～5000 元的中等价位，功率集中在 1 匹、1.5 匹和 2 匹的中低功率。这一结论与该市的气候环境、居民家庭的生活习惯及住房条件和收入水平高度相关。

（三）绿色环保、变频节能和静音空调符合消费需求，是市场发展的方向

从市场调查情况反应来看，大部分消费者对绿色环保、变频节能和静音等新理念能够接受，并认为这些理念符合消费需求，是市场的发展方向，但仍然有不少消费者对这些理念毫不知情，没有概念，有的甚至误解为是厂家的炒作。由此可见，关于空调节能环保、

变频静音等新理念的宣传还不到位，消费者的认知存在一定的误区。

四、结论和建议

（一）结论

湖南省某市空调市场容量的继续扩大，将为公司发展带来机遇。目前消费者的消费偏好比较集中，利润率较高的空调新产品在节能、环保理念宣传方面力度不够。提前了解消费者的消费偏好，公司可以未雨绸缪。苏宁易购应该与国内空调制造企业保持良好的合作关系，从供货渠道预定热销机型，满足市场需求，抢得市场先机。

（二）建议

公司可以对某市空调市场做出乐观预计。建议公司将进货机型重点放在冷暖两用、壁挂式、价位集中在2000～5000元的中等价位，功率集中在1匹、1.5匹和2匹的中低功率空调机型，且在春秋销售淡季提前预订；由于消费者对空调降价持期待态度，公司可适当下调产品价格，以在同行竞争中胜出；另外，公司需要加大空调新理念的宣传力度，特别是报纸刊物和电视的宣传力度，以扩大消费者对绿色环保、变频节能和静音空调的认知，提升高端产品的销售收入。

附件：调查背景资料

苏宁易购为了了解消费者空调购买行为，从湖南某市城镇居民家庭中抽取了1200户进行了问卷调查，其中收回问卷1050份，有效问卷1000份，并从市统计局收集了有关的数据。资料整理如下：

1. 近10年（2005—2014）城镇居民可支配收入、空调拥有量等数据资料如表9-4所示。

表9-4　2005—2014年城镇居民可支配收入、空调拥有量等数据

年份	可支配收入（元/人）	消费性支出（元/人）	耐用品支出（元/人）	空调拥有量（台/百户）
2005	1592	1294	88	108.1
2006	1783	1446	105	110.8
2007	2168	1732	128	114.2
2008	2817	2194	168	117.1
2009	3886	3138	245	119.5
2010	4705	3886	269	121.0
2011	5052	4098	332	122.8
2012	5209	4137	352	125.1
2013	5435	4482	394	128.1
2014	5818	4800	486	132.3

2. 2014年末不同收入家庭空调拥有量如表9-5所示。

表 9-5 2014 年末不同收入家庭空调拥有量

收 入 水 平	每百户家庭空调拥有量（台）
最低收入	88.46
低收入	116.35
中等偏下	119.32
中等收入	123.32
中等偏上	140.12
高收入	145.32
最高收入	151.32

3. 调查的 1000 户居民家庭中，计划近三年内购买空调的户数分别为 53 户、89 户、58 户（1000 户中有 868 户共拥有空调 1316 台，132 户没有空调）。

4. 计划购买空调的 200 户家庭关注空调服务、质量、促销、价格、其他要素的分别为 28 户、144 户、4 户、20 户、4 户。

5. 计划购买空调的 200 户中，准备购买单冷机的 23 户，冷暖机的 170 户，到时再决定的 7 户，准备购买窗式机的 39 户；柜机的 43 户，壁挂机的 118 户。

6. 计划购买空调的 200 户中，空调信息来源的渠道分别为报纸刊物 90 户，电视 87 户，销售现场 8 户，朋友同事告知 6 户，销售人员促销 3 户，户外广告 4 户，网络广告 2 户。

7. 计划购买空调的 200 户中，考虑购买空调地点分别为：专卖店 77 户，大型电器商场 94 户，综合性商场 82 户，家电连锁店 56，厂家直销店 48 户（有同时选择多个地点的情形）。

8. 计划购买空调的 200 户中，考虑购买时间选择分别为：夏季 86 户，冬季 60 户，厂家促销期 42 户，春季和秋季 12 户。

9. 计划购买空调的 200 户中，空调功率选择分别为：1 匹以下 7 户，1 匹 41 户，1.5 匹 48 户，2 匹 35 户，2.5 匹 12 户，3 匹以上的 23 户，到时视情况而定的 34 户。

10. 计划购买空调的 200 户中，空调价位选择分别为：2000 元以下的 12 户，2000～3000 元的 56 户，3000～4000 元的 45 户，4000～5000 元的 36 户，5000 元以上的 30 户，到购买时再定的 21 户。

11. 居民家庭对空调降价的态度分布为：非常欢迎的 482 户，无所谓的 106 户，不欢迎的 5 户。

12. 居民家庭对绿色环保空调的看法：认为符合空调发展方向的有 252 户，认为符合消费者需求的有 312 户，认为空调的必需要求的有 127 户，认为厂家炒作的有 112 户，不知道的有 197 户。

13. 居民家庭对变频空调的看法：认为符合空调发展方向的有 169 户，认为符合消费者需求的有 294 户，认为空调的必需要求的有 140 户，认为厂家炒作的有 99 户，不知道的有 298 户。

14. 居民家庭对静音空调的看法：认为符合空调发展方向的有 239 户，认为符合消费者需求的有391户，认为空调的必需要求的有210户，认为厂家炒作的有52户，不知道的有108户。

15. 居民家庭认为厂家宣传推广对购买决策很有影响的有170户，有影响的有280户，一般的有235户，无影响的有15户。

问题讨论

1. 本市场调查报告的格式与结构是否规范？
2. 此次市场调查的主要目的是什么？
3. 根据附件中提供的市场调查报告评价标准对其进行评价。

【实操训练9】 撰写市场调查报告

1. 实训目的

（1）培养学生分析调研数据的能力。
（2）培养学生用专业术语描述调研过程、总结调研结果的能力。

2. 实训条件

（1）已经完成了调研的主要工作，完成了资料的收集、整理和基本分析。
（2）必须经过基本的营销、管理学知识培训，或者已经学过管理学原理和市场营销学原理的相关课程。
（3）专业教师针对相关问题进行针对性地指导，能把握控制调研报告撰写的关键要素。
（4）学生要利用一定的课余时间完成部分工作。
（5）学生能熟练运用Word、Excel、PPT等办公软件，能应用SPSS统计软件，能熟练操作E-mail、QQ等通信软件。学生拥有计算机及上网渠道。

3. 实训任务

任务编号	任务名称	任务准备	任务执行明细	任务成果	评价标准
T901	学习撰写规范	课外自主学习调研报告的规范	（1）学习专业教师展示的调研报告范本 （2）学习往届学长的调研报告案例	学习记录	是否了解了调研报告的主要规范，是否能把握报告的撰写要点 占本任务总分的15%
T902	报告的构思	审核、整理、分析过的调研资料	（1）对审核、整理、统计过的资料进行初步构思，明确调研报告的主题 （2）根据主题拟好调研报告的撰写提纲 （3）通过讨论最终定下调研报告详细的提纲	调研报告提纲	主题是否明确，提纲是否结构合理，中心突出，逻辑严谨 占本任务总分的20%

续表

任务编号	任务名称	任务准备	任务执行明细	任务成果	评价标准
T903	选取数据资料	调研报告撰写提纲	（1）根据提纲拟定要从调研资料中选取的主要资料内容 （2）对选取的资料进行加工处理，如补充进一步交叉列表分析	调研报告初稿	内容选取是否合理。内容分析是否与主题对应，观点是否有商业价值，是否有充足的数据支持 占本任务总分的40%
T904	撰写报告初稿	调研报告提纲	根据提纲、框架写好调研报告初稿		
T905	定稿	调研报告初稿	就调研报告初稿进行小组内部讨论与其他团队交换进行内容修改和调整调研报告定稿，打印	调研报告正式稿	是否符合撰写规范，是否具有现实的商业价值，是否受到企业的好评 占本任务总分的25%

4．评价标准（湖南省高职市场营销技能抽考评价标准）

评价内容			配分	考核点	备注
职业素养（20分）	职业道德		10	诚实严谨、遵守纪律、独立完成任务	严重违反考场纪律、造成恶劣影响的本项目记0分
	职业能力		10	格式规范，合理，思路清晰，具备信息整理、分析及处理能力（4分）；方法得当，逻辑思维和分析能力强，对背景资料分析透彻、细致（4分）；能在规定时间内完成任务（2分）	
作品（80分）	卷容格式		5	文字编排工整清楚、格式规范（包括封面、目录、正文、附件）	格式要素中的附件部分可根据需要进行取舍，但需列明；调研报告字数要求1500字以上，每少50字扣1分
	文字表达		5	语言简洁、用词恰当、条理清楚、逻辑性强	
	正文	封面	8	要素具备（标题、编者、时间等）（3分），标题简洁、明了、富有吸引力，能说明主题（5分）	
		目录	5	排列有序（2分）、一目了然（2分）（排列至一、（一）两级即可）	
		引言	12	简要说明调查项目的背景、调查的必要性和意义（2分）、调查的主要内容（2分）、调查的主要方式与方法（2分）、调查的主要过程（包括调查时间、地点、对象、范围、样本量、结果）（4分）等几项内容。简明扼要，精练概括，能够达到对后面的主体部分做一个引导，对主体部分的数据来源作一个交代，证明用以论证的数据是有效的、可靠的，从而也进一步证明得出的结论和建议的可靠性的目的（2分）	

续表

评价内容			配分	考核点	备注
作品（80分）	正文	数据资料分析部分	30	对调查所获得的数据资料逐项进行分析，从列数据（6分），分析现状（6分），得出小结论，以形成符合事物发展变化规律的结论性意见，或者发现问题，并进一步探寻原因，提出对策等（6分）。分析必须依据所收集的资料客观、合理，以数据"说话"，条理清楚，有逻辑性（8分）。数据可采用适当的图表来呈现说明（4分）	格式要素中的附件部分可根据需要进行取舍，但需列明；调研报告字数要求1500字以上，每少50字扣1分
		结论及建议	10	概括全文。用简洁而明晰的语言，在以上数据资料分析的基础上，进行综合归纳，得出报告的结论（5分），并结合企业或客户实际情况提出你的看法和建议，完成对调查前所提出的问题答复，或是得出某种启示（5分，其中建议的针对性3分和可行性3分）	
	附件		5	对正文报告的补充或更详尽的说明，包括数据汇总表及原始资料、背景材料和必要的工作技术报告等	
合计				100分	

要求：

（1）参照上表中的详细要求和评价依据进行评价。

（2）调研报告要特别注重报告的针对性，切忌对调研结果泛泛而谈，需要为企业或机构提供切实可行的建议，并且建议的依据是来自于调研获取的数据和资料。

（3）教师在指导过程中需要投入较多精力和时间进行指导。

【学生实训成果示例】

市场调查报告

附 录 A
市场调查实务课程实训整体规划

市场调查实训可以理论与实践教学并行，即以实践为主线，将理论指导穿插在实践活动开展的过程中，学生以自主学习为主，老师提出问题，布置任务，控制任务执行过程和进度，充分调动学生学习的主动性与探索性。

市场调查实务课程实训也可以采取串行式，即先教部分理论，进行课堂模拟，然后留出几个教学周进行集中实训，集中实训并不需要全面停课，利用课堂布置调查任务、评价任务完成情况、解答学生实训中遇到的困难、分组讨论与分享等，大量实训任务必须利用课余时间完成。

以下是实训的操作整体规划，仅供参考。

（一）课程实训声明

1. 实训与课程成绩直接挂钩。
2. 实训目的和意义如下。
（1）为了将市场调研知识学以致用；
（2）为了将来开创企业和开拓市场锻炼能力；
（3）培养正确的工作方法和职业习惯；
（4）培养团队合作意识；
（5）培养项目管理能力；
（6）经受磨炼、艰辛，提升能力和自信力；
（7）为学习生涯留下一个闪光点。
3. 如有实际困难及时找老师沟通解决，不沟通也不完成作业者视为放弃课程成绩。

（二）实训任务安排（附表 A-1）

附表 A-1　市场调研课程实训任务安排总表

项目阶段	任务内容	时间	具体工作	作业提交形式	备注
项目组织	公布信息	第2周	（1）市场调研实践任务公布 （2）市场调研团队成员确定 （3）确定团队名称、口号、目标	T001@市场调研团队信息表	作业提交要求见下表
项目组织	项目团队及组织	第3、4周	（1）小组讨论，确定调研项目课题名称 （2）明确所有工作流程及任务要求	T002@小组选题报告	
项目组织	项目开展规划	第4周	（1）确定小组成员分工情况 （2）市场调研项目工作总体规划	T003@市场调研项目规划书	
项目启动	市场调研方案制订	第4、5周	（1）确定调研内容范围 （2）确定调研过程方案	T004@市场调研方案	
项目启动	文案调查	第5周	（1）图书馆报刊杂志相关资料摘抄记录 （2）网络市场调研	T005@市场调查问卷	
项目启动	市场调研问卷设计	第5、6周	（1）题目选择 （2）问题及选项设计	T006@文案调查资料汇编	
项目启动	问卷调查	第7、8周	调查实施	T007@问卷调查情况统计表	
项目启动	实地调查	第7、8周	（1）观察法观察记录 （2）访谈法访谈记录 （3）实验法实验记录（可选）	T008@实地调查记录汇编	
项目启动	调研资料的整理与分析	第9周	（1）资料编辑 （2）资料汇总和分类 （3）资料编码及制表 （4）资料交叉列表分析	T009@调研结果汇总	
项目终止与评价	撰写市场调研报告	第10、11周	（1）市场调研报告格式学习 （2）市场调研报告撰写	T010@市场调研报告	
项目终止与评价	市场调研报告汇报表演	第19周	（1）班内进行汇报 （2）通过老师点评、同学评比和自我推荐等形式确定总体课程竞赛汇报演小组 （3）集中进行汇总表演比赛评奖，邀请系领导、调研公司负责人、企业市场部负责人点评指导	T011@市场调研报告PPT T012@市场调研实践个人心得体会 T013@小组成员工作内容及贡献率排名	

（三）实训作业提交（附表 A-2）

附表 A-2　市场调研课程综合实训作业提交要求

任务项目	提交标准	备注
T001@市场调研团队信息表	（1）独特的团队名称、口号、团队目标 （2）团队成员个人信息，包括姓名、各种联系方式、能力特长、性格等信息 （3）推选出团队领导	Word 文档电子稿上交
T002@小组选题报告	（1）小组两个以上的备选题目及选择理由 （2）最后选定题目选择的详细理由	Word 文档电子稿上交
T003@市场调研项目规划书	（1）以表格形式呈现出对调研项目开展的总体规划。表格项目可以是：日期、工作任务、成果形式、负责人等 （2）根据团队成员空闲时间合理安排时间	（1）Word 文档电子稿上交 （2）打印一份课堂交流
T004@市场调研方案	（1）参照《深圳某企业市场调研方案》的框架设计 （2）符合实际情况，注重可操作性	（1）Word 文档电子稿上交 （2）打印一份课堂交流
T005@市场调查问卷	参照公布调研公司问卷设计	（1）Word 文档电子稿上交 （2）打印一份课堂交流
T006@文案调查资料汇编	（1）登录网站查阅大量资料，然后围绕主题进行初步整理，将资料汇编，要求整理后的电子稿资料不少于 50 页（排版要求：小四字号，单倍行距） （2）图书报刊资料的摘抄记录不少于 10 页	（1）网站调研资料交电子版， （2）图书报刊资料保留原始稿
T007@问卷调查情况统计表	对问卷调查情况进行统计	提交电子稿
T008@实地调查记录汇编	（1）采取不少于两种实地调研方式进行围绕主题的实地调研 （2）将实地调研原始记录保留	（1）提交整理后的电子稿， （2）原始稿保留
T009@调研结果汇总	对各种调研方法获得的数据进行汇总	
T010@市场调研报告	根据所有调研方法获得的数据以标准格式撰写市场调研报告	交电子稿和打印稿
T011@市场调研报告 PPT T012@市场调研实践个人心得体会 T013@小组成员工作内容及贡献率排名	（1）根据调研过程、结果等做调研报告 PPT。每位同学都要参与汇报 （2）每个同学要独自写不少于 2000 字的实践心得体会	交电子稿和打印稿

参 考 文 献

[1] 陈启杰.市场调研与预测.上海：上海财经大学出版社，1999.
[2] 周宏敏.市场调研案例教程.北京：中国农业大学出版社，2008.
[3] 马连福.现代市场调查与预测.北京：首都经济贸易大学出版社，2002.
[4] 赵轶.市场调查与分析.北京：北京交通大学出版社，2008.
[5] 龚辉江.商业调查实务.北京：经济科学出版社，2000.
[6] 袁岳.市场调查手册.浙江：浙江人民出版社，2002.
[7] 岑咏霆.市场调查技术.北京：高等教育出版社，2000.
[8] 张自利.市场调查完全手册.北京：中国纺织出版社，2003.
[9] 樊志育.市场调查.上海：上海人民出版社，1995.
[10] 王文利.现场实施操作手册.北京：中国国际广播出版社，2000.
[11] 谢邦昌.市场调查实践手册.广东：广东经济出版社，2002.
[12] 杨凤荣.市场调研实务操作.北京：北京交通大学出版社，2008.
[13] 反町勝夫.怎样进行市场调查.上海：复旦大学出版社，1997.
[14] 李穗豫.中国本土市场营销精选案例与分析.广东：广东经济出版社，2006.
[15] 范云峰.营销调研策划.北京：机构工业出版社，2004.
[16] 田志龙.市场研究：基本方法、应用与案例.武汉：华中科技大学出版社，2005.
[17] 柳思维.现代市场研究.北京：中国市场出版社，2007.
[18] 秦宗槐.市场调查与预测.北京：电子工业出版社，2007.
[19] 孙国辉.市场调查与预测.北京：中国财政经济出版社，2000.
[20] 王文艺.市场营销实训指导手册.浙江：浙江大学出版社，2004.
[21] 候贵生.市场营销综合实训教程.重庆：重庆大学出版社，2007.
[22] 于翠花.市场调查与预测.北京：电子工业出版社，2005.
[23] 姚小远.市场调查原理与方法.上海：立信会计出版社，2006.
[24] （美）菲利普·科特勒.市场营销原理.14版.北京：清华大学出版社，2013.
[25] 3SEE 市场研究信息网.http：//www.3see.com.
[26] 中国营销传播网.http：//www.emkt.com.cn.
[27] 中国行业研究网.http：//www.chinairn.com.
[28] 中华品牌管理网.http：//www.cnbm.net.cn.
[29] 全球品牌网.http：//www.globrand.com.
[30] 中国市场营销网.http：//www.ecm.com.cn.